国家出版基金项目
NATIONAL PUBLICATION FOUNDATION

世界历史文库
World History Library

下册

地中海史

约翰·朱利叶斯·诺威奇 著　殷亚平等 译

The Middle Sea: A History of the Mediterranean

中国出版集团
東方出版中心

第十八章　克里特岛和伯罗奔尼撒半岛

在上一章所述事件的25年之后,地中海仍平静得出奇。偶然会有一次不太猛烈的风暴袭来,但并没有出现大的风浪,在马耳他、塞浦路斯和勒班陀范围内也没有大规模的动乱。只要简单地比较一下地中海的早期历史,这种情况就相当引人注目。更令人惊讶的是,1618年——就是"西班牙密谋"发生那年,三十年战争开始了,这场战争将把北欧和东欧的大部分地区彻底摧毁。 341

在威尼斯人看来,和平就是一场及时雨。同年10月发生了一件事情,尽管威尼斯人对此不必负任何责任,但这却最终导致它失去了自己残余殖民地中最有价值的一部分:克里特岛。它应该知道,战争迟早是不可避免的。克里特岛是如此诱人的一块大肥肉,土耳其人又是一个如此贪婪的对手,他们想要更长久地独占它。同样具有讽刺意味的是,土耳其人的最初攻击是由一支次要力量的故意挑衅引起的。威尼斯宁愿忍受其他更多损失,也不能忍受自己在东地中海最后的重要据点陷落。

虽然圣约翰骑士团在威尼斯拥有一座修道院①——这是继承自

① 它现在仍然在这里,靠近意大利比萨迪号圣乔治信众会会堂(Scuola di S. Giorgio degli Schiavoni)。

1312年被解散的圣殿骑士团,但长期以来他们和威尼斯人彼此仇视。这就是他们关系的全部。因为骑士团占有的地产几乎遍布整个基督教欧洲,所以他们鄙视贸易和商业。作为上帝的仆人,他们被安于贫穷、纯洁和服从的僧侣戒条所束缚,他们不喜欢威尼斯人世俗性地追求享乐。最后,作为持剑者和十字军的后代,除了治病以外,他们公开宣称的目标是:与一切异教徒抗争到底。他们公开谴责威尼斯想与苏丹保
342 持和平关系的意愿,这在他们看来是对基督教事业的无耻背叛。

到17世纪40年代,骑士团只保有其过去英雄岁月的惨淡缩影。80年前,他们成功地击退了苏莱曼大帝派出打击他们的最强大的舰队,守住了自己的小岛。他们继续管理着自己著名的医院,仍然维持着比其他任何地方都要先进的卫生和护理标准,但是他们的十字军精神开始消褪。他们的海上行动十分频繁,但几乎失去了圣战性质,多半是普通的海盗行为。他们也不再始终如一地局限于掠夺穆斯林船只;他们还凭借完全站不住脚的借口,无缘无故地袭击威尼斯人和其他基督教商人,而且变得越来越频繁。

简而言之,对威尼斯人来说,马耳他的骑士团变得令人讨厌,其程度仅次于从前的乌斯科克。最糟糕的是,他们还学会了乌斯科克的老习惯——骚扰亚得里亚海上的土耳其船只。苏丹不可避免地要怪罪于威尼斯,这就破坏了威尼斯人不惜一切代价与土耳其人保持的友好关系。实际上,威尼斯共和国总督不只一次向当地修道院院长表达过强烈抗议——没有比1644年9月的这一次抗议更强烈的了,当时总督甚至威胁骑士团:如果他们不改变自己的行为,他就在共和国领土范围内没收他们所有的财产。骑士团则像往常一样,完全不予理会。

1644年10月初,一支由6艘船组成的分遣舰队在爱琴海上巡航,他们袭击并捕获了一艘富有的土耳其大帆船,船上载着一些前往麦加朝拜的有着高贵身份的朝圣者。他们之中有:城中的首席民事法官、苏丹宫廷中的显赫太监(Chief Black Eunuch)、30来个后宫妃嫔和大约50名希腊奴隶。然后舰队带着他们的战利品前往克里特岛,在南海岸没有守卫的沙滩上登陆。他们让奴隶和许多马匹上岸。但当地的威

尼斯总督很快就赶到并命令舰队离开，他不希望被牵连其中，因为这毕竟是令人不齿的海盗行为。骑士团好几次提出尝试在岛上的不同港口登陆，但每次会谈都遭到拒绝，骑士团最后丢弃了这艘载有乘客的土耳其宽体船(它已不再适于航海)，自行回到了马耳他。

此时，占据奥斯曼帝国王位的是半疯狂的苏丹易卜拉欣[1]。消息 343
传来的时候，他勃然大怒，并立即下令屠杀帝国境内所有的基督徒。幸运的是，他后来被说服取消了这道命令。但是君士坦丁堡的威尼斯间谍现在发出了报告：苏丹在博斯普鲁斯海峡内正准备一支庞大的战争舰队。事情不久就水落石出了：他们正在考虑进行一次规模惊人的惩罚行动。起初，人们自然而然地臆测：这支舰队会直接驶向马耳他。1645 年 3 月的官方声明也对这种假设予以肯定。但是，威尼斯派遣在君士坦丁堡的间谍巴伊洛(*bailo*)用急件警告：这是一次故意制造的假象。他报告说，苏丹坚信威尼斯人是整个事件的幕后主使；不然袭击者为什么会直接前往克里特岛呢？他们真正的敌人不是骑士团而是威尼斯人。他的直接目标不是马耳他，而是克里特岛。

不久，巴伊洛的报告便被证实了。4 月 30 日，一支装载着大约 5 万名战士，由 400 艘船只组成的土耳其舰队穿过达达尼尔海峡。起初他们宣称：舰队将朝马耳他驶去，舰队将会直接穿过克里特岛进入伯罗奔尼撒半岛西南角的纳瓦里诺，并在那里获得增援和补给品。到 7 月 21 日起航的时候，他们好像又改变了行程。4 天之后，入侵的军队在离干尼亚(今卡尼亚[khania])西面不远处登陆并向这座城镇进军。第一轮战斗开始了。

克里特——威尼斯人以其首府名称来称呼它：干地亚(Candia，现在的伊拉克利翁)——是威尼斯人的第一批海外殖民地之一。这可以追溯到 1211 年第四次十字军东征后，它是从拜占庭帝国分离出来的。

① 在 1640 年就职前，他一直生活在宫殿闺房(Seraglio)里，实际上像一名囚徒。在统治期间，他残忍、轻薄而腐败。1648 年，愤怒的臣民判处他死刑。

虽然其政体是以母城为蓝本建立的，但管理起来并不容易，也不太顺利。这个岛上最富饶的地区大部分都成了威尼斯名门望族的封建领地。他们巨大的财富、霸气十足的行为使他们不为当地希腊人所喜欢。这些家族轮流抱怨他们缺乏任何真正的政治权力：所有主要官员都是从威尼斯派来的，主要决策都是那里制定的。平时其防御经费主要依
344 靠封建赋税，从地主那里来筹集。此外，还要依靠当地的民兵组织。但是双方都想摆脱自己的义务，所以防御的义务总是落在穷人和一无所有者身上。虽然腐败堕落是地方上的事情，但殖民地不断消耗着威尼斯的资源。

此时的克里特岛面临着迫在眉睫的危险。共和国政府为此制定了一项新的积极防御计划。政府给从前的总秘书长安德烈·科纳(Andrea Corner)发放了一笔10万达克特的特别汇款，并派遣了一支2500人的军队(其中包括军事建筑师和工程师)，还有一支拥有2艘三桅帆船和30艘帆船的舰队去增援岛上原有的舰队。科纳获悉，另一支舰队也正在准备中并会尽快到达。但是这一切都无济于事，他的资源对于他要完成的重要任务而言简直就是杯水车薪，而且给他的时间也太短了。当他在那个命运攸关的仲夏匆忙赶到滩头时，他应该已知道保住这块殖民地的机会已很渺茫。

机会在很大程度上要取决于据称要来的威尼斯舰队行动的速度。如果它能够在一周或两周内到达，干地亚可能还有救。但是它没有出现。科纳接到这个命令时一定很恐慌：那支舰队必须在桑特岛(Zante，现在的扎金索斯岛[Zakynthos])等待，直到联合舰队的另外25艘战舰加入，这支舰队包括来自突尼斯、那不勒斯、骑士团和教皇的船只。现在最重要的是时间，而不是兵力的多少。与此同时，土耳其士兵每天所挖的壕沟越来越深。岛上的圣狄奥多尔(St. Theodore)堡垒落入了土耳其手中。其指挥官比亚吉奥·祖里安(Biagio Zulian)虽已预料到再怎么抵抗也无济于事，但是他一直坚守阵地直到它被侵占，然后引燃了火药库，把他自己、他的士兵、来袭击的土耳其士兵和这座建筑物本身都炸得粉碎。干地亚肯定都清楚地听到了爆炸声。干尼亚也

没有抵抗多久，它的弹药和供给很快就被消耗殆尽，它的防御设施也被土耳其的地雷兵渐渐地破坏掉了。8 月 22 日，干尼亚投降。土耳其人无疑希望通过合适的时机来表现自己的宽宏大量，以鼓励进一步的投降；他们承诺会尊重当地人的生命、尊严和财富，允许守军带着他们的旗帜离开城镇，平平安安地到达苏德哈(Soudha)，通过阿克罗蒂里(Akrotiri)[①]向东前进。

现在运气似乎格外地青睐这些入侵者。在苏德哈，威尼斯人的舰队司令安东尼奥·卡佩罗(Antonio Cappello)突然失去理智，放弃了城镇。这座城镇只是依靠它极好的自然位置和最近刚重建的堡垒才保护自己免于被侵占。9 月中旬，联合舰队终于到达克里特水域并曾两次试图通过奇袭收复干尼亚，但是每次都被暴风雨击退。最终在 10 月份，非威尼斯籍士兵在教皇的海军上将——皮翁比诺亲王尼科洛·路德维希(Nicolò Ludovisi)的指挥下，宣布了打算返回家乡的意图。事实上，他从一开始就表现得非常讨厌这次远征。这也不是第一次了，威尼斯的盟友除了留下伤害之外什么都没做。他们离开可能会更好些。 345

同时，威尼斯政府已准备好全面开战。没有理由相信苏丹易卜拉欣打算把自己局限在单一的威胁行动中，威尼斯派出了额外的守军去科孚岛，它甚至开始增强威尼斯潟湖周围的防御力量，而优先关注自然给了克里特岛。载着弹药和各种供给品的大帆船及其他运输工具几乎每天都会到这个岛上。然而仍然有一种需要没有得到满足：一名最高指挥官，他的资历和名誉必须能压服嫉妒和竞争的敌意，特别是当克里特威尼斯人也卷入其中的时候，这便成了经常性的威胁。这次任命在元老院经过了长时间的讨论，在随后的表决中，占据绝对优势的名字就是总督自己——弗朗西斯科·埃里佐(Francesco Erizzo)。

只有一个声音表示反对。乔瓦尼·佩萨罗(Giovanni Pesaro)——他后来自己也将成为总督——非常合理地争辩说，当国家非常需要把

---

① 这个名字(希腊语的意思是海角)是因为它位于干尼亚东北部的突出的陆地而得名，保护了苏德哈湾(Soudha Bay)。

每一便士都用于战争的时候,派遣国家元首,包括他的执政团、一批精明强干的随从和秘书出征,其代价是非常不合理的。这样的一步也可能鼓励苏丹亲自上阵从而大大提升土耳其对战争的重视程度。此外还要考虑到:埃里佐现在还差两个月就 80 岁了。但是没有人理会他的话;所有人的注意力都放在了老总督身上,他宣称将承担摆在自己面前的艰巨任务,他的演讲使听众们热泪盈眶。不过对威尼斯来说非常幸运的是,他没有机会真这么做。对他来讲,独立完成这一任务太过沉重了。1646 年 1 月 3 日,仅三周之后,他便去世了。他被安葬在圣马尔
346 蒂诺教堂,但是为了表彰他毫不犹豫地接受最后的委派,他的心被埋葬在圣马可的通道之下。在威尼斯,再也没有一个人获得过如此高的尊重。总督出征的整个计划都搁浅了,而且从此以后就再也没有被提及过。

所有的一切似乎都取决于牵制住在干尼亚的土耳其人,这是他们已经占领的唯一的克里特港口。如果他们能够被封锁在那里,同时威尼斯人能在海岸其他要塞建立起自己的军事力量,最终是有可能把土耳其人驱逐出去的。年轻的托马索·莫洛西尼(Tommaso Morosini)派出 23 艘船,他试图封堵达达尼尔海峡,以将土耳其的增援舰队困在马尔马拉海,至少也要设法推迟他们的到来。援军的延误使苏丹勃然大怒,他下令立刻将舰队司令斩首示众。舰队司令不幸的继任者立即前进,这既是因为害怕被同样斩首,也因为季风有利于推动他的航程。最后,他冲破了威尼斯人的防线,闯过爱琴海,来到了干地亚。75 岁的乔瓦尼·卡佩罗总指挥是如此迟疑和犹豫不决,以致根本无法阻止他进入海港。威尼斯人的船只退却到雷提蒙(Rettimo),但是他们没有在那停留太久。经过一段长期的拉锯战之后,城镇于 11 月 13 日被迫投降。

雷提蒙的陷落也产生了一个有利的影响,那就是无用的卡佩罗被免职,吉安·巴蒂斯塔·格利玛尼(Gian Battista Grimani)继任了他的职务。吉安·巴蒂斯塔·格利玛尼是一位非常受欢迎的司令官,比卡佩罗年轻 40 岁,他的到来立即为舰队增添了新活力。1647 年初,当托马索·莫洛西尼发现自己被超过 45 艘土耳其军舰包围时,他意识到自己

获得了一个可以为前一年的失败复仇的机会。在接下来这场不对等的战斗中,他和他的全体船员进行了顽强的战斗,他们一直不开火,直到敌人靠近时才突然猛烈还击。不久,威尼斯人就发现自己被3艘土耳其船包围了,双方陷入肉搏战,莫洛西尼自己也参与到激烈的搏斗之中,直到一个土耳其火绳枪兵从后面偷袭,打爆了他的头。与此同时,土耳其的舰队司令也受了致命的重伤,但是战斗还在继续。突然,筋疲力尽的威尼斯人看到又来了3艘船,正以密集队形靠近,圣马可旗帜在桅杆上飘扬。原来是格利玛尼听见炮声,就立即出来巡视。他们随即也加入了混战,这就迫使土耳其人撤退。在这场战役中,4艘奥斯曼宽体船被击沉,其余的逃跑了。莫洛西尼的船受到连续的猛击,但仍能漂浮着。最后,它被拖回了干地亚,带着勇敢的年轻船长的尸体回到威尼斯英雄般地安葬。

尽管莫洛西尼的英雄主义极大地鼓舞了人心,但这一点也没能改 347
变威尼斯人在克里特的基本态势。小岛的北部沿岸有4个主要的要塞(第五个要塞——西提亚[Sitia],因为太遥远快靠近东边可暂时忽略),其中的两个已经落在了敌人手中。另外的两个要塞之一苏德哈已经被从海上封锁长达一年,现在食物匮乏。它和干地亚现在都受到瘟疫的袭击,这不仅降低了士气,而且使防守变得不堪一击。然而城墙外边的土耳其士兵却没有受到瘟疫的影响。就在1647年的夏天,土耳其军队开始对干地亚进行首次正式围攻——这块殖民地的未来就取决于其首府了。

对干地亚的围攻将持续22年。在这段漫长的时间里,威尼斯人实际上是在孤军奋战保卫这个小镇。它的居民人数只有10000－12000人。他们抵抗着的是奥斯曼帝国陆军和海军的联合部队。在之前的时代,如此长时间的抵抗是超乎想象的。如果土耳其人和威尼斯人商业上是相互依赖的话,他们之间的敌对行动应该是短暂的,但是现在大部分的转口贸易都控制在英国和荷兰手中,这样的考虑也不再适用了。苏丹有充裕的时间进行这场战争。威尼斯人能够坚持这么久,不仅是因为城墙内保卫者的坚定——尽管这是相当大的原因——更是由于其舰队。这些舰队不断在东地中海地区巡逻,这不仅仅挫败了土耳其人从海上封锁干地亚的努力,实际上还把威尼斯的控制领域扩大到了爱琴海。在后十年的围攻中,由于他们对爱琴海的有效控制,竟迫使土耳其人尽力避免直接的海上对抗。

这并不是说这样的冲突从来没有发生。这次战争的历程是一首不折不扣的民族史诗,其中有不计其数的战斗:大的或小的,有意的或无意的,战斗的范围从达达尼尔海峡入口,经过爱琴海群岛一直扩展到干地亚沿岸。威尼斯舰队每年春天在达达尼尔海峡的入口集结,希望在这个小口封锁住敌人。战争中也有丰富的英雄故事:1649 年,贾科莫·里瓦(Giacomo Riva)追逐一支土耳其舰队进入到伊奥尼亚沿岸的一个小港口,并将这支舰队彻底摧毁;1651 年在帕罗斯岛(Paros)附近,拉扎罗·莫契尼格(Lazzaro Mocenigo)违抗舰队司令的命令,出发
348 去袭击敌人的一整支分舰队,尽管最后身中数箭还因步枪子弹穿过胳膊受了重伤,但却成功驱赶了这支舰队;1656 年,洛伦佐·马塞罗(Lorenzo Marcello)带领他的战舰进入达达尼尔海峡,但是却没有活到目睹这整个战争中最完美最势不可挡的胜利;1657 年,已升任总司令的拉扎罗·莫契尼格再次率领由 12 艘船组成的舰队去追赶敌人的 33 艘船一直到那狭窄的海峡,最后通过马尔马拉海来到君士坦丁堡城下。

然而,无论成就有多么光荣,航海技术多么高超或勇气多么大,人们总会感觉到威尼斯缺乏一个完整的计划:要有组织地保卫一个被围困的城市的话,直接切断攻击者的增援和供给应该会更有效。尽管威尼斯人用尽了全力,也未能切断增援和供给,甚至在他们最成功的时候,防御者们也明白:干地亚的失陷只是个时间问题。

只有一件事可以拯救干地亚:欧洲列强无条件和热情的支援。但可以这么说:整个奥斯曼帝国在欧洲的扩张史也是基督教君主们长期以来不能联合起来共同保护他们的大陆和信仰的历史。自第三次十字军东征后的近 500 年来,他们从未这样做过,甚至没在他们的心灵或灵魂中想过。他们现在也不会这样做。威尼斯人一次又一次地请求他

们，反复强调这不是为了一块遥远的威尼斯殖民地的命运，而是为了整个基督教世界的安全所必须依赖的平衡。如果克里特丢失，那么半个地中海都丢了。但他们如从前一样，一次又一次地拒绝听从其建议。在德意志，皇帝指出：最近他刚和土耳其签署了一项长达 22 年的休战协议。西班牙使所有人都感到惊讶，这位最虔诚的天主教君主竟然派了一名大使去君士坦丁堡的异教徒那里；法国则玩弄两面游戏，一方面偶尔秘密地为威尼斯人提供小规模财政支持，但是另一方面又继续扩展和苏丹的友谊；英国——由于在地中海它还不是一个强国，所以本来对它抱的期望也不大——尽管做出了十分慷慨的承诺，但是除此之外没有其他行动。几任的教皇看到威尼斯的情况，认为这能使自己获得许多利益，就向威尼斯提供了有交换条件的援助：英诺森十世要回了威尼斯主教的任命权；他的继承者亚历山大七世让威尼斯重新接纳了耶稣会，因为自从保罗五世于 1606 年对威尼斯实行决罚后，威尼斯就一直禁止其在共和国领土上活动。

不可否认的是，随着时间的流逝，干地亚的持续抵抗成为欧洲的话 349
题，外国援助以人力、金钱和船只等形式一点一滴地到来，但是这些帮助太少了，来得也太迟。这里有一个典型的例子：一支 4000 人的军队在阿尔梅里高·德埃斯特亲王(Prince Almerigo d'Este)率领下于 1660 年从法国出发。如果他们在春天抵达或许还能派上用处，但是他们直到 8 月底才到。军队首次出击，他们翻越山地，在侦查过程中没遇到什么麻烦，但却以恐慌和逃跑结束。一两周之后，士兵们因患痢疾而病倒。于是不得不(*en masse*)将他们全都送到其他宁静的岛上去恢复战斗力。最后，这些幸存者们(很遗憾，亲王本人不在其内)一事无成地回到了家乡。

威尼斯指挥官们在海上的功勋是如此之多，难以令人忘怀，以至于在干地亚城内英勇防卫的人倒被忽略了。当来自威尼斯的所谓联合援军的承诺被一次又一次证明是毫无价值的时候，这些人注定要面对 22 年的磨难(各种战争形式中最令人沮丧的)注定要不断地失望。当援助真的来到时，这种援助更像是为了保存他们的颜面——或增加他们个人的荣誉,这两种实际上都很糟糕。这不仅仅是拿他们自己的生命去冒险,还包括许多其他人的生命。随着人力的极度短缺,干地亚再也承受不了疾病的流行了。

在围攻的最后阶段,这种现象变得越来越频繁。现在干地亚的名字已经享誉整个欧洲,特别是在法国的年轻贵族中,他们蜂拥来到这个岛上,以在这片显赫的战场上证明自己的英勇。1668 年,当路易十四被最后说服参加这场保卫战中以谋求私利时,涌向这里的人流达到了高峰。直到此时路易十四仍未宣战,甚至没有断绝与苏丹的外交关系。黎凡特的法国商人充分利用了他们的威尼斯竞争对手突然离开的机会,甚至希望国王不要公开决裂。然而他也做出了一定程度的让步,允许威尼斯人在自己的领土上招募军队,结果是组成了一支由陆军中将——圣-安德烈·蒙特布仑侯爵(Saint-André Montbrun)指挥的 500 人的志愿军,这支军队一点不像是严肃认真的职业军队,倒像是金缕地会议的与会来宾的大集合[①]。军中地位仅次于蒙特布仑的最重要的人
350 是德·拉·弗亚德公爵(Duc de la Feuillade),他虽然不甚富有,却坚持自己承担很大一部分费用。另外还有两位公爵——蒂耶里堡(Chateau-Thierry)和卡德鲁斯(Caderousse),奥布松侯爵(Marquis of Aubusson)、伯维勒莫(Villemor),还有塔维勒斯(Tavanes)伯爵、纳沙泰尔(Neuchâtel)亲王和许多其他的年轻贵族,他们都来自法国最令人骄傲的家族。

12 月初,他们到达了克里特。新统帅弗朗切斯科·莫洛西尼(Francesco Morosini)委托年轻的法国贵族们去防守靠近大陆的城镇外围部分,他们拒绝了。他们指出,他们披荆斩棘来到克里特,不是为了被仅仅打发穿过泥泞去防守一些前哨阵地,并在那里默默地耐心等待土耳其人的下一次进攻。相反,他们要求进行一次大突袭,那将“迫使敌人解除围困”。莫洛西尼很明智地制止他们如此行事。他已经组

① 金缕地(Field of the Cloth of Gold)为法国的一处宫殿名,1520 年英王亨利八世与法王弗朗西斯一世曾在此会面。因此,这句话意为这支军队中王公贵胄云集。——编者注

织了几十次突袭，没有一次产生过有益的影响。他剩下的士兵——目前为止还不到 5000 人——几乎不可能抵挡住土耳其人对城墙的破坏，土耳其坑道兵正时不时地在墙上到处制造缺口。但没人听得进他的话。就像一位法国历史学家所记载的：

> 德·拉·弗亚德公爵只想采取积极的行动来寻求自己的荣誉。他对自己的关心超过了对共和国将损失 700－800 人的担忧，只要自己能够带着创造英勇故事的荣誉回到法国就够了。一旦离开了这个地方，接下来无论勇士们为了保卫它，会付出多大的损失，他都不会感到苦恼。[①]

总督弗朗切斯科·莫洛西尼追击土耳其舰队，1659 年 4 月。

当他看见总司令按兵不动，德·拉·弗亚德大声抱怨威尼斯人胆小。他宣称自己的意图是要发动一次独立的进攻。12 月 16 日，他确实这样做了，他象征性地手持鞭子作为武器，站在军队前面。据我们所知，这支部队此时已从原来的 500 人锐减到 280 人。土耳其人进行了激烈的抵抗，但是所有的法国人都非常顽强，展示出了超人的勇气。他

---

① Philibert de Jarry, *Histoire du siège de Candie*.

们把土耳其士兵赶回去了整整200码,在土耳其援军到来之前还俘虏了他们中的800人。最后土耳其援军来了,他们被迫撤退。在这场战斗中,维勒莫伯爵、塔维勒斯伯爵和其他40名士兵被杀,60名士兵身
351 受重伤,包括奥布松侯爵。德·拉·弗亚德最后一个返回,身上的三个伤口血流如注。

这场战斗是壮烈的,但是无论对于克里特还是威尼斯而言都毫无意义。当荣耀的时刻过去后,幸存的年轻英雄们快得不能再快地离开了这个岛屿。他们在一周内就都走光了,可惜他们中的许多人再也没能看见法兰西,甚至包括那些没有受伤就逃跑的人,因为他们感染了瘟疫。

幸存者们在土伦登陆不久后,另一支规模更大、更职业、装备更精良的军队从法国出发来到了干地亚。最后,路易十四被威尼斯大使乔瓦尼·莫洛西尼——总司令的一个亲戚——说服了。他决定认真地履行自己作为基督徒的责任。1669年春天,他的第一部分重要援助已经准备好了:6000名士兵、300匹马和15门大炮,所有这些都是由一支27艘运输船组成的舰队运送,还有另外15艘战舰护航。但即便到了那时,路易还是要对他的土耳其朋友隐瞒他的背信弃义:战舰没有在法兰西金百合(fleur-de-lys)的旗帜下航行,而是使用了教皇的十字架旗。

在德·博福尔(de Beaufort)公爵和德·诺瓦耶(de Noailles)公爵的联合指挥下,大约有4000名强壮的士兵于6月19日到达干地亚。他们被眼前的景象所震惊。其中一个军官写道:

> 镇上的状况使人感到恐怖:街道上布满了子弹、炮弹,地雷、手榴弹的弹片。这里没有一座教堂、甚至一幢楼房的墙上没有洞,它们几乎都被敌人的大炮炸成碎石了。房屋仅仅就是一些破败不堪的小屋,除此之外没有任何东西。任何地方都恶臭得令人作呕。每个角落里都堆着死人、伤员和残疾人。

德·拉·弗亚德的故事又一次重现了。新来者是如此的迫不及待，根本等不及其他军队赶来。他们在 6 月 25 日黎明时分发动了进攻，但却出师不利：与他们交手的第一支部队搞了半天却发现是最近刚到的德意志分遣队。在重新下达了攻击命令之后，他们将炮口瞄准了土耳其人。开始时确实相当成功，可突然之间，土耳其人的某次射击击中了一处废弃堡垒中的火药库，巨大的爆炸随之而起。土耳其地雷兵的技术是非常有名的，他们擅长布雷围困城镇，许多城镇的防御都是由于他 352
们引爆了地下的地雷而瞬间瓦解的。现在这又立刻应验在了整支法国军队身上：他们驻扎的地方正是一片雷区，引爆点是隐蔽的，他们刚听到的爆炸声只是一连串爆炸中的第一个，接下来他们被炸成碎片。谣言四起，引起了极大的恐慌。他们四散溃逃以至于相互践踏。看见敌军突然莫名其妙地逃跑，土耳其人立即组织反击。几分钟内，500 名法国士兵就丧生了。他们的头颅被土耳其长矛刺穿，并在大维齐尔艾哈迈德面前举行的凯旋仪式上被拿来炫耀。这当中也包括博福尔公爵和一位嘉布遣会(Capuchin)修士——他是作为随军的施赈人员来到克里特的。

6000 人中有 500 人丧生，这并不是无法忍受的损失。4 天之后，国王路易其余的军队到来了，莫洛西尼开始计划在干地亚西边发动一次新的进攻。但他新盟友的士气已经垮了。6 月 24 日，一个曾经历 70 次战争硝烟的法国人因太靠近土耳其炮兵的防区而丧命。几天之后，诺瓦耶心灰意冷地通知总司令：他正在集结军队，准备回家。城镇中幸存者的各种抗议、恳求和威胁，甚至来自神职人员的抨击呵止也没能起到任何作用。8 月 21 日，法国舰队起锚撤退了。在蔓延的绝望氛围中，教皇、皇帝，甚至马耳他骑士团也都撤回了西方。莫洛西尼和他的守军被单独留下——而此时大维齐尔命令发动一次全面的进攻。

敌人还是被击退了，但是总司令明白：他终将失败。他的守军减少到仅仅3600人。这一年他不可能再获得别的援助，防御工事也已损坏殆尽。他知道自己没有希望再守住干地亚另一个冬天。另一方面，等到暴风袭击城镇的时候再投降不如现在就投降，这样他还可以获得更好、甚至更体面的条款。不可否认,他没有权利代表共和国宣布议和,但是他意识到在过去至少有三次(最早的一次是在1647年,还有1657年和1662年)和平谈判的问题在参议院进行过讨论,而且每一次都获得了支持。无论如何,这次他别无选择了。

1669年9月6日,双方签订了条约。大维齐尔很大度,他个人非
353 常仰慕莫洛西尼。威尼斯人可在12天之内自由而不受阻拦地离开干地亚。考虑到糟糕的天气,这一时间还可以延长,事实上也确实延长了。在包围开始前便已布设在此地的军备要留下来,剩下的威尼斯人可以带走。土耳其人将作为主人留下,但是威尼斯人可以保留在克里特最北端的格拉姆沃萨小岛(Gramvousa)、他们在斯皮纳龙格(Spinalonga)的堡垒岛屿,还有最东端的西提亚镇(Sitia这个镇从来没有投降过)。

9月26日,在占据此地465年,被围困22年之后,圣马可旗从干地亚城堡落下,共和国驻任的最后一任行政长官黯然回国。这个城镇里几乎所有的居民都一起离开了,他们中没有人愿意接受这里新主人的统治。对于威尼斯人而言,这是一个时代的终结。它保留了3个军事据点,翼狮也仍统治着爱琴海版图中的一两个小点,但它的吼声已经远去,它的抱怨声也微乎其微了。克里特是它在亚得里亚海之外的最后一块殖民地,随着它的丧失,它失去的不仅仅是权利,它对地中海东部的有效统治也永远消逝了。

但它至少失去得很壮烈。威尼斯人从来没有如此英勇且持久地在陆地和海上战斗,他们也从没遇到过比这更坚决的对手。在这场战争中,他们耗费了大量的财力和生命。而且在接近25年的时间里他们一直是孤军奋战。在任何时刻,相对于他们的需求来说,同盟的帮助都是杯水车薪。这些帮助一直都非常吝啬,三心二意、匮乏,并且自私。有时候他们拖拖拉拉、贻误战机,有时又在没有发出任何预警的情况下突然撤退——他们从未在这共同的事业中发挥过什么积极的作用。甚至在最后的两三年里,当以前的摩擦和冲突被破坏和流血的疯狂所代替时,外国的援助反而使士气低落、勇气尽失。

迫使弗朗切斯科·莫洛西尼投降的既非士气低落，也非丧失勇气。他非常清楚，干地亚的丢失是不可避免的。现在唯一的选择就是立即接受还算体面的条约然后离开，或是面临不久就将到来的大屠杀和掠夺。他可能已经预料到，回到威尼斯后，他将陷入极大的麻烦。他不仅被指控与敌人谈判时过度地使用了自己的权利，而且还被指责胆小、背叛——甚至还有收受贿赂、丧权辱国。幸运的是，他不缺乏拥护自己的 354
同伴，他们立即去保护他。最后，当问题被放到大会表决时，他获得了绝大多数的赞成票。他虽然没有因此事丧失任何威信，但仍决定要复仇。

确实，没过多久局势又开始动荡不安了。仅仅 12 年后，即 1681 年，利奥波德一世统治下的匈牙利新教徒起义，他们被当作天主教哈布斯堡的敌人而遭到镇压。他们几乎是疯狂了，竟立即邀请苏丹来支援自己。穆罕默德四世正求之不得。1683 年，他动身前往埃迪尔内，在那里大量的军队正等着他。他们包括整个的炮兵团和工程师，以及一些杂牌军，主要是由来自克里米亚半岛的鞑靼人组成。当他们到达贝尔格莱德时，苏丹把指挥权交给了他的大维齐尔卡拉穆斯塔法(Karamustafa，号称“黑色穆斯塔法”)。这最后一支由奥斯曼帝国派出对抗欧洲的基督教的大军启程进攻维也纳。

这是土耳其人第二次企图侵占帝国首都。1529 年 9 月，苏莱曼大帝把军营驻扎在了维也纳城墙外，但是最终失败。不到三个星期，因为守军的顽强抵抗和自身供应的短缺，尤其是冬天即将到来，他被迫撤军。7 月 13 日，卡拉穆斯塔法这次进军的优势在于，他到达的时候，适合行军作战的季节还长，7 月 13 日他就已把军队集结在城外。另一方面，他没有重炮，因为这么长距离的运输基本上是不可能的，这迫使他必须主要依靠工兵挖掘堡垒下方，希望下面能够坍塌。这一直都是土耳其人的特长，而且非常有效。维也纳可能会陷落，但是国王杨·索别斯基(John Sobieski)率领波兰援军来得正是时候。刹那间，土耳其人发现自己陷入了腹背受敌的处境，一边是顽强的守军，另一边是有着英明领导的救援部队。经过一天的混战之后，卡拉穆斯塔法的军队溃败了。苏莱曼那次至少还确保了有秩序的撤退，而且在撤退过程中还使自己的军队毫发无损。但这次的确是溃败。那个战无不胜的奥斯曼帝国一去不复返了，它再也不能对基督教世界构成严重威胁。

维也纳距离地中海约 200 英里，这次不成功的围攻本来与本书并无关联，但它却使皇帝、教皇和索别斯基受到了鼓舞，继续去追击溃败
355 的土耳其人。威尼斯仍然沉浸在丧失克里特的悲痛之中，现在却不断地收到加入一个新的进攻性联盟的邀请，他们想将它的海上力量和他们的陆上力量联合起来，把苏丹从欧洲驱逐出去；没有任何国家能比“最宁静的共和国”从中获益更大。

威尼斯没有立即答复。它花了十多年时间才从克里特战争的阴影中恢复过来。难道它真的要不惜一切地卷入另一场冲突吗？另一方面，土耳其在维也纳被打败后，情况毫无疑问发生了改变。下个阶段的战争至少部分会在海上进行。难道真的要为了威尼斯的利益还有好名声，而采取更积极的政策吗？土耳其的军队变得脆弱而又士气低落：他们的大维齐尔——讨厌的卡拉穆斯塔法——回到君士坦丁堡后便被苏丹立即处死；他们的军队也支离破碎了。难道这还不是反击的时机吗？不仅可以为克里特的损失复仇，而且还可以收复它，还有之前的其他殖民地。经过长时间的讨论，1684 年 1 月 19 日，帝国大使收到通知：威尼斯将加入联盟。

这时候，弗朗切斯科·莫洛西尼又成了威尼斯的统帅。尽管此前他别无选择地交出了干地亚，且已 64 岁高龄，但他仍是威尼斯最好的船长。他热情而坚定地接受了舰队指挥官的任命。这支舰队由 68 艘战船，连同教皇、马耳他骑士团和托斯卡纳大公派出的一些辅助船只组成。舰队一出港口，他立即向第一个目标莱夫卡斯岛驶去。经过 16 天的包围，8 月 6 日，他占领了它。快速征服很少会有如此高的战略价值：从其位于科孚岛和凯法利尼亚之间的位置来看，莱夫卡斯岛控制着进入亚得里亚海和科林斯港的入口，它是一个桥头堡。几周后，一支地面小分队穿过这里迫使普雷韦扎城堡投降。同时，北部沿海的波斯尼

亚(Bosnia)和黑塞哥维那(Herzegovina)基督教居民也起来反抗他们的土耳其领主,把他们赶向了南边的阿尔巴尼亚和伊庇鲁斯。再往北,皇帝和杨·索别斯基的军队穿过匈牙利发动进攻。当冬天到来的时候,威尼斯和它的盟军已取得了骄人的胜利。

随着 1685 年春天的来临,莫洛西尼逆水行船,来到了 1500 年被土耳其夺走的威尼斯老港口——科罗尼。9500 名士兵在这里登陆,包括 356
帝国、教皇和托斯卡纳的军队,还有 3000 名威尼斯人和 120 名圣约翰骑士团的骑士。这次奥斯曼守军进行了殊死的抵抗。直到 8 月份城堡上才升起白旗。正当双方讨论投降条款的时候,一门土耳其大炮开火了,杀死了几个威尼斯人。谈判立即崩溃,同盟军愤怒地冲入城镇,大肆屠杀。接着他们攻克了一系列堡垒。在两三个月的时间之内,伯罗奔尼撒半岛南部已大部分处于同盟的控制之下。同时,共和国花18000达克特雇佣的瑞典将军——奥托·威廉·冯·柯尼希斯马克(Otto William von Königsmark)公爵到来了,他将指挥整支地面部队。

早在 1686 年,莫洛西尼和柯尼希斯马克就在莱夫卡斯岛上碰面并开过作战会议。有四个目标可供选择:希俄斯岛、埃维亚岛、克里特岛和伯罗奔尼撒半岛的剩余部分。主要是由于柯尼希斯马克的坚持,他们选中了最后一个目标。在接下来为期两个月的夏季战役中,同盟接受了迈索尼和纳瓦里诺、阿尔戈斯和纳夫普利亚、勒班陀、佩特雷和科林斯湾的投降。同时,莫洛西尼乘船在阿提卡附近巡航,并开始包围雅典。就在这里,发生了历史上两大悲剧中的第二个悲剧,唉,而威尼斯必须为这场悲剧负责。第四次十字军东征时发生的惨剧我们在第七章里已经提到过。现在我们必须悲伤地记载:1687 年 9 月 26 日,那天是星期一,大概晚上 7 点,莫洛西尼安置在莫塞翁山(Mouseion Hill,现在叫菲洛帕普山)的迫击炮对准了卫城——那里被命运所深深地诅咒,土耳其人把它当作弹药库使用。一名德国中尉点燃了迫击炮,他直接击中了它,连续的爆炸几乎完全摧毁了内殿(cella)和中楣,连同北部的 8 根柱子以及南边的 6 根古典式柱子。

破坏并未就此结束。在攻占城市后,莫洛西尼毫无疑问对 1205 年十字军从君士坦丁堡竞技场里移走四匹青铜马印象深刻,他试图移动已经与神庙西部山形墙连为一体的雅典娜战车。在移动过程中,它们整个儿掉在地上摔得粉碎。这位坚毅的征服者不得不使自己满足于更少的纪念物:位于威尼斯军火库前四只狮子中的两个侧翼狮。

357 威尼斯人不可能为帕台农的命运而难过,他们正忙于庆祝。他们上一次取得重大胜利是在勒班陀,这已经是一百多年前的事情了。更重要的是,莫洛西尼现在所进行的征服似乎(从15世纪以来就没有可与之比肩的)可以把已经笼罩如此长久的奥斯曼阴云一扫而空,甚至还可以重新建立起久远的商业帝国。不用奇怪他们是多么欣喜;更不用奇怪,当他们的总督马克安东尼奥·吉斯提尼亚(Marcantonio Giustinian)于1688年3月去世的时候,在第一轮投票中,大家就一致同意选举弗朗切斯科·莫洛西尼为他的继任者。

威尼斯总督弗朗切斯科·莫洛西尼。

虽然荣任总督,但莫洛西尼没有打算放弃亲自指挥军队。1688年7月8日,他领导由200艘船组成的一支舰队离开雅典,前往下一个目标:埃维亚岛(即内格罗蓬特[Negroponte],威尼斯人是这样称呼它的)。像克里特一样,埃维亚岛原来是威尼斯人在第四次十字军东征之后夺取自拜占庭帝国,尽管两个世纪以前,土耳其已经从威尼斯手中把它夺走,但到1470年,人们对失去它的怨恨还没有停止。这里以戒备森严而著称,即使没有增援,6000名土耳其守军也能组织顽强的抵抗。但是联盟国的军力是他们的两倍,莫洛西尼和柯尼希斯马克对此没有任何怀疑:这个岛屿不久将属于他们。然而不幸的是,上帝并未眷顾他们。他们的运气突然改变了。围攻开始后不久,盟军的军营内发生了可怕的瘟疫,可能是痢疾或疟疾。几周之内,这支军队就失去1/3的士兵,包括柯尼希斯马克本人在内。8月中旬,一支来自威尼斯的4000

人的援军激励莫洛西尼继续战斗下去，但是他发现一场叛变近在眼前。来自布伦瑞克-汉诺威(Brunswick-Hanover)的帝国军队断然拒绝继续战斗下去。各种不满情绪像瘟疫一样快速蔓延，莫洛西尼别无选择，只能命令撤退。

但是直到此时，他仍无法接受就此回到威尼斯的耻辱。一次胜利，只要适度的，就足以使他重获自己的荣耀，让他像英雄一样受到其臣民的欢迎。马尔瓦西娅(Malvasia，即莫奈姆瓦夏[Monemvasia])要塞位于伯罗奔尼撒半岛东南角，是土耳其留下来的少数大陆要塞中的一个，它将极好地有助于他实现这个目标。然而问题是，那个城堡高高地位于坚不可摧的岩石之上，只有通过一条非常狭窄的小路才能到达那里，这条路的大部分不到一尺宽，确实易守难攻。炮击是唯一的希望。莫 358
洛西尼命令建造两个炮台。但在它们完成之前，他自己就病倒了。他把指挥权留给自己的总秘书长(Proveditor-General)吉罗拉莫·科纳。1690 年，他带着疾病郁郁寡欢地乘船回家，根本无法享受激动人心的欢迎仪式。

科纳证明了自己是一位合格的继承人，而且要更为幸运。他占领了马尔瓦西娅，并在那里升起了圣马可旗帜，这在 150 年来还是第一次。这时他听说一支奥斯曼舰队正在向群岛驶来，他再次向北航行去与其交锋，在米蒂利尼(Mytilene，即莱斯博斯岛[Lesbos])附近相遇，对方损失惨重。当再次回到亚得里亚海时，科纳对法罗拉发动了一次突袭，他成功占领并拆除了它的防御工事。当他突发高烧时，他依然坚守在法罗拉。一两天后，他就去世了。后来的结果表明，他的继任者是个靠不住的人。

与土耳其的战争开始得如此辉煌，中途却遭受了耻辱。怀着对土战争结果的期望，威尼斯人再次期待他们总督的积极领导。现已 74 岁高龄的莫洛西尼尚未完全康复。当他被邀请继续指挥时，他毫不犹豫地接受了。1693 年 5 月 25 日，他乘船从威尼斯出发，送行的场面非常壮观。但他最后一次出征的结果却让人扫兴。土耳其人充分利用了冬季和春季的时间去增强自己在埃维亚岛和克里特岛上干地亚的防御力量。莫洛西尼因逆风而放弃了对达达尼尔海峡的再次攻击。他开始增强科林斯和伯罗奔尼撒半岛上另外一两个据点的守军,还追捕了一些阿尔及利亚海盗船。最后,为了不至于空手而归,在进入纳夫普利亚过冬之前,他占领了萨拉米斯、许德拉和斯佩察岛。很明显,他的努力夺去了他的生命。整个12月份,他都饱受胆结石的困扰。他于1694年1月6日去世。此后,直到威尼斯共和国陷落,再也没有一位总督参加过战争。

威尼斯试图重新控制地中海的历史只剩下最后短暂的一小段了。希俄斯岛曾经是弗朗切斯科·莫洛西尼和柯尼希斯马克于1686年考虑的四个目标中的一个。它的主要人口是基督徒,包括天主教徒和东正教徒,各自有自己的主教,土耳其守军最多就2000人。1694年9月
359 7日,威尼斯统帅安东尼奥·泽恩(Antonio Zen)带领9000名士兵来到岛上,他觉得这场战役应该没什么问题。

刚开始,他确实没有遇到什么困难。炮轰刚开始,没费一枪一弹,海港和恰好停在那里的三艘土耳其船只就一起被占领了。为了更好地守护内地,守军于9月15日撤退。威尼斯人士气高涨,当听到土耳其一支由50艘船组成的舰队到达希俄斯岛的消息时,他们的情绪更高了。多年来,土耳其人都竭尽全力避免海战,泽恩的船长们更是鄙视他们的航海技术和他们的勇气。不幸的是,正当总司令即将从隔开希俄斯岛和陆地的狭窄海峡出发驶向公海的时候,风速却下降了。海上连一丝风都没有,在这样的情况下要展开海战是不可能的。20日,一丝微风吹起,它威胁到了土耳其人,而土耳其人察觉到了自己的危险处境,于是在威尼斯人赶上他们之前,他们就迅速驶回国,回到士麦那港。泽恩仍准备继续战斗,他下令在港口外面停泊抛锚,但不久当地领事们就来到他的旗舰上拜访。这些领事代表着联盟之外的三个欧洲列强——英国、法国和荷兰,他们恳求他不要无缘无故发动攻击,以免危及城市中基督徒的生命和财产。据说他们用一大笔金钱贿赂泽恩以使其答应自己的请求。泽恩也知道自己供给不足,就同意了他们的请求

并回到希俄斯岛。

但许多威尼斯船长都热切期待最伟大的海战能很快到来。苏丹则对他最有价值的近海岛屿之一的丢失非常恼火,他下令要立即收复它。1695年2月,情报显示,一支由20艘重型主力舰(sultanas)构成的奥斯曼舰队组成了,另有24艘大帆船支援。安东尼奥·泽恩立即组织了一支实力大体相当的舰队与之对战——其中有一支相当规模的分舰队是由马耳他骑士团派出的。9日清晨,战斗最终在两大海峡的北端打响。战斗进行了很长时间,场面激烈,威尼斯人和土耳其人都有不少英雄事迹(尽管威尼斯人的报告中不会记载土耳其人的事迹),这充分表明了战斗的激烈程度。当黄昏来临,两支舰队停止交战的时候,双方都伤亡惨重。威尼斯这边有465人死亡,603人受伤——但结局仍不明朗。

事实上,这仅仅是战争的第一阶段。双方舰队都在希俄斯岛抛锚, 360
刚好在对方炮火的射程范围之外;等了整整十天,两方都持观望态度。2月19日,猛烈的北风从他们身后吹来,土耳其人再次向他们的对手逼近。战斗的时候,风力已经升级到狂风,海面上波涛汹涌,兵力调动已不可能。威尼斯人逆着风拼死战斗,但是他们逐渐被逼入狭窄的海峡回到港口。在这样的天气状况下,战舰想进入港口是不可能的,所以只能停在泊地,在这里,他们遭到追击的土耳其人一次又一次地扫射。这是一场灾难。威尼斯人损失巨大,土耳其人相对轻一些。总司令召开了一次军事会议,但是结果已在预料之中。要塞已经没有足够的人手了,防御条件非常糟糕,库存空了,供应品也快用完了。在很长时间内将没有援助可以指望,土耳其人必定会再次进攻。如果他们这样做的话,结果将是灾难性的。

所以希俄斯岛的胜利在不到六个月后又丢失了。2月20日晚上,所有能够被运走的战争物资都已经装载上船,剩下的防御设施则被拆除或破坏。21日早晨,舰队离开了港口。为逃避土耳其人的复仇,这个岛上的主要天主教家庭都与舰队一起离开。他们被授予伯罗奔尼撒半岛上的新地产,以补偿他们当时抛弃掉的东西。甚至当它离开的时候,厄运还在紧跟着威尼斯。最后一条船还没驶离防波堤,剩下的军舰中最重要的阿波坦查号(*Abbondanza Richezza* 满载着武器和弹药)就撞上了一块暗礁。所有修复的努力都失败了,他不得不放弃这条船和船上完好无损的大多数货物。

对刚刚庆祝完收复希俄斯岛的威尼斯人民而言,它的再次丢失让他们感到的不止是悲伤,更是气愤。参议院要求立即进行调查。痛苦的泽恩以及其他几个高级军官被铐上锁链带回威尼斯。1697 年 7 月,当调查仍然在进行中时,泽恩死在了狱中。调查结果后来也一直没有公布。

土耳其人没有被打败,但他们也受到了巨大的冲击,并且看起来很
361 欢迎和平谈判的机会。从皇帝利奥波德的处境来说,他非常渴望谈判,因为他知道一场新的危机正在靠近——这次不是在他的东部边界而是在西部,在那里,很明显,半疯的而又无子女的西班牙国王查理二世活不了多久了。主要有两位王位竞争者——利奥波德自己和法国的路易十五。他们都是菲利普三世的孙子和菲利普四世的女婿——利奥波德理所当然地希望能腾出手来解决眼前的争端。英国和荷兰想到法国和西班牙将要在路易的统治下联合起来就感到非常害怕,于是他们就和苏丹和解了。假如波兰和威尼斯能保留他们所征服的土地,他们也都很乐意在经过 15 年的战争后放下武器。他们很快就做好谈判的准备。1698 年 11 月 13 日,各列强在匈牙利的卡尔洛维兹(Karlowitz,现在塞尔维亚的斯雷姆斯基卡尔洛维兹镇[Sremski Karlovci])集会。

谈判并没有像预想中的那样顺利。苏丹的代表指出:他们的主人并没有投降,没有理由让他放弃现在控制在基督徒手里的所有领土,特别是他心目中某些重要的地中海地区。威尼斯应该拥有伯罗奔尼撒半岛,他毫不费力地同意了这一点。它也可以既保留莱夫卡斯岛,也保留埃伊纳岛(Aegina)和许多达尔马提亚沿岸的要塞。但是土耳其决定保留雅典、阿提卡和所有科林斯北岸的希腊领土。威尼斯代表强烈反对,但是获得的支持很少。得到可保有匈牙利和特兰西瓦尼亚的保证的皇

帝，非常希望尽早地回家。他让威尼斯人知道：如果他们坚持制造困难，他将毫不犹豫地独自和解。共和国内部仍然持续争论了一段时间。当 1699 年 1 月 26 日条约签订的时候，它不在签名人之列。但是最后理智还是战胜了骄傲，最终在 2 月 7 日，总督追加了他的印章。

他这样做当然是好的，因为《卡尔洛维兹条约》(Treaty of Karlowitz)首先标志着奥斯曼帝国权力的衰落。威尼斯与奥斯曼帝国的对抗时间比其他任何基督教国家都要长，也比其他任何国家更有权利成为缔约方之一。另一方面，它被迫放弃了自己征服中很重要的一部分，这不仅打击了它的自尊心，同时也使它保护剩下的领土变得非常困难。现在再也没有任何障碍能有效阻止土耳其人从阿提卡或科林斯港北岸的任何地方侵略伯罗奔尼撒半岛了——这一点很快就会得到证明。

第十九章　西班牙王位继承战争

363　1700 年 11 月 1 日星期五,西班牙国王查理二世在马德里的宫殿中逝世。身心都较孱弱的他,4 岁时便继承了其死去父亲菲利普四世的王位。只要瞥见这个不幸的孩子,便知道他完全不能胜任摆在其面前的重任。查理好像是一幅哈布斯堡皇室的讽刺画像:他的下巴和下颚非常突出,以至上下牙床无法接合;他经常生病,所以很多人怀疑他中了巫术。只有很少臣民相信他能长大成人,担负起统治广阔领土的重任。但他确实长大了,在他母亲玛丽安娜(Mariana)——斐迪南三世皇帝之女——摄政 10 年之后,他至少是在理论上接管了政权。因此,从 1665 年他开始继位到其去世的 35 年间,西班牙实际上是一个没有君主的伟大君主国。有迹象表明,查理从未单独制定过国策;他很少坐在桌子前,除非有文件需要他签署,而那些文件他几乎从未读过;而在 1694 年 5 月的那天,当他因为公务错过午餐时,这使人民大为惊讶,甚至被记录在了当时的一份报刊上。国家的政务则交给了一系列能力各异的首相们,以及西班牙的贵族们。

此外,特别是教会及其重要的工具宗教裁判所,也分享了部分国家要权。例如国王本人就亲自告诉英国大使,他从未干涉过宗教事务。宗教裁判所的主要受害者一般都是犹太人和新教徒;但实际上在西班牙,几乎所有外国人均不安全。例如 1691 年大使的牧师去世时,葬礼就被迫秘密举行;即便如此,其尸首后来还是被拖出坟墓并遭到肢解。此外,西班牙在1610年将摩利斯科人驱逐[①]——这是由宗教裁判所和可怕的莱尔马公爵联合完成的,这毫无疑问对西班牙造成了沉重打击;经过几个世纪,它才恢复过来。这个国家的大部分农业生产均依赖于摩利斯科人:谷物、糖、稻米、棉花,甚至纸张,都有赖于摩利斯科人。 364
西班牙那点儿可以吹嘘的工业,也都掌握在他们手中。因此1700年的塞维利亚、托莱多、塞戈维亚与布尔戈斯,与100年前相比,只不过是一个苍白的影子而已。随着时间流逝,这些城市的农民和劳动阶层群体的状况愈发凄凉。1699年发生了一场饥荒:大约2万人聚集到王宫前,好在一场全面的革命勉强避免了。

虽然查理二世有过两次婚姻,但他没有任何子嗣——这并不令人意外。所以随着这个世纪日渐接近尾声,谁将成为他继承人的问题也日益凸显。让事态变得紧张的是,两个强大的欧洲王朝都垂涎西班牙王位,他们也都明确表了态。国王菲利普三世有两个女儿:长女安妮(Anne)嫁给了法王路易十三;次女玛丽亚(Maria)嫁给了奥地利皇帝斐迪南三世。安妮尽职地生下了未来的法王路易十四,而玛丽亚的孩子则是皇帝利奥波德一世。路易可能想通过他的妻子玛丽亚·特丽萨(Maria Teresa)——查理二世的姐姐,获得对西班牙王位的第二继承权;不过很不幸,他的新娘因为他们的婚姻,被迫宣布放弃对西班牙领土的所有继承权。

而另一方面,查理二世的妹妹玛格丽特(Margaret)在嫁给利奥波德一世时,却没有宣布放弃继承权。所以她的小孙子约瑟夫·斐迪南(Joseph Ferdinand)——她女儿玛丽亚·安东尼娅(Maria Antonia)和巴伐利亚选帝侯马克斯·伊曼纽尔(Max Emanuel)的孩子,也就自然成为哈布斯堡王室推出的皇位继承人。双方好像已经做好为此开战的准备,好在查理二世在1698年确定约瑟夫·斐迪南为其后嗣及继承人;而

① 这些以前的穆斯林,均是全家一起改宗信仰基督教——最少理论上是如此;这是女王伊莎贝拉迫害的结果。见第十三章。

整件事情可能也将就此结束。但是让人意想不到的是，这位年轻王子却在1699年2月意外离世。他的突然死亡被归因于天花，可人们对此却相当怀疑；包括男孩父亲在内的很多人均怀疑他被毒死，而且他们还毫不犹豫地说出了自己的看法。于是错综复杂的外交谈判再次开始。谈判不只是在直接相关的三方之间展开，英国和荷兰也都参与其中。[①]这两个海上国家在西班牙均有巨大的贸易利益，很多英国和荷兰商人
365 都长期地居住在加的斯和其他西班牙港口城市。虽然在17世纪已过去的大部分时间里，这两个国家一直都在相互争执；可是现在，他们却有着共同关心的问题：如何让法国从这场博弈中出局。假如西班牙从欧洲最弱君主手中转入最强君主的手中，那他们在西班牙还会有继续从事贸易的机会吗？

大使们在欧洲国家的首都之间来回穿梭。直到1699年6月，英王威廉三世(William III)和法王路易十四才签署了广为人知的所谓"第二分割条约"(The Second Treaty of Partition，第一条约就不用再提了)；之后，荷兰国家议会(States-General of Holland)和皇帝利奥波德一世也对此条约表示赞同。依据条约相关条款，原属西班牙王国的那不勒斯和西西里，以及沿着托斯卡纳海岸的西班牙领土及洛林公国(Duchy of Lorraine，后被用来交换米兰)都被分配给法国；而西班牙和查理二世遗产的余下部分，则落入皇帝年幼的儿子查理大公(Archduke Charles)手中。1700年3月，荷兰国家议会签署条约，只有皇帝利奥波德一世仍然坚持拒绝签字。皇帝认为，没有任何理由让法国随便将帝国领土拿走，而且他还对要他交出米兰这个主意感到非常愤怒。对他而言，他的儿子应取得西班牙所有遗产，而且他也做好了为此而战的准备。

然而与这个条约在6月传到马德里时整个西班牙宫廷的反应相

---

① 如我们所知，荷兰在16世纪早期成为西班牙哈布斯堡王室的一个省份。之后在宗教改革期间，该省北部地区改宗信仰加尔文教派(Calvinism)，并且在奥兰治的威廉亲王——"沉默者"威廉的率领下，发动了反对西班牙的起义。到1579年，他们终于摆脱西班牙的统治，变为荷兰联合省——尽管西班牙直到1648年才承认他们独立。而这个省份的南部地区依然由西班牙统治。

比，利奥波德的反应已算相当温和。据说国王在收到这些消息时，“突然爆发出了非同一般的愤怒，而王后也将其房间内所有东西都摔碎，以发泄她的愤怒”。很明显，西班牙获得支持的最大希望是和奥地利站在一起；于是一个反瓜分联盟便自然形成了。国王和皇帝相互通信，战争开始若隐若现。但是查理又让人大吃一惊。时间步入 1700 年秋天，查理显然行将就木，但他却在 10 月 3 日颤抖着签署了一份新遗嘱；他将自己所有的领地全部留给了路易十四 17 岁的曾孙——安茹公爵腓力。仅一个月后，他便离开了人世。

是什么原因促使查理突然改变主意，转而选择法国作为其遗嘱受益者？最重要的原因是教会。宗教裁判所，事实上还有西班牙的整个统治集团和全部神职人员，长久以来一直偏爱法式解决之道；同时教皇英诺森十二世(Innocent XII，早于查理五个星期去世)也亲自写信给查理，推荐安茹公爵。随着对死亡临近的感知，伴随告解神父的耳语声不 366
断传入其耳中，查理再也没有力气争吵。

英格兰的威廉三世在 1700 年 11 月 16 日写道：“我从来也不是特别相信法国的承诺。但我却必须承认，我没有考虑到他们会在世界面前，将一个未完成的庄严条约撕毁。”他实在震惊异常。此时，路易或者至少是他的曾孙，将要获得的版图会远多于他们之前希望得到的；而以路易的性格，也肯定不会因为那份墨迹未干的条约，便让这机会从自己手中溜走。路易对利奥波德很了解，知道他一定会激烈地反对新的分配方式。于是他立刻匆忙将自己那位年轻的继承人送到马德里，使他能够立刻承担起国王的重任。同时有大批法国官员随行，为的是接管西班牙王国政府的所有重要职位。另外令人敬畏的乌尔辛丝亲王夫人(Princesse des Ursins)则专程去担任王子的导师和参谋。① 事实上菲

① 她于 1643 年出生，原名玛丽安妮·德·拉·屈莫勒(Marie-Anne de la Trémouille)，并于 1675 年和她的第二任丈夫布拉恰诺公爵(Duke of Bracciano, Flavino degli Orsini)结婚。他们在罗马的宫殿成为法国影响意大利的中心。她在 1698 年再一次成为寡妇后，便返回法国。之后她将自己的名字法国化，并成为皇后的女侍长。从她到达西班牙的那一天起，实际上是她在掌控这个国家。

利普五世(Philip V)很快便得到了他新王国的认可,只有加泰罗尼亚显示出敌意。但这并不足以确保无人会对他继承王位提出质疑。路易不可能知道接下来的战争要持续多久,会多么令人绝望;他也不可能知道为了其曾孙的王位,他将要付出什么样的代价。

分割条约现在的价值还不如书写它所用的那张纸,很明显它将被取代。1701年9月7日,英格兰、荷兰以及帝国的代表在海牙(Hague)签订同盟条约,组建了众所周知的"大同盟"(Grand Alliance)。这个联盟条约的部分条款被故意弄得模糊不清,但它为接下来的战争所制定的主要目标(其急迫性已毋庸置疑)却非常清楚。坦白地讲,帝国的目标就是政治目标:利奥波德期望使帝国重新获得西班牙在意大利的所有财产。另一方面,英格兰和荷兰的目标则几乎完全在商业方面:仅仅希望能够确保未来的航海和贸易安全。

但在7个月前,也就是这一年的2月,安茹的腓力就已经以西班牙国王菲利普五世的身份进驻马德里。同时法国军队也占据了西属尼德兰。[①] 战争已经打响。

367 对于我们中的大多数人来说,西班牙王位继承战争是与伟大的第一任马尔伯勒公爵(Duke of Marlborough)紧密联系在一起的;不过他是在欧洲的北部、而非南部创造出了他的宏伟传奇。像布伦海姆(Blenheim)、拉米利斯(Ramillies)、奥登纳德(Oudenarde)和马尔普拉奎特(Malplquet)那些被鲜血浸透的战场,都和地中海相距数百英里,所以和我们关系不大。但地中海还是在这场战争中起着作用,事实上战争便是爆发于意大利的一场短暂战役。在这场战役中,法国人获得了西班牙原来在伦巴第和波河谷地的地盘。1701年,战争爆发,萨伏依亲王尤金(Eugene)[②]率领大批盟军在提洛尔以南集结;他们的目标是驱逐法国人。与此同时,法军指挥官、号称大元帅的尼古拉·卡提尼

① 也就是低地地区的南部诸省,这些省在北部地区脱离西班牙后,仍然属于西班牙。

② 尤金亲王(1663－1736)是帝国陆军元帅,他是他那个时代公认的最伟大的战士。他第一次参加战斗是在他20岁之时,即1683年土耳其人围攻维也纳期间。

特·德·拉富康里(Marshal Nicholas Catinat de la Fauconnerie)却没有任何撤出意大利的打算;不过他认为亲王将会沿着阿迪杰(Adige)河谷行动,所以便将军队拉至加尔达湖岸边,准备在此等待对方进攻。但尤金远比他所想的聪明。尤金派出一支小分队,沿着阿迪杰河右岸佯攻;而自己则率领主力部队(包括16000名步兵和6000名骑兵)沿着巴尔多山(Monte Baldo)上狭窄阴暗的山路前进,并最终迂回到法国人的右翼,打了法国人一个措手不及。

卡提尼特惊慌失措,阵脚大乱。在已无任何防范手段且不清楚尤金的意图的情况下,他便将自己的部队分为许多分遣队,分散部署在60英里长的战线上。这是一个致命的错误,使得尤金亲王大有可乘之机。尤金亲王通过将这些分散的法国部队各个击破,取得了一连串小但却具有决定性影响的胜利,最终使法国人完全陷入混乱;特别是在冬至日,尤金亲王突袭克雷默纳(Cremona),将另一位法国元帅维勒鲁瓦公爵(Duc de Villeroi)俘虏[1]。不过法国人在第二年重整旗鼓:一位好得多的将军——旺多姆公爵(Duc de Vendôme)——取代了卡提尼特,他所率的军队还得到了西班牙国王菲利普从那不勒斯派出的大批援军的支持。而此时尤金通向维也纳的交通线却被突然切断,于是他第一
次将注意力转向防御。不过到此时,战争中心已经转移,意大利很大程 368
度上被人忘记了。

不过地中海却从未被忘记。早在分割条约时,英格兰国王威廉三世就已在考虑地中海的未来。这不仅是为了确保英格兰能够继续与西班牙进行贸易,而且也是为了一个非常危险的现实问题:如果西班牙落入波旁家族手中,英国便很可能会被从整个地中海地区排挤出去,除

---

① 维勒鲁瓦究竟是如何成为元帅的,永远不会有人知道。他所进行的每一场战斗,实际上都失败了。在他被俘之后战役仍在进行的那段时间里,法国士兵每当行军时都会唱到:

Parsemble! la nouvelle est bonne
Et notre bonheur sans égal:
Nous avons conservé Cremone
Et perdu notre général

非它能为自己在其中找到一个安全可靠的根据地。为此,威廉长久以来一直在密切注意着米诺卡岛,而且他还与其海军司令乔治·鲁克爵士(Sir George Rooke)一起,计划先于法国人占领加的斯。[1] 然而威廉于1702年3月去世,使占领加的斯的计划付诸东流;鲁克对占领加的斯从不热心,而在随后到来的秋季,进攻港口的计划也被证明完全失败了。不过仅两年后鲁克便将损失全部挽回——当时他率领一只英荷联合舰队,攻占了直布罗陀。

直布罗陀从1462年起便被西班牙人所控制,并被西班牙女王伊莎贝拉于1501年正式吞并。但西班牙人在这里的防卫却相当薄弱,而这里极少的驻军也没有多少抵抗热情。直布罗陀仅抵抗了三天,便于8月4日向鲁克投降;而鲁克为此付出的代价仅是死亡60人,还有大约200人受伤。仅三个星期后,海军上将便有了一次真正表现其勇气的机会。8月23日,在马拉加海岸附近的海面上,他率军冲入一支庞大的法国舰队;这支法国舰队由图卢兹伯爵(Count of Toulouse)指挥,共由50只帆船组成。接下来所发生的事情,被鲁克描述为“我服役生涯中最险峻的一天”。双方均损失惨重,不过毫无疑问,英国人取得了最终的胜利:当8月27日第一缕阳光出现时,战场上再也看不到一个法国人。法国舰队撤回了土伦港,在余下的战争中,也不再做任何与联盟争夺地中海控制权的努力。

英国人占领直布罗陀后,并未立刻将那里变为英国殖民地。从理论上来讲,鲁克是为王位继承者查理大公的利益而将之夺取的;所以在那里被占领整一年后,即在1705年8月2日,大公乘着一艘英国军舰登上
369 直布罗陀,并在这里被正式册封为西班牙国王查理三世。同时,虽然直布罗陀这块磐石由2个英国军团和2个荷兰军团驻守,而且总督也是英国少将约翰·施林普顿爵士;但这位总督和其全部属下,却依旧承认查理对直布罗陀的统治权。1705年,在这位国王生日的那天,35门大炮齐鸣

① 从理论上来讲,与其说加的斯是一个地中海的港口,倒不如说它是一个大西洋的港口。不过它所处的位置距离连接地中海和大西洋的那个海峡很近,这就为控制他们提供了一个很好的基地。

三轮向他致敬;5 个月后,安妮女王生日时仅有 21 门大炮齐鸣一轮向她致敬。但这些都是早期的事情了,当时查理好像仍有相当机会能赢得西班牙王位。之后当这些机会日渐渺茫时,直布罗陀的未来便发生了改变。要把直布罗陀转交给令人憎恨的菲利普五世——而众所周知,更别说又会通过菲利普,转交给其更令人憎恨的他的祖父路易十四了?如果英国人将直布罗陀永远控制在他们手中的话,将会安全得多……

在意大利发生的第二场重要战役要到 1706 年。尤金亲王已经认识到,自己若得不到实质性增援,便不可能获得更多进展,于是他返回维也纳寻求援助。旺多姆趁着尤金不在意大利的有利时机,对帝国军队在布雷西亚附近的营地发动奇袭,迫使帝国军队撤至提洛尔内。然而,旺多姆没有估计到尤金会在 7 月这么早便率领一只 24000 人的部队从德国返回意大利(多亏了英国提供的 25 万英镑的财政援助,这支军队才募集起来)。尤金率领部队进入阿迪杰河谷,接着向南进军到波河;在穿过波河后,他又掉头向西,沿着波河右岸将敌人赶到了自己面前。在帕维亚附近的斯特洛娜(Stellona)别墅,尤金亲王与萨伏依公爵率领的军队会师,并一起进军都灵(Turin),在那里重创了法国军队——尽管敌人的数量明显多于他们。这是在意大利发生的最后一战。1707 年 3 月,在米兰会议后,路易十四放弃了北意大利。

而另一方面,在西班牙,路易十四则继续战斗;事实上,他别无选择。1706 年春,海军上将克洛迪斯利·肖维尔爵士(Admiral Sir Clowdisley Shovell)率领一支分遣舰队,加上一支由彼得伯勒伯爵(Earl of Perterborough)率领的军队,穿越直布罗陀海峡前往东海岸——巴塞罗那非常乐意接受查理大公为国王查理三世。与此同时,戈尔韦伯爵[①](Earl of Galway)正率领一只英-荷-葡联军,由葡萄牙侵

① 以前是拉瓦伊格尼(Ruvigny)伯爵,也是一个古老的胡格诺派家族的成员,戈尔韦在定居英国之前,1685 年南特敕令(Edict of Nantes)废除之后,就已统率了法国军团并成为一个英国臣民。五年之后,他成为英国人并为骑兵少将服务。在 1692 年,他被任命为爱尔兰总司令,不久之后,又被封为贵族。

入埃斯特雷马杜拉,并继续向东逼近马德里。联军在6月26日进入马德里,可五个星期后,他们就因为认可了一个无可争辩的事实而撤出马
370 德里——国王菲利普在加泰罗尼亚和巴伦西亚以外的西班牙各地区占有压倒性的支持。然而,联盟在欧洲北部的胜利,无疑比在马德里的失望要重要很多。到8月份,国王路易发出了求和声明:他会将西班牙留给查理,而作为交换条件,联盟应承认菲利普保有米兰、那不勒斯和西西里。

而在此时,无论是英国人还是帝国,都不大可能去聆听路易的声明;不过12个月后,他们就会认为当初最好还是考虑的好。1707年,联盟不管是在南方还是北方,都未取得什么重大胜利;相反,他们却遭受了两场灾难:第一场发生在4月25日,戈尔韦率领15000人的混编部队,在巴伦西亚西南大约60英里的阿尔曼萨(Almansa)遭受了重创;而打败戈尔韦的,则是由路易的主将贝里克公爵(Duke of Berwick)率领的一支法-西精锐部队;贝里克公爵是英格兰国王詹姆斯和马尔伯勒公爵的妹妹阿拉贝拉(Arabella)之子。[1] 就在这一役中,联盟丢掉了穆尔西亚和阿拉贡;而情况可能更糟,他们因此无法再向尤金亲王提供援助力量;而7月,亲王正进攻土伦。尤金是和其长官马尔伯勒公爵一样伟大的将军,但他在地中海地区进行的最后一次冒险行动以失败告终——尽管不是他的错,却使他的声誉由此蒙上了阴影。如果说尤金进攻土伦是场失败的话,也应完全归咎于其两个主要盟友——皇帝利奥波德和萨伏依公爵。在关键时刻,利奥波德分出了一只13000人的部队进攻那不勒斯;至于萨伏依公爵,在此时则表现得非常软弱、犹豫不决——甚至在尤金于7月26日撤退到普罗旺斯,差不多要战败时也依然如此。就这样,数以万计的人白白牺牲了。联盟或许会感到些许安慰,为了防止土伦港落入联盟手中,法国人故意将港内一支拥有50艘舰船的分舰队凿沉。但事实上,土伦作为他们在南部的

① 这可能是历史上唯一一场,在一支由法国人率领的英国军队和一支由英国人率领的法国军队之间进行的战争了。

主要港口，虽然之前曾被尤金夺走过，但也很快便因为联盟内部的彻底无能和混乱而再次易手。所以英国舰队仍然缺少对他们来说最急需的东西：一个位于地中海且良好、安全的港口；这个港口可以保护舰船不受冬季暴风雪的袭击，能够安全储藏食物和补给品，且能够对舰船进行适当的整修。

好在事实是，英国人的这个愿望并未让他们等多久。米诺卡岛位 371
于巴利阿里群岛最东北端，因此也是这个群岛中和法国相距最近的岛屿；英国海军对之也觊觎良久。1708 年夏天，詹姆斯·斯坦霍普少将(Major-General James Stanhope)被派往西班牙出任公使；而在几个月前，他接替戈韦尔为总司令，并收到马尔伯勒的命令——夺取米诺卡首府马翁港(Port Mahon)。海军上将约翰·利克爵士(Admiral Sir John Leake)率领一支拥有 4 艘战舰的舰队，正加速从撒丁岛(在那里他对卡利亚里[①]进行了炮击)赶往米诺卡岛支援詹姆斯·斯坦霍普；詹姆斯·斯坦霍普于 9 月 14 日率领一只由大约 1200 名英国人、800 名西班牙人和 600 名葡萄牙人组成的部队，在米诺卡岛登陆。又过了两个星期，他才做好进攻准备；因为首先必须修建一条由登陆点通向第一进攻目标圣腓力要塞(Fort St Pilip)的道路，以便将枪支大炮和补给品送到那里。即使完成了这些，要塞依然无法被攻陷，因为它处于有利位置——居高临下几乎可以俯瞰整个港口。斯坦霍普解决这个问题的方法是向要塞提出，如果投降将会有大量慷慨优惠的条件，而拒绝投降的话结果可能是大屠杀。若不是要塞中有大量妇女和儿童避难，法国和西班牙指挥官可能会选择继续抵抗。但事实是存在着这些难民，所以他们决定投降，而没多久他们便懊悔做出了这个决定。投降后，两位要塞指挥官都被监禁起来，西班牙指挥官选择了自杀。

其他要塞很快便像圣腓力要塞一样，选择了投降。不过，斯坦霍普的顺利推进大部分要归功于当地居民对他们的友好态度；当地居民非

---

① 卡利亚里自己最终被迫投降，但英国人从来都没有征服整个撒丁岛。在之后的乌特勒支谈判中，它成了一个重要的谈判筹码。

常讨厌法国人和西班牙人：马翁的地方官员在入侵者刚接近他们城市时，便立即高兴地将城市的钥匙交给了他们。到月底，英国人已将整个米诺卡岛有效地控制在了手中。除在1756年到1763年间有过短暂的中断外，英国人对那里的控制整整持续了将近一个世纪之久。严格按照法律来说，这个岛屿和直布罗陀一样都属于西班牙国王查理三世；而这位西班牙国王也在11月8日正式宣布自己亦是米诺卡岛的国王。但斯坦霍普对此毫不在乎，他写道："这个岛屿应永属不列颠，这样将使地中海地区无论在战时还是平时，都处于有序状态。"为了强调这一事实，他留下了一支完全由英国人组成的驻军，而所有的西班牙人和葡萄牙人都被调回西班牙，协助查理国王。到1709年6月为止，他已经在这个岛屿的防御上花费了11000英镑。

372 与此同时，对西班牙大陆上的戈韦尔来说，事态看起来却愈加严重。他倾向于将战局不利的责任归咎于葡萄牙人（他们在阿尔曼萨战役中就是个大累赘），并让他们在1708年初打道回府。好在一支德意志部队接替了葡萄牙人，其指挥官为冯·施塔亨姆伯格伯爵（Count von Starhemberg）；因为最近意大利战区停战，他们才得以被调遣过来。但即使做了这样的调整，皇帝的拥护者们仍然势不可挡，他们很快便夺取了托尔托萨（Tortosa），切断了巴塞罗那和巴伦西亚之间的联系。直到1710年，联盟才取得了一些进展，此时他们第二次进军马德里。9月23日，马德里沦陷，但国王查理又一次没能守住它：年底，查理国王被迫撤至加泰罗尼亚。即便在那里，查理的统治也非常脆弱：1711年1月，法国人占领了赫罗纳（Gerona）。

之后仅一个月，4月17日，皇帝约瑟夫一世在维也纳去世，时年33岁。毋庸置疑，他死于天花。他的去世使整个欧洲的政治局势立刻发生了改变。约瑟夫一世于1705年继承其父利奥波德一世的皇位，之后，他做出了巨大的努力来改革帝国混乱的财政状况，同时还热心地支持其弟争夺西班牙王国的统治权。而在他死后，查理便不再仅仅只是西班牙王位的继承人；很明显，查理将会成为他哥哥皇位的继承人。而大联盟的形成，就是为了阻止波旁家族变得过于强大；若查理继承帝国

(事实上他真的继承了皇位,第二年他被选为皇帝),哈布斯堡家族将会更加强大,并会将其所有的领地联合为一体——使他的伯叔祖父查理五世时代的帝国重现。不可避免,欧洲各势力还要经过数月,才能就当时的状况达成协议;直到 1712 年元旦,联盟和法国间的谈判才在荷兰城市乌特勒支(Utrecht)开始。

然而在前往乌特勒支前,我们必须暂时回到米诺卡岛和直布罗陀,它们的归属依然不够明确。而此时在英国,主导安妮女王[①]执政前期政局的辉格党政府,已被托利党政府所取代;新内阁认为,皇帝查理六世比曾经的波旁家族更具威胁,所以英国不应再支持他。此外,波旁家族现在也为和平做好了准备。北方战事对法国造成了极为严重的威 373
胁——马尔伯勒公爵依然所向披靡,势如破竹,所以国王路易逐渐对和解充满渴望。但国王路易也将因此被迫做出让步。而按照他的风格,让步最好是用他人的财产。所以,还会有比承认英国人对直布罗陀的所有权,更能让英国人接受的让步条件吗? 5 月 31 日,路易国王告知安妮女王:"*On a parole du Roi d'Espagne de laisser aux Anglais Gibraltar pour la sûreté réelle de leur commerce en Espagne et dans la Méditerranée.*"[②]

事实上,西班牙国王菲利普并没有作出这样的承诺,但他却无从抱怨。到目前为止,他已远比其祖父幸运:在因争夺西班牙而与查理及其盟友进行的战争中,他已略占上风。可是他的运气又能持续多久?查理继任为帝国皇帝,这意味着自此之后,帝国所有的资源都将归他支配。此外,还有传闻说尤金亲王会被派往西班牙,接任总司令之职。腓力非常清楚,他的将军中无人可及尤金亲王之一半,更别说和亲王分庭抗礼了。最后,若法国和英国单独和解,菲利普将会失去所有来自法国

---

① 安妮女王在 1702 年英王威廉三世去世后继位。

② "西班牙国王对我们作出了承诺,一定会将直布罗陀留给英国,以作为保护他们在西班牙及地中海地区商业利益的一个真正的防护设施。"

的军事支持。他知道自己别无选择,所以虽然万分不乐意,但他还是通知路易国王,自己做好了将英国人最近征服的两个地方交给他们的准备。

和平谈判的准备秘密而又谨慎:英国人承认菲利普五世为西班牙国王,而作为交换条件,法国人和西班牙人也必须同意让英国人继续控制米诺卡岛和直布罗陀。一开始,路易便对英国人对米诺卡岛的要求保持沉默。直布罗陀这块磐石对他来说,并没有什么战略价值。但另一方面,从米诺卡岛到法国仅有一天航程;并且如最近所见,这里完全可以作为一个进攻土伦港,或法国地中海海岸的跳板;所以他丝毫不想交出米诺卡岛,除非走投无路。他有所不知,英国谈判人员在出发前往乌特勒支前,就已经接到警告:必须坚持"直布罗陀和马翁港,以及米诺卡岛将来都必须被并入英王领地"的要求,而且不能接受"不"这个回答。

荷兰人那里还有点小麻烦。他们在 1704 年夺取直布罗陀的行动
374 中起到了一定作用;并且从那时起,他们便是直布罗陀守军的重要组成部分。所以完全可以理解,他们期待获得相应的回报。而现在,他们认为自己被出卖了——这同样也可理解。开始,他们拒绝将自己的军队撤出直布罗陀,甚至要威胁独自战斗下去。但没人认真地对待他们。因为事实是他们极需英国人在荷兰保护他们——对此他们和英国人都非常清楚。

乌特勒支协定实际上包含着一系列条约;在一场持续了 11 年的欧洲大变动后,法国和西班牙再次尝试恢复他们和邻居间的正常关系。乌特勒支协定包含的大部分条款与本书没有多大关系;不过在其中涉及地中海未来的条款中,双方均做出了较大让步。法国和西班牙均正式承认萨伏依公爵维克多·阿马厄迪斯二世(他恰好是菲利普国王的岳父)为西西里国王;同时扩大其北部领地,将以前属于法国的城市尼斯包括在内。此外,西班牙还同意将它以前在意大利和尼德兰的领地转交给神圣罗马帝国,同时将直布罗陀和米诺卡岛在事实上交给英国

人。不过它这样做并非毫无条件。尽管条约将今直布罗陀部分地区的永久所有权给予了英王(此后英国极其无耻地进行了扩张,使其逐步达到今天的规模);但条约还规定,在直布罗陀,要保障天主教能够继续自由活动,还要禁止犹太人和摩尔人在那里定居;而且这块磐石的最终主权仍牢牢掌握在西班牙手中。[①] 此外,更鲜为人知的是,西班牙还签署了另一个条约——阿西恩托协定(*asiento* agreement);通过这个协定,它赋予英国人以专属权利：三十年间,以每年 4800 人的额度,向西班牙的海外殖民地供应非洲奴隶。

皇帝查理直到 1714 年还在战斗,所以他并未在最终的和平协定上签名。过去十二年里进行的主要战斗本是为了他的利益,但现在他却置身于和谈之外,这使得帝国受到持续伤害。在乌特勒支和谈期间,他的利益虽 375
没有被完全忽略,但由于这些利益从根本上与法国、波旁西班牙和联合行省(荷兰人当时的自称)的利益相冲突,而英国人在很大程度上有些置身事外,所以在某种程度上,帝国利益被忽视是不可避免的。虽然如此,在谈判人员各自返回时,查理发现自己不仅控制着帝国的大部分,还控制着尼德兰的天主教地区、米兰、那不勒斯以及撒丁岛等地。他现在几乎没有抱怨的资格,如果之前他使用了一些外交技巧的话,他很可能做得更好。

而西班牙王位会怎么样？这个问题当然在所有的问题中最为重要,它是战争爆发的最初原因(*casus belli*),造成了整个大陆数十万人的死亡。最后问题得到了解决,人们赞同菲利普为国王(因为到现在为止,实际上只能如此解决)。菲利普的王国面积大大缩减,不过他确实不太怀念失去的低地国家——长久以来,这些地区一直都是套在西班牙人脖子上的沉重枷锁,而且他也得到了一定补偿。西班牙的美洲殖民地,以及

---

① 这一微妙的宣称构成了西班牙对直布罗陀所有权的基础：从斐迪南和伊莎贝拉开始,直布罗陀就成为了西班牙主权领土的一部分,并且这种状况并未受到乌特勒支协定的影响。西班牙人的立场经常被指控为非常虚伪,因为他们似乎以这样的方式将直布罗陀置于与位于北非海岸的西班牙城市休达和梅利利亚相同的地位上。西班牙人对此答复说,这两座城市并非殖民地,而是如同巴利阿里群岛,以及加那利群岛一样,始终都是西班牙的领土;它们也从来都没成为摩洛哥国家的一部分。

这些殖民地所带来的财富,全部留给了他;此外,在之后的30年间,也不会有人对他作为西班牙国王菲利普五世统治西班牙的资格提出异议。①

菲利普五世必须因他对加泰罗尼亚人的态度而受到谴责。虽然他们曾是哈布斯堡查理的坚定支持者,但菲利普出于对大不列颠女王的敬意,在英西条约第十三条款中正式将他们赦免,并且将当时"西班牙所有人群中最受国王青睐"的卡斯蒂利亚人享有的所有特权授予他们。然而很显然,菲利普一开始便未打算原谅他们,因为他认为他们并非真的忠诚于他;所以早在1713年,菲利普便要求加泰罗尼亚人无条件降服。毫不意外,加泰罗尼亚人加以拒绝,而且还建立了一个属于自己的临时政府。于是在1714年7月,菲利普派出了一支部队侵入巴塞罗那。这个城市顽强抵抗,整整坚守了近两个月之久;甚至在一支法国舰队,和一支由贝里克公爵率领的法国军队加入围攻者的行列之后,仍然拒绝投降。9月11日夜,对这座城市的总攻开始。加泰罗尼亚人顽强保卫他们的每一条街道,常常是逐屋战斗,一直到毫无余地为止。幸存
376 下来的加泰罗尼亚人被变卖为奴;且据国王的命令,加泰罗尼亚人的旗帜也被刽子手们在公共市场上当众焚毁。

说菲利普五世会因其对待加泰罗尼亚人的方式而深感内疚很令人怀疑,不过他倒是很快找到了为自己放弃属意大利领土而后悔的理由。菲利普五世在其第一任妻子萨伏依的玛丽亚·路易莎(Maria Louisa)于1714年去世后不久,便与帕尔马公爵年仅21岁的侄女(也是其继女)伊丽莎白·法尔内塞(Elizabeth Farnese)结婚。这位新王后在长相、经历、教育方面并非特别出众,但她一开始便打算巩固其地位。她甚至在到达马德里前,便与乌尔辛丝亲王夫人(跨过半个西班牙来与她会面)在路边一家小旅馆的楼梯上大吵一架。之后,乌尔辛丝亲王夫人

① 菲利普的统治在1724年出现过短暂的中断。当时他一时间陷入宗教狂热中,于是将王位传给了他的长子路易(Luís),而他自己则退了位。不过,路易在7个月后死于天花,菲利普就又重新登上了王位。

在受到无礼对待后离她而去，并一个人独自颤抖着穿过积雪的比利牛斯山返回法国。而这位新王后一到首都，便立刻召见她叔叔的代理人朱里奥·阿尔贝罗尼(Giulio Alberoni)——皮亚琴察一个园丁的儿子，一个道德败坏的牧师，但却智力超群。从那天起，所有法国势力全都被驱逐出西班牙王宫，那里完全为意大利人所有。而且阿尔贝罗尼(新王后仅在三年后便说服教皇克雷芒十一世，将其任命为红衣主教)也很快便悄悄对西班牙进行重建，特别是要建立一支舰队。

王后玛丽亚·路易莎留下了三个儿子，所以伊丽莎白·法尔内塞几乎没有取得西班牙王冠的希望。因此，她将其长期目标定为依靠其美第奇家族的身世，确保她在叔叔去世后，能够继承帕尔玛和皮亚琴察，如果可能的话再加上托斯卡纳。并非仅她一人渴望如此。皇帝查理依然对最新分配结果很不高兴，尤其对将西西里授予萨伏依家族感到极为愤怒。而众所周知，他在与维克多·阿马迪厄斯交涉，考虑用撒丁岛换回西西里。而伊丽莎白和阿尔贝罗尼都同样下定决心要阻止他：西西里一旦成为神圣罗马帝国的一部分，便会对西班牙的地中海海岸构成永久性威胁。然而伊丽莎白和阿尔贝罗尼首先展开的行动，却是攻击帝国的撒丁岛。1717 年 8 月，一支远征军从巴塞罗那启程前往卡利亚里；到 11 月末，撒丁岛便归他们所有了。直到此时，由于受到在撒丁岛轻易获胜的鼓舞，他们才决定直接进攻西西里。1718 年 7 月 1 日，西班牙军队在巴勒莫附近登陆；他们受到了热烈欢迎，这让下面的观点得到了支持：这两个岛屿从 13 世纪开始便为阿拉贡所有，那里比西班牙本土更像西班牙——在阿拉贡和卡斯蒂利亚合并组成西班牙王国前 377
的一百多年前，就一直如此。

尽管此时情况确实如此，但想以此作为依据向查理六世提要求就不大可能了。因为查理刚与英法结成了四国同盟(Quadruple Alliance)——一个很容易让人产生误解的名称。[①] 神圣罗马帝国没有海军，但英国有；所

① 在理论上荷兰也属于这个联盟，但其仅仅只是在名义上加入而已；荷兰持反战政策的商人阶层势力非常强大。

以海军上将乔治·宾(George Byng)率领一支英国舰队匆忙赶往西西里,并在这个岛屿东南角的帕瑟罗海岬(Cape Passero)将西班牙舰队彻底摧毁。非常不幸,此时的英国与西班牙并未处于战争状态,它只是在为其盟友神圣罗马帝国皇帝的利益在展开行动。宾的行动也因此引起了一场影响遍及整个欧洲的暴力狂潮,即使是身处远方的瑞典国王查理十二世(Charles XII),还有俄罗斯沙皇彼得大帝也均受到影响。维克多·阿马迪厄斯极力抗议,但他最终还是被迫屈服;他的西西里王国被夺走并交给了查理,而他获得了代替品——撒丁岛。如此英国人也卷入其中。这使得阿尔贝罗尼非常愤怒,为此他派出了第二无敌舰队;伦敦对待这一威胁是非常认真的。1718 年 12 月 17 日,英国国会向西班牙宣战;而之后不到一个月,法国人也步了英国人的后尘。

阿尔贝罗尼的无敌舰队于 1719 年夏起航,不过事实证明,这支无敌舰队并未比其闻名世界的前辈更战绩辉煌:它在比斯开海湾(Bay of Biscay)遭遇暴风雨,被毁灭在了天涯角(Finisterre)——甚至都未进入英格兰海域。还有一支分遣远征军动身前往苏格兰。一支西班牙军队确实登陆并进入了苏格兰高地的西部地区,不过很快便被当地部族消灭。不久,贝里克公爵率领的一支法国军队赶来;这对西班牙人来说是雪上加霜,而且也使他们极为震惊,他们面对的事态已严重恶化。菲利普五世很难相信自己的祖国会拿起武器与他作战,或相信贝里克会领军攻打其朋友,不过他很快就不再抱有任何幻想。对于贝里克的到来,他没有任何应对办法,因为其军队均远在西西里;在加泰罗尼亚遭到入侵,比戈(Vigo)被占领时,他只能无力地旁观。

所有这些不幸的主要制造者阿尔贝罗尼,已经不能再坚持下去了。1719 年 12 月,他被其旧保护人帕尔玛公爵策划的阴谋所害:被免职,并被驱逐出西班牙。阿尔贝罗尼在外交事务方面是一个冒险者和阴谋
378 家,他缺乏耐性又过于野心勃勃;但另一方面,在国内事务上,他证明了自己是一个出色的管理者;尽管他起初是作为一个意大利爱国者而努力工作,但他后来是为接纳他的那个国家全力服务的。在阿尔贝罗尼离开后,敌对行为似乎便没有必要再继续下去了,菲利普希望获得比较

优待的条件。但是他很失望。英国、法国和神圣罗马帝国在他加入四国同盟前，完全拒绝与他谈判；尽管他极其不愿意，但还是在1720年2月17日加入了。

当那些被统称为乌特勒支和约的国际协定，在1713年的前四个月里签署时，威尼斯拥有伯罗奔尼撒半岛的时间，也刚好过了1/4个世纪；威尼斯成为帝国的新实验并没有成功。在土耳其占领伯罗奔尼撒半岛期间，即威尼斯重新征服伯罗奔尼撒半岛之前，伯罗奔尼撒半岛由曾经的一片繁荣兴旺之地变得贫穷荒凉；威尼斯很快便意识到：管理那里费力不讨好。东正教教士一如既往对当地备受蹂躏的居民进行爱国主义教育，并神化爱国主义；这使得当地居民梦想拥有属于自己的独立国家，而且他们也未看出那些基督教分裂者取代异教徒统治此地后能给他们带来多少利益；那些基督教分裂者对于他们的强烈愿望没有表现出多少同情。另一个问题是防务。之前，威尼斯人被限制在当地几个重要的商业聚居地和有军队驻守的城镇，这很容易管理控制；但如何才能在将近1000英里犬牙交错的海岸线上，防御入侵者并保障安全？于是新防御工事便被认为在实际上是不可缺少的，如科林斯卫城低地要塞（这座要塞到今天，依然是现存的威尼斯军事建筑中，令人印象最为深刻的样本）；但它仅仅进一步引起了当地居民们的反感，因为正是他们纳的税和从他们那里征召的劳动力，修建了这些防御设施并支付了它们的费用。难怪当土耳其军队在1715年再次出现在伯罗奔尼撒半岛时，会被看作解放者而受到热烈欢迎。

艾哈迈德苏丹的大维齐尔达马德·阿里（Damad Ali），已计划好了一场征服伯罗奔尼撒半岛的联合军事行动：一支陆军将穿过色雷斯进军伯罗奔尼撒半岛；与此同时，另外一支海军将起航穿过爱琴海，向西南方向进军；在夏季，大维齐尔的这两支进攻矛头，取得了一个又一个胜利。当海军舰队到达它的目的地时，位于爱琴海的提诺斯岛（Tinos）已被迫投降；与此同时，陆军部队在围攻科林斯五天之后将其占领。紧接着，他们占领了纳夫普利亚；之后，迈索尼与科罗尼，莫奈姆瓦西亚与

塞西拉岛(Cythera)也都落入他们手中。与此同时,克里特岛的土耳其
379 人在其同胞胜利消息的鼓舞下亦发动攻势,攻占了威尼斯人在那里的最后前哨阵地。到 1715 年末,随着克里特岛和伯罗奔尼撒半岛的陷落,弗朗切斯科·莫洛西尼取得的所有重大胜利都已化为乌有。土耳其人又一次站在了亚得里亚海的大门前。至于威尼斯人,他们只剩下唯一的堡垒:科孚岛。

1716 年初,大维齐尔率领一支由 3 万步兵和 3000 骑兵组成的军队,向威尼斯人在科孚岛的大本营发动猛攻。不过威尼斯人对此另有打算。无疑,他们在人数上要远少于对手;但是在围攻作战中,人力远比不上巧妙周密的进攻、防守技术重要;而此时,威尼斯可以依赖一位军事家的知识和技术,即当时最重要的军事家之一——马提亚斯·约翰·冯·德·舒伦堡陆军元帅(Matthias Johann von der Schulenburg);他曾经在马尔伯勒公爵的指挥下,参加过奥登纳德(Oudenarde)和马尔普拉奎特(Malplaquet)的战斗;和平后,他寻求为威尼斯服务。他花了将近一个冬天的时间来改善科孚岛上的防御工事;因此,即便他无法阻挡土耳其人登陆,也会让土耳其人遇到这样一个防御体系:它远比土耳其人以前所遇到的任何防御体系都要严整。

围攻一直持续了整个炎夏。但是 8 月初,传来一个令防守者大受鼓舞的消息,这当然也沉重打击了土耳其人的意志。神圣罗马帝国和威尼斯人达成联盟协议,加入了这场战争。几乎成为传奇的尤金亲王,再次开始行动。他非常适时地在卡洛维兹击溃了一支土耳其军队(恰好就是在这个城市,土耳其人在 18 年前签署了他们此时无耻撕毁的那份和约)。之后很快,他又在彼得瓦顿(Peterwardein)取得一次决定性胜利——毙敌 2 万,并缴获 200 门大炮;而他付出的代价,只是损失不到 3000 人。

此时,土耳其人必须在两条战线上同时作战,这令他们感到很狼狈;其指挥官确信,如果不能很快攻下科孚岛,以后便更无可能将之占领。8 月 18 日深夜,土耳其军队指挥官下令总攻;随之而来的是由战鼓、号角、枪炮声,以及可怕的尖叫和呐喊所营造出的震耳欲聋的嘈杂,

这是最初的心理战,然而却绝非白费力气。此时,舒伦堡元帅迅速就位,他召集科孚岛上每一个体格健全的人,包括妇女和儿童,老弱,牧师和修道士参加防守。几个小时后,战斗形势依然危急,于是舒伦堡决定将所有希望押在一次奇袭上。很快,他便在拂晓前率领 800 精兵,从城 380
堡后方偷偷溜出,然后从后方对土耳其军队侧腹发动进攻。他很快就取得了决定性的胜利。土耳其人被这场奇袭所震惊,丢下自己的枪械弹药落荒而逃。而部署在城墙其他区域的土耳其军队也一片慌乱,他们在看到进攻失败后也立刻撤退——尽管秩序良好。第二天晚上,好像是为了巩固威尼斯人的胜利,一场猛烈的暴风雨席卷了土耳其人的营地;在几小时之内,土耳其人的营地便陷入泥沼,一片狼藉:壕沟变成了河渠,帐篷被狂风撕成碎条,或由于拉绳的挣脱而整个被吹到天上。远在土耳其人舰队的停泊处,同样有许多船只被吹离锚地,相互碰撞直到裂成碎木片。

破晓之时,损失一览无余。瞬间,昔日的围攻者中便几乎没人希望继续留在这座岛上——在这里,神似乎也在反对他们。事实上很快——大约在几天之内,土耳其军队指挥官就收到了撤退命令。科孚岛得救了。为此,舒伦堡元帅获得了一大笔奖赏,包括一把镶嵌着宝石的宝剑,一份 5000 达克特的终身养老金,而且还有一座在其余生一直耸立在昔日那座堡垒中的荣誉塑像。[1] 土耳其人撤退了,而且之后再也没有以损害基督教欧洲为代价来扩张其帝国。

威尼斯的士气由此大振。第二年早春,一支由 27 艘舰船组成的新舰队,从桑特岛启程前往达达尼尔海峡,指挥官是年轻但杰出的海军上将卢多维科·弗兰基尼(Ludovico Flangini)。1717 年 6 月 21 日,这支舰队和土耳其人狭路相逢。经过几天战斗,他们赢得了一场辉煌的胜利;唯一的损失就是弗兰基尼,他因敌人的一支弓箭而受了致命伤;不过他还是坚持要其他人把自己抬到船尾甲板,依靠其已经模糊的双眼,观看整场战斗的最后一幕。一个月后,在马塔潘角(Cape Matpan),土耳其舰

① 在英国人占领这座岛屿期间,塑像被转移到了现在的位置。

队又一次被打败后被迫逃走。与此同时,尤金亲王也已重新占领了十分重要的河流要塞贝尔格莱德,土耳其人正在所有的战线上溃败。

如果战事再打下去而威尼斯人也保持住其势头,他们有可能再一次占有伯罗奔尼撒半岛,尽管这对他们而言是否有长远利益让人怀疑。土耳其人决定求和,而此时威尼斯人也发现和奥地利人结盟是多么不
381 明智。神圣罗马帝国面临新一轮来自西班牙的威胁,于是它渴望尽快达成和解;而其对于威尼斯人的领土要求也几乎毫不在意,它自以为科孚岛的胜利以及此后威尼斯人的好运气都要直接归功于尤金亲王在彼得瓦顿取得的胜利。因此当各方于 1718 年 5 月在帕萨罗维茨(Passarowitz)开会时(英国和荷兰作为调解人也派代表一起参加),威尼斯特使卡洛·卢奇尼(Carlo Ruzzini)发现,他对其他与会者几乎毫无影响力。他辩论了 6 个小时,恳求大会将索德哈(Soudha)和斯皮纳龙格、提诺斯岛、塞西拉岛和伯罗奔尼撒半岛全部归还给威尼斯;或者不要伯罗奔尼撒半岛,而是将威尼斯在阿尔巴尼亚的领土尽可能向南延伸到斯库台湖(Scutari)和乌尔齐尼(Dulcigno)——这是威尼斯渴望剔除的海盗大本营。但在他发出呼吁之时,一则消息传来:一支 18000 人的西班牙军队登上了撒丁岛,所以他的要求被否决。

和约在 1718 年 7 月 21 日签署。两个月后的同一天,科孚岛遭遇了另一场令人恐惧的地中海夏季暴风雨,一道闪电击中了岛上旧堡垒的火药库并引起爆炸。这次爆炸又引燃了三个较小的弹药库,大本营几乎被完全摧毁;科孚总督府沦为一片瓦砾,总司令以及他的几个参谋也都不幸遇难。大自然在一瞬之间,就取得了土耳其联合部队在几个月间都无法取得的成就。最近这场战争的徒劳无益在这场灾祸面前更加凸显。

在帕萨罗维茨,威尼斯帝国的边界最终确定,此后再没有更多的收获,也没有更多的损失或者交换。在地中海,除了历史上它一直拥有的那座城市以及环绕潟湖的若干城镇和岛屿外,威尼斯在该区域还占有伊斯特利亚半岛、达尔玛提亚及其附属岛屿,还拥有北阿尔巴尼亚——包括卡塔罗(Czttaro 或 Kotor)、布特林托(Butrinto)、帕尔加(Parga)、

普雷韦扎和沃尼特撒(Vonitsa),以及伊奥尼亚群岛中的科孚岛、帕克索斯岛及帕克索斯对岛(Paxos and Antipaxos)、莱夫卡斯岛、塞法利尼亚岛、伊萨卡岛和桑特岛;最后还有伯罗奔尼撒半岛南部的塞西拉岛。这就是威尼斯的全部领土,其伟大的帝国时代已经逝去。但赔偿还是要的。莫洛西尼所进行的征服带给威尼斯的除了麻烦外,再无任何它物;没有这些,威尼斯的情况会好很多。在帕萨罗维茨达成的协议虽然似乎声名不佳,但却消除了威尼斯与土耳其的分歧,并宣称与哈布斯堡奥地利之间的友谊永恒不渝,这就安抚了除土耳其外唯一一股可能对其造成严重政治威胁的势力。结果和平了,条约维持了将近一个世纪,直到拿破仑把共和国本身带向了末日为止。

乔治一世于 1714 年从安妮女王手里接过大不列颠王国王冠时(他 382
有点不情愿地从汉诺威赶来),表示其已经完全做好将直布罗陀归还给西班牙的准备。更加令人惊讶的是,米诺卡岛的英雄斯坦霍普(他现在牢牢地掌握着外交大臣之职)表达了同样的态度,而且他还不止一次公开其观点,认为直布罗陀岬对大英帝国来说,更多是累赘而非优势。不过当斯坦霍普在国会提出相关提议时,却遭到激烈反对;由于害怕正式决议甚至可能使问题变得更加难以解决,所以他慌忙将提议撤销。之后在 1721 年 3 月,法国和西班牙在马德里签署了一项共同防卫条约,年仅 11 岁的法王路易十五(Louis XV)承诺,定会热情支持西班牙收复直布罗陀。虽然斯坦霍普在六个星期前去世,但是继任者继续执行其政策。英王乔治实际上已经给菲利普发去了亲笔信,承诺作为对某些特许权的回报,一旦获得国会的批准就会很快将直布罗陀归还——但国会并未很快批准;6 月,他甚至在条约上签了自己的名字。在国际抢座位游戏中,音乐又一次停住:英国、法国、西班牙和普鲁士(Prussia)①结盟,开始对抗神圣罗马帝国和沙皇。

① 普鲁士在 1701 年成为了一个国家,当时勃兰登堡大选帝侯(Elector of Brandenburg)的儿子腓特烈(Frederick),在哥尼斯堡(Königsberg)将自己加冕为国王。

游戏很快便再次开始。伊丽莎白·法尔内塞王后作为伴侣,经常令人无法忍受;而当年轻的路易十五草率抛弃年轻的西班牙公主(他本应娶她为妻)时,她非常不高兴。1725 年 4 月,奥地利和西班牙的代表在威尼斯签署协议,神圣罗马帝国皇帝承诺将竭尽所能,劝说英国将直布罗陀和米诺卡岛交还给西班牙。但英国却变得强硬起来:外交大臣汤森勋爵(Lord Townshend)显示出与其前任斯坦霍普完全不同的态度,他在 1725 年 6 月写道:

> 吉贝林派完全知道国会,甚至是整个国家,都对直布罗陀有着特别的钟爱;他们同样也知道,我们的法令和宪法是不可能容许国王不经过国会同意,便向任何外国势力出让王国任何一部分的;而且直布罗陀在乌特勒支和约中已经出让给了大不列颠,它就像并入王国的爱尔兰,或者英格兰的任何部分一样,是王国不可分割的一部分。

383 他并没有停下来。在接下来的一年里,他专心于构建北方势力大联盟:这个联盟包括瑞典、丹麦和德意志的许多诸侯;到 1727 年,欧洲成了一座武装兵营。在这一年的 2 月,西班牙已向英国宣战,并且对直布罗陀展开围攻,但并未成功;而与此同时,英国人则专注于结果要好得多的事情——阻截西班牙一年一次从美洲返航的财宝船队。不过所有人都对战争没有什么积极性,于是敌对状态在 1728 年初终止。一位女士在她写给卡莱尔勋爵(Lord Carlisle)的信里认为,接踵而来的和平如同上帝的和平一样:姗姗来迟,但却得到了各方的理解。

现在,伊丽莎白王后再次改换阵营。1729 年 11 月 9 日在塞维利亚,英国、法国和西班牙代表共同签署条约;经过劝导,西班牙慷慨同意承认乌特勒支和约的全部结果,包括承认英国人对直布罗陀的占领;而作为回报,英法承诺将使西班牙军队进入托斯卡纳和帕尔玛;两年之后,他们实现了诺言。伊丽莎白王后的叔叔安东尼奥·法尔内塞(Antonio Farnese)突然在 1731 年去世,所以她最大的抱负在 1732 年

5 月变成现实：她的儿子唐·卡洛斯(Don Carlos，与他母亲一样，他除了名字像西班牙人外，其他各方面都是意大利人)被正式任命为帕尔玛公爵和托斯卡纳大公。在同一年，地中海日益增多的海盗彻底激怒了伊丽莎白王后，于是她派遣一支远征军远征北非。这支部队夺取了奥兰，但其前进的步伐很快便被遏制，而且他们的指挥官也战死了。

然而王后毫不气馁；事实上，她儿子在意大利继位后，她的胃口也进一步增大。高超的外交技巧使得路易十五现在同意唐·卡洛斯也应该拥有那不勒斯和西西里，这当然是以牺牲神圣罗马帝国皇帝的利益为代价。因此在 1734 年春，唐·卡洛斯穿过教皇国向南进军，并在 5 月 10 日胜利进入那不勒斯。这一年秋末，尽管墨西拿、特拉帕尼和锡拉库扎等要塞还在反抗，但西西里已经对新入侵者表示了欢迎。(仅四年后，奥地利便被迫正式将两西西里割让给唐·卡洛斯；于是唐·卡洛斯得以接过那不勒斯王国王冠，成为国王查理三世)。

现在伊丽莎白将她的所有注意力再次转回大不列颠——她最憎恨的敌人。在两个国家间存在的所有问题中，最重要且无法回避的便是直布罗陀和米诺卡岛。但它们并非唯一的争论焦点：在大西洋两岸， 384
两个国家间还有着其他斗争。在西班牙，英国商人和海员时常会遭到宗教裁判所的掠夺，甚至还普遍被强征入伍。向直布罗陀供给粮食的英国船只也经常受到骚扰。在美洲，两国就势力范围和边界问题争论不休，对木材采伐权你争我夺，此外在其他一些问题上也吵吵闹闹；但其中最重要的争端，则是英国人在其殖民地牙买加(Jamaica，1655 年落入他们手中)和西班牙人在加勒比海地区的殖民地间所进行的，令人汗颜但获利丰厚的走私贸易。

西班牙尽最大努力保护自己的利益，它部署了一支海岸警备舰队；其中的一些人表现出人类少有的残忍。1738 年，一个名叫罗伯特·詹金斯(Robert Jenkins)的英国水手来到国会大厦前，向国会高高挥舞着自己的一只耳朵——他宣称这只耳朵是被海岸警备舰队的人割下的。这可能是暴行中的小儿科，但是在野的辉格党却咆哮着要求血债血偿；之后，整个国家要求复仇的呼声不绝于耳。结果，詹金斯耳朵之战

(War of Jenkins'Ear)于 1739 年开始。① 直布罗陀和米诺卡岛再次处于威胁之下，不过这一次它们被皇家海军的地中海舰队保护着；尼古拉斯·哈道克海军上将(Admirl Nicholas Haddock)恰好被任命为舰队总司令，他成功将加的斯和巴塞罗那封锁，接着夺取了两艘西班牙宝船，每一艘船都被认为价值百万美元。战争应该不会因为这样一个无关紧要的问题而继续持续下去。但是在 1740 年 10 月 20 日，55 岁的皇帝查理六世在维也纳去世，整个欧洲再次陷入混乱之中。

对于翻阅 18 世纪欧洲历史的读者(估计对作者们本身也是一样)而言，在为争夺西班牙王位而进行的大规模战斗结束 27 年后，接着又上演了一场奥地利皇位争夺战，这实在是一场灾难。但奥地利皇位继承战争并未对地中海地区造成什么影响，所以它不会占用我们多少时间。

奥地利帝国的继承人在理论上仍然由选举产生，这与神圣罗马帝国的继承不太一样。但无论怎样，在哈布斯堡皇室统治的三个世纪里，
385 选举已经更多只是在仪式上履行责任，皇位至此实际上已成为世袭。但在此时却很不幸，奥地利的哈布斯堡王室和它的西班牙表亲一样，也遇到了严重缺乏男性继承人的问题。针对这个问题利奥波德一世早在 1703 年时便已通过颁布特别法令的形式确认，在男性继承人缺乏时，女性继承人同样也被准许继承皇位；利奥波德一世的长子约瑟夫的女儿们，很自然地要优先于利奥波德一世幼子查理(Charles)的女儿获得皇位。但如我们所见，所有的一切都因约瑟夫在 1711 年的突然去世而改变。查理因此在第二年继承皇位。通过一个家族密约——因某些原因而以国本诏书(Pragmatic Sanction)著称，查理(现在是查理六世)给了他女儿优先于其兄弟的女儿的王位继承权；同时还坚持，在未来，哈

① 伦敦特别高兴于宣战。威尔士亲王弗雷德里克(Frederick Prince of Wales)和他的朋友在玫瑰酒馆(Rose Tavern)饮酒狂欢，使劲地为天主教的混乱而干杯，之后所有的教堂的尖塔上的大钟都被敲响。罗伯特沃波尔首相(Prime Minister, Sir Rorbert Walpole)在这个时刻，错误地说出了哀伤的双关语："他们现在敲响了大钟，不久他们就会扭动手臂了。"

布斯堡王室在北欧和中欧的财产不应被分割。

在查理六世的独子先于他去世后,哈布斯堡王室就只剩下他一个还活着的男性。于是他决定让其女玛丽亚·特蕾西娅(Maria Theresa)继承奥地利帝位。依据国本诏书,这不该引起什么问题;而且实际上在查理六世去世后的最初几个月里,所有人对此都做出了很好的承诺。查理很小心地从欧洲所有主要势力那里,取得了尊重他女儿继承权的庄严保证;包括罗马教廷、威尼斯共和国、英国和荷兰,他们都很乐于承认这位年仅 23 岁的女皇;[①]虽然法国的态度并不明朗,但却也相当友善和使人放心;而普鲁士新国王腓特烈二世(Frederick II,后来的腓特烈大帝),更是不仅承认他女儿为女皇,而且还许诺向他女儿提供她需要的军事援助。但事实证明,腓特烈所说的一切都是欺人之谈;不过玛丽亚·特蕾西娅一直到 1740 年 12 月 16 日才知道这都是假话,这一天,一支 3 万人的普鲁士军队侵入了帝国的西里西亚行省。奥地利王位继承战争就这样开始了。

这场战争一直持续到 1748 年。和之前的西班牙王位继承战争一样,它的主要战斗也都发生在北欧和中欧,地中海地区在任何一个阶段都不是主要舞台;事实上,这场战争的两位主角之一——普鲁士国王腓特烈,根本就不可能出现在那里。但另一方面,欧洲舞台上另两位统治者却和地中海有着莫大关系;他们是西班牙国王菲利普五世和撒丁国王查理·伊曼纽尔三世(Charle Emmanuel III)。如我们所知,查理·伊曼纽尔的父亲——萨伏依的维克多·阿马厄迪斯二世(Victor Amadeus II),在 1718 年被迫将西西里交给奥地利的哈布斯堡王室,而作为交 386
换,他只得到了相对不那么重要的撒丁岛;从 1720 年开始——这一年他正式占有新领土,一直到 1861 年为止——他的远方表亲维克多·伊曼纽尔二世(Victor Emmanuel II)在这年成为了统一意大利的首位国

① 她要到 1745 年才成为女皇。在她的父亲查理六世去世之时,帝国被交给了她的一个来自她家族之巴伐利亚一系的远方表亲,此人就是后来的查理七世(Charle VII)。只是在查理七世去世之时,她的丈夫——洛林的弗朗西斯(Francis of Lorraine)——才被选为帝国皇帝。

王,他和其继任人也都以撒丁国王之名广为人知,尽管他们一直是在其祖先的首都都灵施行统治的。

查理·伊曼纽尔智力过人,他对臣民的统治非常明智而且成功。另一方面,作为一位欧洲政治家,他也会毫无顾忌地扩张国家的疆界以增加国力:撒丁岛,或者萨伏依,不可能被世人无端认为是“意大利的普鲁士”。路易十五80多岁的首相红衣主教弗勒里(Fleury)预言,总有一天撒丁国王会把波旁家族赶出意大利半岛;与此同时,最敏锐的观察者议长查理·德·布罗塞(Charle de Brosses)[①]则走得更远,他指明:“在当前所有的意大利国家中,让意大利人感到畏惧的只有撒丁王国;他们宣称撒丁扼住了自己的喉咙,且迟早有一天会让他们窒息。”

在查理六世尸骨未寒之际,伊丽莎白·法尔内塞便迫使她永远顺从的丈夫宣布,哈布斯堡王室的所有财产均由他们继承。他们的基础非常不可靠,而且她对此也非常清楚。一直以来,只有位于意大利的行省真正支持她;但是现在,她马上有了一个新的,更有价值的盟友:现在的那不勒斯国王,她的儿子唐·卡洛斯。几周之内,西班牙军队便翻过比利牛斯山脉,一直向前穿过郎格多克(Languedoc)和普罗旺斯;与此同时,西班牙的蒙特马尔公爵(Duke of Montemar)率领一支规模更大的部队前往奥尔贝特洛(Orbetello,接近现在的波尔图埃尔库勒[Porto Ercole]),去和那不勒斯军队会合。

几乎在西班牙人提出继承要求的同时,查理·伊曼纽尔也向世人宣布,他将合法地拥有米兰行省——他高曾祖母不正是西班牙国王菲利普二世之女吗?不过他很快就看到,西班牙同样也为这个近在眼前的目标踏上了战争道路;于是他思量再三,决定将自己的运气押在玛丽亚·特蕾西娅身上。自此之后,奥地利和撒丁一起,与法国和西班牙这两个波旁王国展开较量。他们也有其他盟友:在1742年8月,一支英

① 查理·德·布罗塞(1709－1777)只是在第戎大理院(*parlement* of Dijon)任职过一段时间,不过他还是通过某种方法一直保持着自己的头衔。不管是院长与否,他一直都是一位有趣且幽默的作家,他的观点总是值得尊重的。

国分遣舰队在 66 岁的海军上将托马斯·马修斯(Thomas Mathews)的率领下,出现在那不勒斯附近海域;他们威胁国王查理,若不立即退出波旁联盟,便会炮击那不勒斯;这个威胁令人满意地奏效了。之后马修 387
斯转而进攻西班牙和法国的分遣舰队,迫使他们退回土伦港;于是,西班牙到意大利的所有海上交通均被切断。但是联盟并未完全如愿:在同月,查理三世的兄弟唐·菲利普(Don Philip)率领一支西班牙军队侵入萨伏依。尽管受到恐怖统治的当地居民不顾一切进行抵抗,但唐·菲利普还是在之后的六年里,一直逗留在那里。

假如菲利普五世不是在 1746 年 7 月 9 日便离开人世,这场战争持续的时间可能会更长。菲利普五世完全不好战,他把大量时间都花在祈祷,或者欣赏自己喜爱的音乐上。不过自从他结婚的那刻起,他便被其妻子完全控制;而他妻子在意大利的野心抱负,则使当前的战争状态更趋恶化;此外,他在自己生命的最后一年里经常精神错乱,其妻子得以更进一步控制他。新国王斐迪南六世(Ferdinand VI)是菲利普和其第一任妻子萨伏依的路易莎的四个孩子中唯一幸存下来的,他和他父亲一样,生性懒散,而且唯妻命是从;另一方面,他的葡萄牙王后布拉甘扎的玛丽亚·芭芭拉(Maria Barbara of Braganza)却没有其前任的任何激情。虽然那一刻战争仍在继续,但英国和葡萄牙从 14 世纪冈特的约翰时代起,便已存在紧密联系;所以里斯本宫廷和伦敦宫廷间悄悄展开了和谈。斐迪南登上王位后采取的第一批行动中便包括解雇其亲法国的外交大臣比利亚尔(Villarias)女侯爵,并以亲英派人士冈特的后裔唐·乔斯·德·卡瓦加尔·兰开斯特(Don José de Carvajaly Lancaster)取而代之。

最后在 1748 年,多亏了王后和卡瓦加尔,敌对双方才签署了《艾克斯拉沙佩勒条约》(Treaty of Aix-la-Chapelle),战争也得以结束。普鲁士的腓特烈首先发动战争,也是这场战争的唯一胜利者。查理·伊曼纽尔继续占有萨伏依和尼斯,同时还占有伦巴第的一条狭长地带——他的东部边境由此扩展到提契诺河(Ticino)。而唐·菲利普则牢固地掌握着帕加玛和皮亚琴察。国本诏书也被重新恢复为保证书,由此玛丽亚·特蕾西娅的丈夫也被适时确认为神圣罗马帝国皇帝弗朗西斯一世(Francis I)。现在的英西关系,确比过去半个世纪,甚至更久时间内的英西关系都要友善;尽管如此,对大部分人来说,奥地利王位继承战争似乎还是完全不值得的。

388 如我们所知,英国人在这个世纪初便对米诺卡岛虎视眈眈。他们在乌特勒支的和约里成功主张了这一点,且确信这里会成为其帝国永远的附属。其实英国人对这座岛的第一次统治,一共只持续了还不到50年。当1756年七年战争爆发时,路易十五第一项行动,便是派著名的浪子里塞留公爵(Duc de Richelieu)率领一支远征军去占领它。而这座岛屿84岁高龄的爱尔兰代理总督威廉·布莱克尼(William Blakeney)爵士只有一支大概3000人的守备军;他知道,如果没有大量援军,他不可能坚守很久;但他还是进行了一场了不起的防御战。很幸运,他获得了一支这样的援军:舰队司令约翰·宾爵士(Sir John Byng)率领一支由10艘战船组成的分舰队,此时正位于直布罗陀海域;他收到明确指令,在米诺卡岛受到任何攻击时,"他都要竭尽所能地方法展开救援"。

尽管直布罗陀总督直到最后一刻依然拒绝派遣步兵部队(他收到了要求他这样做的命令,而他做出的决定也最终导致他后来被送上军事法庭,并因此受辱),宾爵士还是在5月8日启程前往米诺卡岛,并在11天后到达马翁港。第二天,即在5月20日,他率军冲向法国舰队。就数量而言,双方势均力敌,不过法国人的船只要大些,携带着更重的武器和更多的人员。这样的优势本起不到决定性作用,只是宾爵士几乎在这次交战之始便犯下了一个战术错误——他冒着危险,将其舰队整体暴露在敌人炮火之下。法国人取得了全面优势,他们有效地使英国舰队丧失了战斗力,但并未乘胜追击;在举行了一次紧急军事会议后,宾爵士还是决定掉头返回直布罗陀,让米诺卡岛听任命运的摆布。

尽管布莱克尼和他在圣腓力要塞的守备部队一起,遭到了持续攻击,但他依然拒绝投降。不过此时攻击者也开始遭受痛苦,痢疾爆发

(在围城战中,痢疾一直都是危险的事情),且持续高温;他们还接到警告,一支由海军上将爱德华·霍克(Sir Edward Hawke)指挥,比宾爵士的舰队更加强大的英国舰队正赶往米诺卡岛。这使得里塞留急于在英国人到达之前结束战斗;因此他命令发动一场夜袭。第二天早上,即6月29日清晨,布莱克尼召开紧急军事会议;所有与会者除三人外,一致认为唯一的出路便是投降——尽管反对者给出了非常合理的理由。几天后,霍克在快到马翁港时遇到了负责押送幸存的守备军前往直布罗陀的法国公使的船队,直到此时,他才意识到自己来得太迟了。

当这个消息传到伦敦时,人们对布莱克尼产生了一种狂热的激 389
情——人们得知他在遭受围攻的70天里,从未脱掉衣服。英王乔治二世很适时地将他册封为巴斯骑士(Knight of Bath)、恩尼斯基伦团荣誉上校(Enniskillen Regiment);最后,他成为爱尔兰贵族序列中的蒙特布莱克尼的布莱克尼勋爵(Lord Blakeney of Mount Blakeney)。而海军上将宾爵士则没有这么幸运。1757年1月27日,朴次茅斯军事法庭认为他犯有失职罪,判处他死刑。但同时,法庭还在判决书上附加了强烈要求宽恕他的建议,因为很难相信一位海军上将在战场上会被懦弱和背叛所驱使。但国王却拒绝赦免他。1757年3月14日在朴次茅斯港,宾爵士在英国皇家海军舰船"大君主"号(HMS Monarque)的后甲板上被枪决。

1757年3月14日,海军上将宾爵士被处决。

科西嘉是地中海世界排在西西里、撒丁岛和塞浦路斯后的第四大岛。它早期的历史被认为非常丰富：在经历了相当活跃的史前阶段后，希腊人、迦太基人、伊特鲁里亚人、罗马人、汪达尔人、哥特人、伦巴第人和阿拉伯人先后占领过它。特别令人惊讶的是在8世纪时，它落到了教皇手中，而教皇又在1077年将它委托给了比萨主教管理。在比萨人的治理下，科西嘉首次接触到高效且文明的政府。它的经济得到发展，艺术开始繁荣：其中，罗马建筑最重要的两处精华——奈比奥罗大教堂(the cathedral of Nebbio)和卡诺尼卡教堂(the church of La Canonica)的历史，均可以回溯到12世纪初。不过，作为比萨王冠上的一颗明珠，它自然不可避免地会引起比萨不共戴天的对手热那亚的垂涎；于是，在这两个海上共和国间发生贯穿于整个中世纪晚期的残酷争斗时(期间，他们有时会因对抗阿拉贡王国而联合起来)，这个岛屿再一次陷入混乱。最终，热那亚在15世纪中期将之牢牢控制，而且这种控制维持了大概300年左右，期间只出现过几次不稳定。

在此之后，科西嘉历史舞台上的英雄人物帕斯夸里·保利(Pasquale Paoli)出现。帕斯夸里·保利的父亲乔新托(Giaquinto)在1735年领导了一场反对热那亚的起义，不过在经过四年战斗后，起义最终还是失败了。好在他和帕斯夸里都很幸运，只是被放逐到那不勒斯，由此得以摆脱更糟糕的命运。帕斯夸里在那不勒斯进入军事学院学习，并继续做着为独立而斗争的准备。1755年，他准备就绪返回到科西嘉，将热那亚的统治推翻(尽管热那亚人拒绝宣布放弃其对科西嘉的所有权)，宣布科西嘉为独立国家。接着，科西嘉依据一部宪法(和其
390 他任何一部欧洲宪法一样自由民主)，选出了自己的政府。在接下来的九年间，帕斯夸里一直在努力抚慰这座仍然动荡不安的岛屿。他鼓励发展工业，建立舰队，还创立了一个具有大学的国家教育体系。在这十年里，帕斯夸里始终坚持抗击热那亚，维护本岛的独立。起初战局倒向并不明显，但之后热那亚向法国寻求帮助，并在1768年将科西嘉卖给法国。法国将在科西嘉的驻军增加到6个整编团。到1769年，在经过

12个月的游击战后，保利被迫逃往英国。

同年8月15日，一个位于阿雅克肖(Ajaccio)圣查理街(Rue Saint-Charles)的家庭诞生了一个男婴。他的名字用意大利语(当时科西嘉的官方语言)写出来为：拿破仑·波拿巴(Napoleone Buonaparte)。

几乎刚好在拿破仑出生的10年前，即1759年8月，西班牙国王斐迪南六世去世，年仅46岁。他的精力本来就不旺盛，加上深爱的妻子也在前一年去世，这给他造成了灾难性的影响。他变得愈加与世隔绝，并拒绝说话；到最后完全陷入了精神错乱状态。说来也怪，他曾经是一个非常好的国王，在王后芭芭拉的协助下重建了国家财政，组建了一支强大的舰队，还充满热情地鼓励艺术和科学的发展；而且他们还加强对宗教裁判所的控制，废除了公开惩治异端的仪式(autos-da-fé)——强烈震撼了18世纪的欧洲。许多君主都远不及他。

现在，他的王国传到了其同父异母兄弟——那不勒斯国王查理三世的手中；在查理到达西班牙前，由王太后伊丽莎白·法尔内塞摄政。这位新国王的长子弱智，于是作为王室权利调整的一部分，他指定其二子(也叫查理)为阿斯图里亚斯亲王(Prince of Asturias)并继承西班牙王位；他还将那不勒斯和两西西里的王位交给其当时年仅8岁的三子斐迪南。在完成了这些分配后，他和妻子萨克森的阿玛利娅(Amalia of Saxony)一起，带着家人，启程前往巴塞罗那。12月9日，他们到达马德里，与其母亲重逢——这是自他在28年前离开后，首次与母亲相聚，两人亲切拥抱在一起；但很快查理就明确表示要自己做主，且不打算让伊丽莎白对国家事务产生任何影响。伊丽莎白很快便退休了，回到位于圣伊尔德丰索(San Ildefonso)的宫殿，之后再未返回过马德里；甚至在三个月后王后去世时，她也没有返回。

查理的才智可能并不很出众，但他勤奋刻苦、责任心强，绝对诚实，并有着25年作为统治者的经验。但他也是一个彻头彻尾的波旁 391
王族成员，因为他既未原谅，也未忘记英国人在17年前炮轰那不勒斯的威胁。现在随着七年战争进程过半，查理厌恶地看到，英国军队几乎在所有地方,都战胜法国人取得了胜利。而作为一个西班牙人,查理也清楚地知道,他的国家依然因走私、偷运,以及英国人检查西班牙船只而对英国心怀不满;更别说诸如从洪都拉斯海岸的所有权,到纽芬兰岛海域捕鱼权等一系列争端了。所以当法国外交大臣舒瓦瑟尔公爵(Duc de Choiseul)向他提出,英国人的胜利对于西班牙在美洲的领土主权来说能是场灾难时,这位大臣找到的是一位已准备就绪的聆听者。

两人交谈的结果,就是他们在 1761 年 8 月共同签署了总称为《家族条约》(Family Compact)的两项协定;法国人同意以能够消除西班牙人不满的条件媾和,而西班牙人对此的回报则是,承担起一旦这些条款遭到拒绝,就立刻加入战争的职责。这时,在法国和英国尚未达成任何和平协议之前,英国政府便要求西班牙解释其公开进行的军事准备。对此,西班牙断然拒绝;他们驱逐了英国驻西班牙大使布里斯托尔勋爵(Lord Bristol),并拘禁了位于西班牙港口的所有英国船只。七年战争步入了崭新的地中海阶段。这个阶段是如此不同寻常的短暂,但却对遥远的加勒比海地区和太平洋地区造成了影响。1762 年 8 月,一支英国舰队占领了哈瓦那(Havana);之后大概仅一个月,另一支英国舰队便接受了马尼拉(Manila)的投降。所以法国和西班牙于年底就准备进行和谈,这丝毫不足为奇。

1763 年 2 月 20 日,结束七年战争的和约在巴黎签署。其中只有一条与地中海直接相关:将米诺卡岛还给英国。不过另一方面,在条约里,美洲则发生了巨大转变。英国人取得了加拿大、新斯科舍(Nova Scotia)和布雷顿海角(Cape Breton),而且还从法国人那里得到了位于加勒比海的一些岛屿——法国人还交出了塞内加尔(Senegal);作为回报,法国人拿回了马提尼岛(Martinique)和瓜德罗普岛(Guadeloupe),同时他们在纽芬兰海域的捕鱼权也得到了保证。[①] 法国亦重新收回了

① 1783 年《凡尔赛和约》(Peace of Versailles)的条款,又一次将加勒比海的一些岛屿进行了重新分配。

之前在印度的殖民地,条件是法国人不能加强在那里的力量。至于西班牙人,则从英国人那里收复了哈瓦那——不过是以佛罗里达为代价的,还收复了马尼拉以及菲律宾。但西班牙最重要的新收获,是得到原本由法国人占领的路易斯安那,这大概可以被认为是对西班牙人失去佛罗里达的补偿;但查理三世已意识到,他作为西班牙国王所犯下的第一个重要错误就是听信舒瓦瑟尔。其前任所实行的严守中立政策一直非常正确,如果能采取置身于七年战争之外的政策则更加明智。 392

第二十章　围攻直布罗陀

393 众所周知，1776 年 7 月 4 日，英属北美殖民地宣布独立。这场冲突始于对英国殖民地的争议，仅两年间便发展为一场世界上前所未有的危机。1778 年 3 月，法国加入美国阵营作战；路易十六——4 年前继承其祖父的王位——千方百计劝说西班牙国王查理三世步其后尘。查理最初犹豫不决。他于最后一刻加入七年战争，这被证明是一场灾难；之后，他于 1774 年对阿尔及利亚海盗的远征，虽说不是灾难却也有失体面。他急需一些军事胜利。再者，他自己在新世界拥有广大殖民地——难道他真想在他们中鼓动革命吗？最后，他对路易很生气。根据《家族条约》，法王与美国结盟前应事先与他协商；而现在，他却在同一条约的名义下号召西班牙加入。因此，查理决定充当双方的调停人。他建议英国应停止敌对行动一年；期间美洲殖民地被视为独立；双方在马德里举行和谈，会上，美国代表与英国人完全平等。不用说，调解的回报便是直布罗陀。

并非完全出乎意料，英国政府直截了当拒绝了他。英方宣称他的建议，“似乎遵循的是各项已被否决的原则，包含已被摒弃的各项条款。”在这种情况下，查理也于 1779 年 6 月对英宣战。他对英属美洲殖民地的未来毫不关心，但认为直布罗陀海峡和米诺卡岛值得一战。问题是如何才能获得最大胜利呢？查理最少考虑过 69 条不同的意见。

其中第一条(也许不是最好的一条)便是入侵英格兰。他和法国一起能够很容易集合起一支强大的舰队,足以胜过在海峡的英国皇家海军;也能集合一支陆军,足以应付没有开赴美洲作战、数量相对较少的英军。 394
但这个想法最终不够吸引人:查理宁愿更直接些。他决定围攻直布罗陀海峡。

围攻开始于1779年7月11日,当西班牙人刚到任的指挥官马丁·阿尔瓦雷斯·德·索托马约尔(Martín Álvarez de Sotomayor)从圣芭芭拉要塞(Fort St Barbara)开了一枪时。英国将军威廉·格林爵士(Sir William Green)予以回击——他的枪在半个多世纪以来首次愤怒地开火——持续猛烈射击了约24小时。在接下来的两个月里,围攻者一直埋头苦干;建造炮兵阵地,为自己准备过冬掩体;同时,也在逐步聚集力量,增强实力:到10月底,其总数已大大超过14000人。与之相对,英国驻军总共才4000官兵,外加1300汉诺威人;总督乔治·奥古斯都·埃利奥特将军(George Augustus Eliott)还要考虑养活1500名士兵的家眷和当地另外2000名居民,他意识到食物供应将成为严峻问题。因为西班牙人的封锁还不特别严密,他便鼓励所有想离去的人尽快离开。一些犹太人和热那亚人同意离去,并乘坐小船前往葡萄牙或巴巴里海岸;余下的人必须等待,直到一支护卫舰队从英国到来(假如能够到达的话)。

格林一开始便为部下树立了厉行节约的榜样。为了储存食品和增加补给,他将自己的一匹马射杀。为计算对食物的最低需求,他连续一周每天只食用4盎司大米。而他这样并非儿戏:他的一个军官约翰·斯皮尔斯伯里上尉(John Spilsbury)在日记中写道:

> 10月3日。有人无意间似乎听到第五十八联队的一人说,如果西班牙人来了,他要不投降就见鬼了。总督说他一定是疯了,下令狠揍他的脑袋直到渗血;接着把他送进监狱穿上小马甲,只给面包和水,并让人替他在教堂祈祷,求神宽恕。

好消息直到1780年1月16日才最终到来。海军上将乔治·罗德尼爵士(George Rodney)率领一支21艘船组成的舰队[①]在圣文森特角(Cape St Vincent)袭击了一支10艘船组成的西班牙中队,共击沉2艘,俘获4艘,迫使其余船只落荒而逃。在另一场战斗中,他俘获了15艘商船,打破了封锁。食物、补给品以及1000名苏格兰高地联队士兵
395 被送到岸上,同时大部分军人家眷被运往安全之地。唯有一件事令人悲伤:送来的补给品中没有葡萄酒或朗姆酒。如总督所言,“士兵们对烈酒供应不足的感受比削减一小部分其他补给品更强烈,因为这改变了他们一向的生活习惯,可能会影响他们的健康。”

但这决不意味着围攻业已结束。早春时,一场天花疫情来势汹汹,并很快造成严重破坏。西班牙的封锁也再次收紧,于是这一年的补给被拖延,供给再次严重短缺。这时西班牙人沉寂下来,而防御者被迫面对另一个对士气有严重影响的威胁:厌倦。

1781年英国人开年不利。1月11日,2艘摩尔人的单层甲板大帆船打着休战旗,送来了英国驻丹吉尔(Tangier)的领事及其家眷,以及大概130个英国臣民——他们均在摩洛哥苏丹将丹吉尔和得土安(Tetouan)租借给西班牙后被驱逐。这意味着埃利奥特无法期望再从巴巴里得到补给,而且还要多养活130张嘴。可是他依然努力坚守。4月12日破晓时分,海军上将乔治·达比(George Darby)率舰队终于进入阿尔赫西拉斯湾(Algeciras)。起初雾霭遮住了舰队,但根据另一位见证者约翰·德林克沃特(John Drinkwater)的记述:

> 当太阳不断升高时,水雾也逐渐消散,如同大剧院升起的帷幕,焦虑的驻军看到了一幅他们能想到的最美丽,最令人高兴的景色。近百艘船组成的护卫舰队队形严整,由一些军舰引航;他们的帆鼓得很足,足以操舵。大多数主力战舰被部署在巴巴里海岸,严

① 其中一艘是“乔治王子”(Prince George)号,乔治三世(George III)的次子——未来的国王威廉四世(King William IV)普莱斯·威廉·亨利(Price William Henry),正以海军军官候补生的身份在船上服役。

守命令不进入海湾内，以防止任何敌人喷火船的骚扰。面对这宏伟而令人振奋的情景，居民的喜悦不言而喻。他们以前所未有的狂欢抒发自己的喜悦之情。

10 点 45 分，第一艘船抛锚；而此刻西班牙炮台也开始射击。很快，欣喜便变为震惊，震惊又变为恐慌。炮轰的可能性从一开始便存在；但在过去的 18 个月里，只偶尔有零星射击，于是人们基本上已将危险忘记。此刻，恐怖突然间将他们笼罩：弹壳与弹药横飞，将破坏和恐慌散布到整个小镇。中午过后，炮火减弱，之后全部停止——尽管直布 396
罗陀海峡的未来再生变数，但西班牙人并未放弃午睡；不过下午 5 点，炮击再次开始并持续整夜。

第二天清晨，城镇已被完全破坏；商品仓库的墙壁也被摧毁，里面各种秘密供应品(贸易商故意囤积以逐个高价卖出)从中涌出。大规模抢劫不可避免地发生，特别是在酒商那里。4 月 15 日星期日，斯皮尔斯伯里上尉厌恶地记录下“醉酒、放荡和破坏，这些情景之前很难见到”。为恢复秩序，一群带着斧头的军人将商品仓库团团围住，猛击酒桶直到街上到处流溢着葡萄酒和白兰地。

虽则如此，卸载仍以每天 10 艘船的速度持续进行。海军上将达比为赶上顺风，不希望拖延。然而人们很快发现，在英国的政府忘记送来一种重要的货物：火药。埃利奥特别无选择，只能恳求海军上将达比尽可能多地给他；而海军上将也很乐于施恩，给了他 2280 桶，他写道：“你将要承担的是崇高的防务工作，促使我给你最大限度的补给……我很乐于用我的权力为守备部队做任何事情，全世界的眼睛都注视着他们。”

4 月 20 日，海军上将准备起航。来的时候，船只满载着货物，甚至船头都堆得满满的；而返航时他们载的主要是人：大部分是军人家眷，以及几乎所有余下的犹太人和热那亚人；许多人为在船上获得一个位置出价极高。这些人总计可能达到直布罗陀总人口的一半。

尊敬的阁下：

我必须向您报告，自遭到敌方炮击以来，由英国军团组成的守备部队出现了可耻的违法行为；除强奸和谋杀外，其他任何罪行他们都再三进行，且方式非常大胆……状况极为恶劣，以至于哨兵不站岗，却默许并协助抢劫，甚至染指他们看管的皇家仓库……

1781 年 5 月 7 日

397 这是埃利奥特写给英国武装力量总司令阿默赫斯特勋爵(Lord Amherst)的信，它清楚地表明：直布罗陀城大部分被摧毁，现在正遭受守卫部队的系统洗劫。总督采取坚决措施予以镇压：5 月 30 日，技工塞缪尔·惠特克(Samuel Whitaker)和西蒙·普拉茨(Simon Pratts)被处以绞刑，五十八联队的威廉·罗尔斯(William Rolls)被鞭打千次；这全部在南校场(South Parade)公开进行。即便没有法律惩罚，抢劫者们依然要冒生命危险：炮击持续不断，从未减弱。一些日记和日志用一种可怕的喜悦描述了伤亡："2 个人被杀。其中一个当时正在办公室小便，一粒子弹打中他的头部，只剩下身体还在继续完成排泄过程。"造成损失的不只是海岸炮兵，大量的西班牙小型炮艇停泊在磐石附近，持续猛烈射击任何移动物。晚上特别危险。一位海军少尉的妻子凯瑟琳·厄普顿夫人(Catherine Upton)描述道："一位妇女，她的帐篷比我们的略低，当她准备穿袜子时，被切成两半。"她补充道："只要高兴，他们就会进攻任何驻防区。"5 月 23 日，她的日记继续写道：

大概凌晨 1 点钟，驾轻就熟的捣乱分子炮舰们又开始向我们射击。我用毛毯包裹着自己和孩子跑到一块岩石旁边……一位端庄、和蔼可亲的女士，图蕾丽几乎被炸得粉碎！只能找到她的一只手臂。她的兄弟坐在其旁边，和他的书记员也都遭受了同样的命运。

好消息是围攻者放弃了封锁。封锁一直以来都不太成功，而现在既然已无法阻止守军得到足够随后两年用的货物和补给，继续封锁似乎已没有任何意义。与外部世界的通信得到恢复，食物和饮料再次丰富起来；但不管怎样，围攻仍在继续。

炎热的夏季也开始让双方付出代价。这是斯皮尔斯伯里上尉在直布罗陀待的 12 年中经历的最坏的一年。到 7 月底，西班牙人每天只射击 3 炮，如此规律以至于守军把它们称作圣父、圣子和圣灵(对 6 月 9 日火药库的一次大爆炸承担部分责任)。围攻中，人们的脾气愈加暴躁。7 月 22 日，第七十二联队的一位少校和副官决斗，每个人各开 3 枪；很幸运，6 枪全部射偏。几天后，当一支法西联合入侵舰队向东穿 398
过海峡前往米诺卡时，守军都紧闭嘴唇默默地观察。毫无疑问，米诺卡副总督詹姆斯·默里将军(James Murray)需要任何可获得的帮助。

随着秋天的临近，直布罗陀的人们在生理和心理上都得到缓解。然而在 10 月，防守者看到了令他们焦虑的一幕：西班牙人沿着地峡修建了两座与之平行的新炮台。它们紧挨着边界，令人非常不舒服，而且受巨大沙堤保护，英军炮火几乎无法穿透。

11 月 27 日凌晨 2 点 45 分，2000 名士兵和 100 名水手(驻军总数的 1/3)在一小队汉诺威精锐部队的带领下，悄悄离开堡垒，穿过被毁的小镇冲向地峡。总督(到圣诞节，他将满 65 岁)也在其中；他离开要塞显然不妥，但他无法提出反对意见。虽然遭到了一些反击，但一点都不令人惊讶；西班牙人完全被震惊，在象征性的开了几枪之后，他们便从入侵者面前逃走。西班牙人的炮台一个接一个被摧毁，火药库也被点燃。到 5 点钟，一切都已结束，部队带着 18 名俘虏返回直布罗陀要塞。行动取得全胜，对驻军的士气影响也产生了积极影响——抢劫不可思议地停止了。行动中共有 5 人死亡，25 人受伤；还有就是，一个苏格兰高地联队士兵弄丢了他的苏格兰短裙。

在直布罗陀坚守时，米诺卡岛则在为生存而战。8 月初，由 60 多岁的克里伦公爵(Duc de Crillon)指挥的 8000 名西班牙士兵登上岛屿；克里伦公爵在西班牙参加七年战争时，加入西班牙军队。面对这支军队的是默里总督率领的 2700 人,其中大量是病号。他们只能撤退到圣腓力要塞固守;克里伦给总督送去一封信,直接询问在什么样的条件下他们才会立刻投降。默里愤怒地拒绝提议,于是围攻开始。

尽管一支 4000 人的法军在 9 月到达使西班牙军队更加壮大,但克里伦最初还是没有取得多大进展。但到这年年底,要塞出现坏血病,并在数周内就对英军造成严重伤害。要塞没有可以种植水果或蔬菜的地
399 方,附近也没有任何可帮他们冲破西班牙人封锁的友好港口。唯一的希望是来自英国的救援远征军,但它却一直未出现。一个月内,许多士兵只能被扶着、抬着送到岗位上;在 1782 年 2 月 1 日的点名中,2700人只有 760 人能够回应;3 天后,这些人中又有 100 人进入医院。2 月 5 日,在经过五个半月的英勇抵抗后,默里投降。米诺卡岛再次为西班牙人所有。[①]

这一消息直到 3 月 1 日才传到直布罗陀。一位西班牙军官打着休战旗,带着详细报告来到这里。英国人对此早有预期,坦然对之——这似乎对士气并未产生什么长期影响。冬天非常可怕,直布罗陀一带也出现了大批严重的坏血病患者,到 12 月 20 日,600 多人住院;好在到 2 月,3 艘满载橘子和柠檬的运输船从葡萄牙赶来,效果立竿见影。气候也很快改善,3 月初,皇家海军"弗农号"(HMS Vernon)与 2 艘三帆快速战舰、4 艘运输船一起起航,他们运载着期盼已久的增援力量,包括 10 艘炮艇和一个步兵团。多亏这些,要塞驻军能够充满自信,满怀希望地面对新的一年。

守军没有意识到,在他们守卫直布罗陀期间,外面的世界已然改变。美国独立战争业已结束,欧洲和美洲一样希望和平。只有西班牙仍在坚持。查理三世参战只有一个原因: 收复米诺卡岛和直布罗

---

① 据说在遥远的圣彼得堡(St Petersburg),叶卡捷琳娜大帝(Catherine the Great)在其顾问兼情人波将金(Prince Potemkin)的建议下向乔治三世提出,若将米诺卡岛割让给俄罗斯,俄国舰队就会立即前去救援: 历史上俄罗斯渴望扩张到地中海的众多实例之一。

陀。米诺卡现在已属于他，但直布罗陀（尽管就在他的王国旁边）却依然不为他所有。在法国，路易十六和其政府对直布罗陀毫不关心；然而另一方面，他们于1779年通过阿兰胡埃斯密会草率签下了密约，所以被迫一直战斗到西班牙收复直布罗陀为止。因此，虽然一百个不愿意，但他们还是准备让西班牙好好看看他们如何帮它达成这一目标。

1782年4月1日，一个名叫奇卡多（Chicardo）的神秘人物从葡萄牙乘坐小船赶来，带来一份情报；他的情报显示，西班牙人在加的斯征用了12艘船，加衬软木、麻絮，并用老绳索固定，用来进攻直布罗陀。400
10天之后，消息被进一步确认：这些船将在法国知名军事工程师的指导下，改为浮动炮台。5月9日，西班牙人出现在阿尔赫西拉斯港：其中的印度大帆船陈旧破败，如一个观察者报道："绝大部分人都认为，它们更适合做柴火而非用来进攻堡垒。"到此时，港口和锚地被快速填满，因为每天都有更多西班牙船到来。春季变为了闷热的夏季，对于西班牙人持续的疯狂行为，防御者除了观看和试图解释外，几乎没有任何行动。6月17日，他们恐惧地看到3艘法国三帆快速战舰护卫着60艘运输船到来；这是路易的第一分遣队，估计最少有5000名强壮士兵。接着在仅5天后，在没有任何预兆的情况下，炮击突然停止。在经过一年多不停地轰鸣后，突然的宁静使人更为紧张。只是到后来，它发出的信号才被理解：克里伦公爵上任。在米诺卡岛取得胜利的他，刚刚赶来指挥法西混合部队。

7月4日，一个西班牙逃兵——大概是为逃避审判——溜过战线向哨兵投降，他带有价值极高的情报。浮动炮台（已有10座）正在封顶，将在8月底准备完毕。直布罗陀前的军队现在已有37个西班牙步兵营、8个法国步兵团、2个西班牙炮兵营和4个法国炮兵连，以及一些龙骑兵和骑兵连：总计大概28000人。好消息是他们军心的浮动，每天都有人逃亡。10天后——即25日，两艘来自莱戈恩（Leghorn）的船只送来了帕斯夸里·保利的一个侄子莱昂内提先生（Signor Leonetti），随船而来的还有2位科西嘉官员、1位牧师和68名志愿者。他们也带来了颇受欢迎的消息，海军上将罗德尼在“圣徒之战”(Battle of Saints)[①]中，将西印度群岛的法国军队击败。当天下午，总督下令在1点钟用重炮举行鸣炮礼(feu de joie)，各团的步枪手则在6点钟进行鸣枪礼：“开完火后欢呼3次，然后按鸣枪炮时的顺序，从右边开始依次进行。”要塞外的法国人和西班牙人对直布罗陀不久属于他们非常自信，看到这番景象则更加确认了他们一贯的想法：所有英国人都疯了。

> 401 西班牙人为进攻要塞做了大量准备。在阿尔赫拉西斯，我们看到他们正在所谓的软木船(Cork-Ships)上努力工作；这种船的一侧被大块新木板和老绳索所覆盖，整个厚度达到7—8英尺；不过只有一侧由此种方式覆盖，另一侧则一如从前；甲板开有射孔并可防弹，至少他们是在努力让我们相信如此。当所有士兵都登上在卡塔赫纳为攻城目的建造的船准备进攻时。这些船将被部署为前锋以破坏要塞壁垒，与此同时在塞维利亚，我们看到他们正在用船只运送黄铜炮。

这是由来自塔维拉(Tavira，位于葡萄牙南部海岸，刚好位于与西班牙的边界上)的安德森先生于1782年6月1日记下的。他描述的怪异建筑是法国工程师让-克劳德-埃莉诺·勒·米肖·德阿科(Jean-claud-Eléonor Le Michaud d'Arçon)设计建造的。德阿科显然使查理三世和整个西班牙政府都相信这些船不燃且抗沉，会使要塞守军变得无力并很快投降。据现在我们所知，仅一人未被说服；很不幸，此人便是最近的米诺卡英雄、指定的法西联军的指挥官克里伦公爵。克里伦在回忆录中说，他于5月在马德里经历了两场激烈的争论；第一次与德阿科，第二次则是和西班牙首相孔特·弗罗里达布兰卡(Conde de Floridablanca)。在第二次争辩中，他表明自己立场并提出即刻辞职；弗罗里达布兰卡拒绝接受辞呈，并最终以下列条件为前提说服他留任：

---

① 1782年4月，英法间的一场海战。以西印度群岛中多米尼克岛和瓜德罗普岛之间的圣徒(Saintes，英文为Saints)群岛命名。——编者注

克里伦可正式声明自己的不同意见和不赞成，如果计划失败，这份声明可公之于众。

事实上克里伦走得更远。之后他当场写下一份备忘录，交由一个朋友保管；并告诉这位朋友，在进攻开始的消息传到首都那一刻，将它打开公之于众：

> 在出发前往直布罗陀之际，我宣布，我接受指挥权只因遵守国王的命令……我竭尽全力向国王陛下解释我对计划的反对……于是我宣布，如果那里因为浮动堡垒而被夺取（对此我非常怀疑），所有的荣誉和赞颂都属于法国工程师德阿科；如果该武器失败，则相关的责备也不应该怪到本就不赞同这项计划的我身上……

公爵最少留下了20份这封信的副本，使之传遍了法国和西班牙。最近一位研究这场围攻的历史学家说[①]："之前和之后再没有哪位将军 402
在出征前会如此谨慎地为自己铺好后路，也没有谁会这么直接地透露自己在接受一项没把握的任务时心中的不情愿与疑虑。"

当克里伦抵达位于边界上的西班牙小镇圣鲁克(San Roque)，并在城外建立起司令部时，由他指挥的军队已增至32000多人；即便考虑到逃兵和疾病，这也可能是那个时代为对付单个堡垒而部署的最强部队。它的弱点是其指挥结构。克里伦与德阿科互相厌恶不是什么秘密，两人只在憎恶海军上将唐·布文那文图拉·德·莫雷诺(Don Buenventura de Moreno)时才会团结一致。这位将军奉命指挥位于马翁港的舰队，非常年轻，狂妄得令人无法忍受；且在此时吹嘘，一旦其舰队就位，便可在24小时内拿下直布罗陀。有一次，德阿科非常失望地大声抱怨："Crise, contradiction, facherie et jalousie!"[②]这应是相当公正的描述。

---

① Jack Russell, *Gibraltar Besieged*（《直布罗陀之围》），本书这部分的论述大部分基于此书。

② "危机、冲突、争吵、嫉妒！"

与此同时,防守者——大概有 7000 人和 400 名病号——正在等待:等待着很明显即将降临的总攻,也等待着遥远的救援舰队(它能否到达似乎开始变得极不确定)。在伦敦,政府继续支吾搪塞。经历了灾难性的 12 年后,诺斯勋爵的政府在 3 月倒台;而新内阁也因谢尔本勋爵(Lord Shelburne)的优柔寡断而陷入瘫痪。国王再三催促立刻行动,对此谢尔本只能回答(此时已是 8 月初):

> 至于解救直布罗陀……更多的还要依赖于临阵人员,以及海军对海湾和其他一些环境的了解;我不敢做出决定,也不安地意识到,内阁中没有海军人士使其很难做出相关决策。对我来说很明显,主要还是应依赖于当地指挥官的经验和信念。

这持续的慌乱,在西欧大众的注意力为直布罗陀之围所吸引时,更加令人惊奇。整个阿尔赫西拉斯湾形成了一个巨型舞台,人们可以在安全距离之外观看壮观景象,此时已有从法国和西班牙各地赶来的观众,要见证即将上演的戏剧。其中包括两位法国亲王——阿图瓦亲王
403 (Comte d'Artois)和波旁亲王(Comet de Bourbon),他们刚刚抵达圣洛尔;可能是为了向他们致敬,总攻被安排在 8 月 25 日的圣路易日展开。直布罗陀不知如何获悉了这一消息,于是要塞守军在破晓时分准备战斗,但当天进攻并没有开始。浮动堡垒似乎还未准备完毕。

于是,在 9 月 8 日星期天,要塞守军决定主动进攻。西班牙人在过去的几个星期里,沿着地峡建造了一道巨型壁墙,由 150 万个沙袋和装满沙子的木桶砌成。他们此时正忙于向新位置安装大炮和臼炮,只是还未完工,于是副总督罗伯特·博伊德将军(Robert Boyd)便设想使用炙热弹及燃烧弹对之持续猛轰。这在技术上很难运作——尽管在海战中相当流行,但陆战中却鲜有尝试:炮弹被放在巨大的烤架上烧烤 3 个小时,已达所需温度;然而之后如何装填,成为守军面临的主要问题。另一方面,在使用时它们也极为可怕;一旦接触到木材便立刻将之引燃,并会对任何不幸位于其弹道上的人造成惊人伤害。炮击于午夜开

始,无情地持续了 9 个小时,以每 10 分钟一轮的速度射击了 5500 轮;火焰沿着西班牙人的阵线燃烧,看起来像带着一连串火药的导火索。西班牙人开始被打了个措手不及,也并未意识到炮弹很炽热;他们的应对很迟缓,然而一旦反应过来后就如同猛虎一般;在炮弹像雨点般落在周围时,他们用赤裸的双手将燃烧的木块拆掉。博伊德将军在炮台看到这一切,不由发出赞美:"从未见过如此勇敢之人!"

但个人勇气无法遮掩灾难或耻辱。为保住颜面,克里伦立刻以同样的方法回击:在第二天早晨破晓,5 个新炮台发动连续炮击。9 日的发射数与 8 日一样多(官方统计达 5403 次),但炮弹不热,且直布罗陀岩石山与低处的沙地地峡状况完全不同。次日炮击继续,海岸炮兵和海军上将莫雷诺的战船全部加入,但几乎未造成严重破坏。

之后在 12 日早上 8 点,瞭望台报告,一支巨大舰队从西边赶来。
于是守军情绪高涨:是来自英国的救援在此紧要关头赶到了吗?答案 404
是否定的。这支舰队是一支庞大的法西武装舰队,其中仅一线战舰就有 47 艘,飘扬着不少于 10 位舰队司令的旗帜。随着他们的到达,防守者发现自己要对抗一支有将近 4 万人,200 门重炮的军队。他们的救援舰队即使抵达也将毫无用处,它们的数量处于绝对劣势,甚至没有进港口的希望。许多防守者此时必定有类似于绝望的感觉。

若他们知道敌人阵营内争吵不断且混乱加剧,可能会振奋很多。克里伦急于立刻展开进攻,因为他的荣誉岌岌可危;秋季将近,战事已经拖延太久。德阿科则强烈反对,因为他的浮动堡垒还未准备完毕——没有安装指引它们就位的标志,没有探查过可能的浅水区和沙洲,也没有抛下使船只复位所必需的船锚。夹在他们中间的莫雷诺感到泄气和被忽视,因此非常恼怒。但不管怎样,克里伦占据着优势地位。不久,在 9 月 13 日早上将近 7 点钟,10 艘浮动堡垒中的 3 艘首先出发,沿西海岸前往指定位置。莫雷诺在装有 24 门炮的"帕斯托拉"号(Pastora)上升起了他的旗帜。知道他们在径直驶向沙洲,德阿科异常愤怒,他不得不登上第二大的"塔拉彼德拉"号(Talla Piedra)——由拿骚亲王唐·胡安·曼多萨(Don Juan Mendoza)指挥,装有 23 门炮。另外7位船长，无论自己是否准备完毕，也都很快追随而来。3个小时后，10艘船在距离海岸800码的地方侧对海岸排成一线，覆盖了北部老防波堤到南部堡垒间的1000码距离。战斗开始。

深夜，五十八联队的军需官塞缪尔·安素(Samuel Ancell)写信给他兄弟：

疲惫困乏的我坐下来告诉你战场已属于我们。我们已经点燃了敌人的舰船。今天早上9点，他们到来，一个接一个部署在不同位置，并在停泊后立刻开始兴奋地开火。与此同时，我们则冷静回击。不过令人相当惊愕，我们发现炮弹被从它们的侧面和顶部弹回，甚至十三寸的炮弹都无法将之击穿！但不管怎样，我们没有灰心。虽然一些人被杀，但我们还是以最快的速度点燃熔炉，“烧烤”
405 32磅的弹丸。如果你能纵观整座岩岛并看到些我们的工作，那么你将会忍俊不禁；一些被派去操作大炮的人用沾满火药的脏手擦脸，活像埃塞俄比亚黑人。他们这些火与锻冶之神瓦尔坎(Vulcan)之子正汗流浃背气喘吁吁；同时其他一些人被派去运送炽热弹，用一种为此特制的铁质工具，但这无法为炮兵连提供足够的补给，于是每辆独轮车也都被装上沙子和半打炮弹。我方的反击没有间隙，相应对方的进攻也是如此；但我们坚持连续发射炽热弹，这使得敌人事先为浮动堡垒采用的防御措施完全失效；因为这些打到他们侧面的炮弹，会在长时间内四处点火——我们发现这种情况在白天再三发生，尽管敌人常常将之控制，但同样的难题连续不断，最终使敌人无法开炮。在将近黄昏时分，我们观察到其中最大一艘船几处着火，很快另一艘也遭遇同样的状况。这额外添加了部队的勇气，而敌船上的火势愈加旺盛，一直烧至8点。

(9月14日)凌晨零点

浮动堡垒停止了射击，其中一艘在大火中突然崩碎，上面的船

> 员发射求救信号……刚刚收到一份报告,躲在一块木板上的一个军官和 11 名士兵被冲上海岸,这块木板是浮动堡垒的一部分。当堡垒正要配合进攻时,被守军炮弹击沉。

究竟发生了什么? 首先,如我们所看到的,没有稳固的领导层,有的只是自负者的争吵三重唱。其次,某种程度上是前述的后果,浮动堡垒被联合舰队放弃。它们从未打算单独运作,原计划要求 30 艘炮艇和 30 艘臼炮艇分布在各堡垒之间及两侧,并对海岸炮兵持续进行密集火力攻击。如果如此,它们可能会对战斗产生有利影响。但炮艇却从未现身为它们打掩护,因为舰队司令唐·路易·德·科多巴拒绝出动。第三,德阿科过高估计了他的浮动堡垒的实力。它们可能不沉,但并非不可燃。其护甲很厚,意味着炽热弹可射入覆盖层很深,会不被发现地焖 406
燃,并最终引燃周围的木材。

此时该做什么? 这天对西班牙人来说是场灾难,夜里克里伦的指挥部一片惊愕。浮动堡垒最先为人们所关注,上面依然有 5000 人。其中两艘(包括受损最重的塔拉彼德拉号)受火烧严重,不过因火药受潮也不可能爆炸;但它们的桅杆和绳索全被烧掉,所以也无法移动。如果用某种方式将它们拖到安全位置,还可以对之进行挽救;可这又该如何进行? 克里伦会希望不惜一切这样做吗? 他对之非常厌恶,如果它们没有烧毁或沉没,德阿科便可在一定程度上宣布胜利,另外,它们还有可能成为英国人的战利品。它们应摧毁,这样更有益处——但首先要进行疏散。晚上 10 点半,将军和拿骚的亲王(他在刚一交火时便抛弃了塔拉彼德拉号)一起要求科多巴派出战舰撤离所有人员。不过老海军上将断然拒绝:他不能为此把其舰船暴露在敌方火力之下。只有他的小船可被派上用场。

第一艘救援船在午夜时分到达 10 艘巨型废船附近,给 10 位船长中的每一位都带去了命令:放弃自己的舰船并将之烧毁。噩梦般的混乱场面随之而来。在超过 12 小时的猛烈炮击下,一直保持冷静并英勇战斗的士兵已筋疲力尽,此时因急于撤退而一片恐慌。有些船只因为严重超载而沉没,还有一些甚至在接收船员前便被海岸炮兵摧毁。很快便非常清楚,这些船只中依然可用的,完全没有能力运回所有炮台上的官兵,需来回奔波两次或更多;但此时船长们需遵守命令,于是10座浮动炮台全部着火。炮台上没能逃离的人别无选择,只有巴在侧舷上,这总好于被淹死或烧死。

在9月14日星期六拂晓,安素先生继续写道:

> 我们的海湾呈现一片恐怖景象,陷入火海之中,敌人在为他们的危险处境哭泣,同时我们的炮艇也忙于从大火及死亡威胁中拯
> 407 救不幸的受害者,尽管敌人陆军炮兵向我们的水手残忍开炮,阻止他们救援受害者。不过再没有比此更加出众的英勇行为,因为尽管相当危险(再大胆的进取心对此也会忧虑),我们的船还是沿着浮动炮台的侧面划行(尽管有火焰从它们的舱口窜出),将绝望的幸存者救出来,英国水手们无惧敌人射来的圆形弹、葡萄弹的英勇行为,将荣誉永远赋予了古老的英格兰。
>
> 7点
>
> 半满员的敌船一艘接一艘爆炸,我们的船则尽可能地保持沉着;现在,他们带着大量俘虏返回。
>
> 10点
>
> 并非所有的浮动炮台全都爆炸——其中之一几乎烧到水面,船员们将火药从船上扔下。敌人陆军炮兵继续对要塞炮击,同时对面海岸看起来明显是一片混乱和惊愕。原本聚集起来见证夺取直布罗陀的达官显贵们撤出西班牙营地,将可怕的消息带往腓力的宫廷……
>
> 看到他们的王室旗帜在我们的南校场上飘扬(被反绑在一门大炮上),我们的敌人一定难堪而恼怒。

总攻失败,但直布罗陀依然面临危险。联合舰队依然部署在海湾,法国和西班牙的军队也依然扎营于地峡;炮击重新开始,就好像什么事

情都没有发生过。但在休战旗下，双方进行着某种程度的商谈，之后在10月6日交换了战俘。换回的一个战俘告诉守军，由海军上将豪勋爵率领的救援舰队最终上路。

他在将舰队带入直布罗陀时遇到了麻烦。秋分时的暴风雨危害最大，于是舰队被直接吹入地中海，敌人也紧追不舍；但不知为何双方却并未交战，每艘英国船都最终安全驶入港口。从那一刻起，法国和西班牙的军队慢慢消失。依然有零星交火，但没人真心战斗。每个人都知道，直布罗陀稳如磐石；如果它被交给西班牙，那也是因为和平条约而非暴力。

漫长而复杂的初步谈判于10月20日开始，刚好持续到圣诞节前。 408
初期，英国表现得很明显，准备以适当的价格放弃直布罗陀：很自然，它希望收回米诺卡和两个佛罗里达，[①]此外还要求了一些加勒比地区的岛屿。不过在12月5日召开的国会上，查尔斯·詹姆斯·福克斯(Charles James Fox)在他对国王演讲进行回复时，奋力将主题改变。他宣称："直布罗陀吸引住了我们敌人相当重要的力量，对国家贡献极大；若这些敌人四处活动，可能会使我们非常烦恼。"他在呈交给国会的报告中继续讲：

> 直布罗陀要塞是国家最重要的财产之一；它使我们在各国面前受到尊敬……如果将直布罗陀要塞放弃给西班牙，地中海对他们来说将变成一个可以随意航行的池塘，他们可以不受控制或制止地行动。若失去这个地方，那些与地中海接壤的欧洲国家将不再指望你维持那片海的自由航行；不能使它在你的力量下起作用，你便不能再期待会有盟友。

查尔斯受到热烈欢迎，也多亏了他的讲演，政府决定不惜一切代价

① 此时东西佛罗里达州的面积远大于现在，包括了阿拉巴马州、密西西比州和路易斯安那州的部分。

保住直布罗陀。相反,尽管有些不愿意,西班牙还是接受了米诺卡和东西佛罗里达为交换代价。国王乔治三世依然很不高兴。在12月19日会谈结束时,他写信给其首席国务大臣格兰瑟姆勋爵(Lord Grantham):“比起这个值得夸耀的堡垒,我更喜欢米诺卡、两佛罗里达和瓜德罗普岛;在我看来这个要塞会引起另一场战争,或至少会招致他国的敌意。”这席话相当明智;对他的王国来说,一些肥沃的岛屿,远比这块不毛之地有用。但不仅是国会在顽强坚持,英国人民无疑也有同感。他们刚刚丢掉北美殖民地,丝毫不想放弃他们在欧洲大陆的唯一据点;这不仅是他们在地中海拥有海上霸权的象征,而且在过去四年里也象征着其耐性、坚毅和勇气。

第二十一章　青年拿破仑

拿破仑·波拿巴(Napoleon Bonaparte)[①]是科西嘉人,因此也是地 409
中海人。当他 1769 年出生时,法国人占领科西嘉才几个月;当地的语言(除去当地特色的口音外)和文化依然保持着完整的意大利特色。他的父亲卡洛·马里亚(Carlo Maria)是帕斯夸里·保利最信任的助手之一,而波拿巴也成长为一个热心的科西嘉爱国者,他憎恨法国人,视他们为其岛屿的压迫者。按科西嘉的标准来看,拿破仑家族家境富裕而富有教养:卡洛·马里亚很喜欢文学,尽管这并未阻止他和保利一起上山进行长期的反法游击战争。直到法国人取得最终胜利,他才接受科西嘉被法国统治的现实。波拿巴家族并非贵族(科西嘉没有贵族),但他们是地主,有些分散在各地的小农场,而卡洛·马里亚通过某些努力挣得了 4 块勋章,这让他的儿子有资格在 9 岁时,在布里埃纳的所谓军事院校(该院校实际上实行修道院式管理)接受免费初级教育。

拿破仑的同学认为他出身低微,来自科西嘉,说的法语带着浓重的口音,故而瞧不起他,他因此变得暴戾、孤僻,时常大发脾气。但他是一个刻苦的好学生;在数学方面的杰出才能使他在 1784 年 10 月成功进

① 在 1796 年之前,他的签名一直是"Napoleone Buonaparte",而在这一年,他将之改译为法语形式。不管怎样,本书全篇都使用他和他家族名字的法语形式,这看起来更简明一些。

入巴黎的军事学院(*Ecole Militaire*)。[①] 即便在那里,他也没有隐瞒自己对科西嘉的热爱,他用自己的拳头、所能拿到的任何武器,猛烈攻击所有嘲笑他的人;之后,他比以前更加勤奋,并于 1785 年 9 月年仅 16 岁时毕业成为一名军官。他首先被送往瓦伦斯(Valence)的炮兵训练学校,之后于 1788 年被派往勃艮第的奥松(Auxonne);在那里他听到
410 了将改变其一生的消息。1789 年 7 月 14 日,巴士底狱陷落:法国大革命爆发。一个月之后,他所在的兵团发生兵变。

出于对旧制度(*ancine régime*)本能的厌恶,拿破仑满怀热情地投身革命事业。他考虑径直前往巴黎,但看到首都一片混乱后,转而决定暂时返回家乡,他相信自己有能力在那里掌控局势。1784 年,他父亲离世,年仅 38 岁;尽管有兄长约瑟夫在,但拿破仑成功地使自己成为一家之长,用真正的科西嘉人方式,采取任何手段来增进家族利益。不久,他的影响力越出其家族范围。他起草了一封信件,并带头签名,交给巴黎的国民议会(National Assemly),要求采取行动反对依然控制着这座岛屿的保皇派;这封信看来在很大程度上促使国民议会在不久后做出决定,宣布科西嘉为法国不可分割的一部分。1790 年全年,他都待在科西嘉。其间,阿雅克肖和其他的主要城镇一道选出了由共和主义者主导的市政府。1791 年 1 月,阿雅克肖的雅各宾俱乐部成立,[②] 他成为创始成员之一。10 月,在一次公然作弊的选举后,他获得了当地志愿民兵部队的指挥权。然而很遗憾,他和其家族与归来的保利发生了争执,保利此时是法国控制下的科西嘉的统治者,但依然奋力追求科西嘉的独立;他不能容忍革命冒险分子,而且认为波拿巴家族就属这类冒险派。

保利的判断是正确的,拿破仑确实参与了革命冒险活动。这个狂妄的青年军官计划用其民兵部队取代阿雅克肖要塞的法国驻军,此时,

---

① "个性喜欢发号施令,傲慢专横且固执己见",考官记录道。

② 雅各宾俱乐部建立之初是为保护革命果实,对抗可能的贵族反攻;但很快它便认同极端平均主义和暴力,领导了从 1793 年中期到 1794 年 7 月罗伯斯庇尔倒台为止的革命政府。到 1790 年 7 月,152 个雅各宾俱乐部分支遍布整个法国。

事情已到危急关头。愤怒的保利拒绝考虑这一建议，于是拿破仑主动对要塞发动进攻。战斗持续了三天，其间死伤了一些士兵；之后法国援军赶到，围攻者被迫撤退。巴黎军务部(Ministry of War)收到一份报告，指出拿破仑逗留家乡时间太久，已严重超期。如果他希望继续自己的军事生涯，就必须归队并做出解释。到1792年5月底，他回到巴黎。

军务部对他的接待远比他期待的要热情。当局倾向于接受他从科 411
西嘉带来用以解释他长期离职理由的各种华而不实的文件。他们别无选择：法国此时处于战争状态，需要争取每位国家亟需的人才。自革命爆发以来，大量保皇派军官带着厌恶心理离开了军队，被极大削弱的军队(特别是骑兵和炮兵)产生了严重的人才不足问题。拿破仑同班的56名军官中只有6人留下来。他也曾被弃掷不用，但此时浪子回归，当局当然不想再失去他。阿雅克肖要塞事件被搪塞了过去。他复职，并被擢升为上尉。

他再次访问科西嘉(他如何获得如此之久的离职许可，至今仍无合理解释，特别他一直就表现得要超期数月)，这次的访问，表面上是为护送他妹妹玛丽安娜(Marianna)从圣西尔(Saint-Cyr)皇家修女学校(因局势被迫关闭)返回。他们于10月10日从马赛启程。可以料想保利是不会欢迎他们的；拿破仑不管他，立刻恢复自己在民兵部队的陆军中校职务——在他返回巴黎的军队时，他不得不放弃该军阶。之后，他积极四处活动，使其兄约瑟夫成为科西嘉的代表进入国民公会(National Convention)。

不过他意识到，科西嘉正迅速变成一个边缘化的荒僻小岛。革命不再是纯粹的法国革命：整个欧洲都开始卷入其中。1792年4月，尽管国家财政濒临崩溃，军队遭到严重削弱，整个国家也依然混乱一片，但法国还是向奥地利宣战。两个月后，又对普鲁士和撒丁尼亚(Sardinia)宣战。展开这些赤裸裸侵略行动的原因极为荒谬，竟然是经济原因：在当前状况下，法国军队供给自己的唯一方法是从他们侵略的国家征募粮食及其他军需品。然而不可避免的是，革命理想主义发挥了作用：这种理论认为在战争的冲击下，全欧洲的人们会起来反抗各自的君主，革命精神将传遍世界。很幸运的是这并未发生，但法国军队起初的胜利的确是超出了曾经的预想。9 月，一支奥地利和普鲁士
412 侵略军在瓦尔密(Valmy)被击退；10 月，一支法国军队席卷莱茵兰(Rhineland)；一个月后，另一支法国军队在热马普(Jemappes)击败奥地利军队，并占领布鲁塞尔及荷兰的一部分，同时第四支法军吞并了萨伏依。1793 年 2 月，国民公会向英国宣战，一个月后对西班牙宣战。同时，在 1 月 21 日，在欢呼的人群前面，路易十六被送上协和广场(Place de la Concorde)的断头台斩首。

在所有这些激动人心的国际戏剧事件中，拿破仑·波拿巴扮演的第一个角色渺小得可笑。帕斯夸里·保利收到巴黎的指令，命其对侵入撒丁尼亚提供支持。他不愿意做这类事情。撒丁尼亚是科西嘉的邻居和天然盟友，它来自皮埃蒙特的国王对科西嘉人及其事业一直持友善态度，在过去经常向他们慷慨地供应补给和军火。但军令不可违，虽然极不情愿，他还是命令阿雅克肖民兵团远征位于撒丁尼亚北海岸、与科西嘉相对的拉-马达莱纳(La Maddelena)小岛，占领并驻守在小岛上。然而与此同时，他私下吩咐远征军指挥官——其侄子克罗纳·切萨里(Colonna Cesari)上校将整个行动弄砸，这样他就办了一件大好事。

上校心领神会。这支装备很差、取胜无望的部队于 2 月 20 日启程，到 24 日时，按战略部署夺取该岛。我们很难把波拿巴上尉看作是这群人中的一员，一开始他就凭借自身十足的专业素质(这一素质在他同事中太缺乏了)显得鹤立鸡群，他对几个小时内占领拉-马达莱纳充满信心。但切萨里将一些抱怨的水手视作刚萌芽的兵变，下令远征军立刻返回科西嘉。拿破仑强烈反对但被驳回。他将此视作奇耻大辱，恼怒地破坏了两支枪，并将之扔入大海。他愤怒地写信给保利提出抗议，并给巴黎的军务部和国民公会的两名科西嘉代表发去了信件的复件。几乎同时，保利也正遭遇另一场攻击；这一次是拿破仑的弟弟吕西安·波拿巴(Lucien Bonarparte)，他在土伦的雅各宾俱乐部进行了一次

演讲，宣称保利是法国的叛徒，其唯一目的是将科西嘉交给英国人。他的演讲给巴黎国民公会留下了深刻印象；大会下令立刻逮捕保利将军，并派出 3 名特使负责调查。

特使们发现科西嘉对他们怀有公开的敌意。不知如何，保利竟成 413
了科西嘉的化身，该地人民准备为他而战，反对波拿巴家族、反对国民公会、反对任何人。吕西安把事情弄得更糟，他给其兄写了一封信："将逮捕保利和波佐[①]，我们交好运了。"保利的警察在特使来之前将信截获，结果波拿巴家族遭到"永远的咒骂，而且声名狼藉"，这在科西嘉的荣誉规则中相当于判处死刑。继续待在岛上有被刺杀的危险。此外，保利此时发动了一场反对法国的武装叛乱，整座岛屿处于内战的边缘。拿破仑一度考虑用自己的共和派反击叛乱，目标是夺取阿雅克肖扭转局势，但为时已晚。很明显，他在科西嘉不会再有什么前途。到 6 月中旬，他和自己的整个家族一起前往法国。

拿破仑在行程中重新加入军队，9 月初在尼斯时，他联系上了他的老朋友和同事，科西嘉人让-克里斯托弗·萨里切蒂(Jean-Christophe Saliceti)。萨里切蒂是法国革命中的意大利军团的两位"人民代表"之一，军团此时正在围攻大概在一到两个星期前被保皇派、英国和西班牙联军占领的土伦。前些天，法国炮兵指挥官意外受重伤，急需一位替代者，于是萨里切蒂将波拿巴上尉视为合适人选。拿破仑求之不得。从那一刻起，他的科西嘉爱国主义消逝了。从此他便是一位法国人——这是他以前从未有过的新身份。

拿破仑发现，聚集在土伦城下的军队的状况足以使任何训练有素的军官感到丧气。大部分原来的保皇派已经离开军队，由实际上毫无经验的共和派志愿者取代；炮兵只有一些不能使用的破旧加农炮和臼炮，而且严重缺乏弹药。拿破仑的有利条件可能只有他自己——他是整个意大利军团中罕见的具备职业素养的军官。虽然事实上他只是个上尉，但他有萨里切蒂的强烈支持；剩下的事情则要靠他的才能了。他

---

① 波佐·第·博尔果(Pozzo di Borgo)，保利的同事，波拿巴家族的死敌。

414 首先从尼斯和马赛(它们还提供了5000个沙袋)索要更多的重炮,其余征用的物品则来自马蒂格(Martigues)、安提比斯(Antibes)和摩纳哥(Monaco)要塞。用以建造合适平台的木材源自拉西约塔(Le Ciotat);他在奥利奥斯(Ollioules)建立了名副其实的军械库和维修中心,维修中心有80个铁匠、车轮工和木匠。然而,他发现自己一开始便同自己的长官——在政治上无可指摘,但军事才能一塌糊涂的卡尔托(Carteaux)将军——不和,卡尔托将军只想向土伦城尽量倾泻炮弹。而另一方面,拿破仑立即察觉到,法军遭遇到的关键阻力是由海军上将胡德(Hood)爵士指挥的、就在近海一带的英国舰队,胡德舰队由于夺取了拉凯尔勒(Le Caire)小半岛——火热的炮弹本可以从这个小岛向胡德舰队射击,一直对法军施加着压力。最终,在萨里切蒂的帮助下,拿破仑迫使不情愿的卡尔托同意进攻。

夺取拉凯尔勒的首次尝试以失败告终。卡尔托因为自己的意见遭到否决,于是非常愤怒,仅派出400人执行任务。这个无能的老将军在10月遭到解职(很大程度上是由于新晋升的波拿巴少校的影响),其继任者是雅克-弗朗索瓦·杜高米尔(Jacques-François Dugommier)将军,他13岁参军,是一名真正的职业军人。他立刻认识到其下属的才能,并给予全面支持。结果是对英国人最近在拉凯尔勒顶点建造的马尔格雷夫要塞(Fort Mulgrave)的全面进攻。12月17日,进攻虽然在倾盆大雨中进行,却取得了最终胜利;次日凌晨,英国守备队撤出堡垒,同时胡德舰队也急忙起锚驶向公海。第三天,也就是1793年12月19日,土伦再次回到法国人手中。

毫无疑问,大家都知道胜利应归功于谁。坐骑被射中,其大腿也被刺刀击伤的拿破仑·波拿巴被证明是完全正确的。杜高米尔已经给巴黎的军务部长发去了紧急且颇具预言性的建议:“*Rècompensez, avancez ce jeune homme; car, si l'on était ingrat envers lui, il s'avancerait de lui-même*。”[①]在收复土伦三天后,他被任命为准将,时年仅24岁。

---

① “奖励这个年轻人,晋升他;因为若其贡献得不到确认,他将自我晋升。”

拖延已久的科西嘉远征在 1795 年 3 月进行。这次远征遭到惨败：
庞大的英国舰队距该岛不远，对法国运输船进行了严密拦截，使法军无 415
法登陆。波拿巴的运气似乎一度离他而去。他正式以休病假的名义返回巴黎，等待下一个机会。10 月 5 日，即新共和历葡月（*vendemiaire*）13 日，机会来了。此时内务部队司令官保罗·巴拉斯（Paul Barras）命令他镇压一次颇具威胁的保皇党叛乱。在拿破仑的记忆中，科西嘉叛乱仍然历历在目，此时他毫不犹豫。他不会去谈判，更乐意相信重炮的威力。一场激烈的战争在杜伊勒里（Tuileries）爆发，双方都伤亡惨重，但最终的结果毫无悬念。一两个星期后，督政府（Directory）成立；巴拉斯被任命为五要员之首，并且任命波拿巴为内务部队副司令。1796 年 3 月，督政府下决心发动一场穿越意大利、针对奥地利的新战役，这位年轻、矮小、严肃而又精通意大利语的科西嘉人似乎是指挥战役的首选。

出发前不久，拿破仑与其朋友巴拉斯抛弃的情妇，一位“断头台的寡妇”（widows of the guillotine）约瑟芬·德·博阿尔内（Josephine de Beauharnais），在 1796 年 3 月 9 日举行世俗婚礼。（双方都谎报了他们的年龄，26 岁的新郎实际上用的是他哥哥约瑟夫的出生证明。）两天后他与新娘告别，前往南方的尼斯执行新命令。他的首次长时间军事行动开始了，这也是他最成功的军事行动之一。这次行动的目的是横扫意大利北部，之后穿过提洛尔进军奥地利，并最终与莱茵军团会师，将战争引入巴伐利亚。战争从进军皮埃蒙特开始。除波拿巴自己外，无人能预测其胜利的手段和速度：几乎每天都有胜利的消息带来。将近 4 月末时，皮埃蒙特被并入法国，国王查理·伊曼纽尔四世（Charles Emmanuel IV）逊位，退到依然在其统治下的撒丁尼亚。5 月 8 日，法国人穿过波河，两天后强占洛代（Lodi）阿达河（Adda）上的窄桥。15 日，波拿巴正式进驻米兰。

他的军队当然“寄生”在被征服的土地上，尽其所需地征用食物、住所。但对督政府的官员来说，这远远不够。他们命令从意大利各国和
教会征收巨额赋税，不仅用来支撑军队，还要送往巴黎，而拿破仑对此 416

则完全遵从。只举一例，中立的帕尔玛公爵被迫交出200万法国里弗尔（*livres*）和他最好的、由总司令亲自挑选出来的20幅画；许多主要的城市也被迫交出所藏拉斐尔、提香和莱昂纳多的[①]画作。其中许多都被收入卢浮宫或法国其他的博物馆，至今依然悬挂在那里。

在占领米兰后，除曼图亚外的整个伦巴第全部落入法国人之手。但奥地利人非常果断地展开反击，以至到11月13日时，我们发现筋疲力尽且非常失望的拿破仑向督政府坦言，他害怕会很快失去整个意大利。一直到1797年初，他的精神才恢复过来。1月14日，他与奥地利人在里沃利（Rivoli）交战，它是一个位于阿迪杰河与加尔达湖之间、距离维罗纳北面大概14英里的村庄。他在这次行动中损失了2200人，但敌人却伤亡了3300人，被俘7000人。第二天，其部将儒贝尔（Joubert）追击逃跑的奥地利人，俘虏了另外6000人；同时儒贝尔的同事安德烈·马塞纳（André Masséna）连夜南进，包围并俘获了此时孤立在曼图亚城外的奥地利第二纵队。从那天起，法军切断了曼图亚与外界的联系，再无解救的希望。2月2日，饥饿的守军投降。于是拿破仑另外又俘虏了16000人，缴获了1500支枪炮。

入侵维也纳的道路最终肃清。这条路虽然一定要穿过中立的威尼斯领土，但这片领土对法军并无帮助。奥地利人对这一带从不担忧，他们经常在不被允许和不受阻碍的情况下穿越威尼斯的领地。但如果威尼斯不抗议（众所周知，它倾向支持帝国），拿破仑当然会抓住任何机会恫吓甚至威胁威尼斯当局。他们不知道，拿破仑在这些场合表现出的愤怒全是伪装的表演，大部分威胁也不是真的。他这次对付威尼斯的真正目的不是向它征取援助，甚至也不是劝说它立场更中立些；而是恐吓威尼斯，使其犯错、感到心虚和信心不足，腐蚀它的自豪感、自尊和自信，以将其精神上的抵抗力降得与它的物质抵抗力一个水平。

至1797年3月末，拿破仑率军向北穿过布里克森山口（Brixen Pass）进入提洛尔，前往维也纳，身后只留下一支弱小的守备队驻守贝

① 指莱昂纳多·达芬奇（Leonardo da Vinci）。——译者注

加莫和布里西亚，而将一支更可观的军事力量驻守在维罗纳。然而他心中似乎有一个秘密计划：煽动整个威尼托地区的革命情绪，在任何 417 可能的地方推动反对威尼斯的公开反叛。这样的起义当然很可能会引火烧身，而事实也确实如此。4 月 17 日，复活节，星期一，尽管驻军力量强大，维罗纳人还是发动了公开叛乱，在人们所知的"维罗纳复活节"(*pâques véronaises*)那一天，屠杀了大量的法国人，其中有士兵也有平民。贝加莫和布里西亚情况相似，虽然两地叛乱并不严重，但他们的矛头主要指向威尼斯。如果按照人们通常相信的看法，这一切都是法国密探(*agents provocateurs*)的杰作，拿破仑当然认为这些损失确有所值：维罗纳人为他提供了更多进攻威尼斯共和国的借口，拿破仑决定一劳永逸地彻底解决它。

当这些起义，以及其他紧随其后的起义的消息传到威尼斯时，引起了类似惊恐的慌乱。其在明乔河以西的所有大陆领土(*terra firma*)实际上全部丧失。威尼斯必须不惜任何代价守住新边界。征召当地农民组成武装民兵成为唯一的希望。威尼斯将招募民兵的意图告知当地法军指挥官巴兰(Balland)将军，强调威尼斯计划采取的措施纯粹是防御性的，它不是针对法国，而是针对造反的共和国公民。没人能预想到，这些不少于 10000 人的农民在第一次发现自己手中握有武器时，对如何利用武器并未认真考虑过。他们和意大利起义者没有争端；但另一方面，他们与法国人则有大量的宿怨需要清算：法国征粮队经常无偿征用他们的庄稼、家畜，而且常常顺带蹂躏他们的妻女。激烈的狙击战很快开始，巴兰也迅速而野蛮地展开了报复，但效果甚微。到 4 月初，法国人和意大利之间虚情假意的客套已不复存在。

前往维也纳的拿破仑一直对不断恶化形势的十分关注。他已在 4 月 10 日向共和国总督发出最后通牒——由其副官安多奇·朱诺(Andoche Junot)亲自送出。朱诺在耶稣受难节到达威尼斯，即 14 日的晚上，要求第二天早上与总督会晤。对方的回复彬彬有礼，但非常坚决。按传统，圣星期六要留给宗教仪式，所以此时也好，复活节星期日

418 也罢都不会处理任何政务。尽管如此，总督和高里捷奥(Collegio)[①]非常乐意在星期一早上接待将军。但朱诺说，他对宗教仪式毫无兴趣，他得到的命令是在24小时内见到总督，而他必须从命。如果不能在规定的时间内得到接见，他将立即离开，后果由威尼斯自负。他暗示，这个结局不会很好。

因此，当高里捷奥被迫在星期六早上接见朱诺时，他们的尊严已经受到了伤害。将军无视替他安排的位于总督右手边的座位，继续站立着；之后朱诺没有给他们任何准备时间，直接从口袋中掏出波拿巴的信朗读了起来：

> 贵共和国全境都全副武装。你们武装起来的农民全都在高喊“杀死法国人”。他们已宣称，意大利军团中的数百人已为其所杀。对这些你们动员起来的农民武装，试图推卸责任是完全徒劳的。你们认为，仅仅因为我在德国腹地，便无力继续关心那些世上我最看重的人了吗？你指望意大利军团容忍你们煽动起的大屠杀吗？我为兄弟战友们血债血偿，每支法国军队(如果负有这样的职责)都将鼓起双倍勇气，并获得三倍的力量。
>
> 威尼斯元老院用最邪恶的背信弃义，回应我们一直表现出来的慷慨大度……走向战争，还是和平？若你们不立刻采取措施解散民兵，不逮捕对最近屠杀事件负有责任的人，并移交给我，我将宣战。
>
> 土耳其人不在你们门口。没有敌人威胁你们。你们精心编造借口，妄图为聚集人群、反对我的部队辩护。他们应在24小时内解散。
>
> 我们已不再处于查理八世的统治之下。若你们反对法国政府明确陈述的愿望，我将被迫宣战；你们不要认为，法军士兵会以你

① 大致上相当于近代的内阁，由包括总督本人在内的13名成员组成。它相当于行政机构，其主席一周一轮换，相当于共和国总理。

们的民兵为榜样，摧毁你们领土上那些无辜和不幸者的乡村。我会保护这些人，法兰西军队为了保护他们不得不犯下暴行，但有朝一日他们的祈福终将使法兰西得到宽恕。

波拿巴

古腾堡，共和5年芽月20日

在随后一片骇人的寂静声中，朱诺将信扔到他面前的桌子上，然后 419
掉转脚后跟，大步离开房间。

与此同时，拿破仑则继续行军。他指挥属下的方式一如往常地乐观自信；然而他内心的焦虑在两个问题上持续增加。其一是战略问题。他的军队此时补给匮乏，非常危险地在狭窄山谷中呈一线行军，此地毫无希望获得粮草，更遑论劫掠了，而周围全是敌人，还有一支强大的奥地利军队在前方以逸待劳。其二对他而言更加危险。他的部队仅是法国进攻势力中的一支，而其同时代且富有才华的主要对手拉扎尔·奥什(Lazare Hoche)指挥的莱茵军团，此时正以可怕的速度向东穿越德意志，很可能在拿破仑之前抵达维也纳。此种可能性是他无法想象的。征服哈布斯堡帝国的人必须是他，而非其他任何人，拿破仑的未来事业将有赖于此。他不能容许奥什抢走他的胜利。

在他深思这两个问题时，哈布斯堡帝国政府突然间惊慌失措，要求休战——这对他来说简直是个奇迹。此时他肯定无法掩饰自己的兴奋之情：签署这样的休战文件将使奥什立刻止住脚步。于是，在1797年4月18日，在莱奥本(Leoben)外的埃肯瓦尔德(Eckenwald)城堡，拿破仑·波拿巴以法国督政府的名义(尽管事实上他从未费工夫去请示过法国政府)与奥地利帝国签署了一份暂时的和平协议。在协议中(协议细节一直很保密，6个月后，它们在坎波福米奥[Campo Formio]得到确认，才被公布于众)，奥地利宣布放弃对比利时及伦巴第的要求，作为回报她将得到伊斯特里亚(Istria)、达尔马提亚,以及所有与奥廖河(Oglio)、波河、亚得里亚海接壤的威尼斯领地。对威尼斯的补偿则相当少,只包括以前的教皇领地罗马涅区、费拉拉和博洛尼亚。

很明显,波拿巴并无相应的权利处理一个中立国的领土。他可能会争辩说,威尼斯已不再是中立国;此外,人们无法回避这个事实,即国际外交法则在处理这类事情时,不会显得宽仁厚道。不论威尼斯宣称的中立有多空洞,对法国人而言她还是脱掉"中立"这个帽子为好,而在脱掉帽子后,威尼斯展现在人们面前的只是那种令人讨厌、咄咄逼人的
420 模样,但越是如此,对法国人就越加有利。此时,由于威尼斯政府已经彻底地腐化堕落,所以它为波拿巴提供了一个绝好的机会。

我们对两位威尼斯特使弗朗切斯科·多纳(Francesco Donà)和卢纳尔多·朱斯蒂尼安(Lunardo Giustinian)只能抱以同情;他们被派去回复波拿巴,奉命尽最大努力安抚他。实际上,这项任务对肉体的折磨也令人痛苦不堪。拿破仑因行军快速而闻名,所以对两位中年威尼斯人而言,不分昼夜地追上他完全是一种折磨:在欧洲最差的山路上颠簸不停,只能偶尔在遍布害虫和污秽难闻的客栈中侥幸休息几个小时,这完全是一场噩梦。他们也知道在费尽精力地实现自己目的时,摆在他们前面的是暴风雨般的前景,因此精神上的压力也很大。但还有其他的担忧:在他们停留的每个城镇和村庄,相同的传言充斥着他们的耳朵:法国已同奥地利讲和,威尼斯将被牺牲在和平的祭坛上。

追赶持续了一个多星期。直到 4 月 21 日,两位筋疲力尽的代表才最终在格拉茨(Graz)的法国军营前停下。波拿巴亲切礼貌地接待了他们,静静聆听他们的和平主张。但突然间,他情绪大变,在房间里大步来回走动,尖刻攻击谩骂威尼斯以及它的政府和人民,指责他们的背信、伪善、无能、不公和"中世纪的野蛮行为",以及对法国和他自己(在他眼中最为严重)的敌视。他要求立刻释放所有的政治犯,并威胁若不如此他将自己砸开监狱。拿破仑继续说,所有那些被威尼斯人谋杀的法国人又该怎么办?其士兵决定复仇,而他将不会拒绝他们。任何不

能控制臣民的政府都很愚蠢，没有权利生存。他以很快便回荡在每个威尼斯人心中的可怕言论结束：“*Io sarò un Attila per lo stato veneto*.”（对威尼斯国家，我将成为阿提拉）。

当两位代表带着报告返回威尼斯时，总督洛德维柯·马宁(Lodovico Manin)和同事意识到共和国厄运将至。战争即将来临；进一步的谈判已不可能；而共和国的大陆领土实际上已经丧失。保住城市不被毁灭的唯一希望是应征服者的要求举手投降；而其要求实际上非常可怕：它无异于要求整个政府退位，废除维持了一千多年的宪 421
法——事实上，也就是要这个国家自我毁灭。

1797年5月12日星期五，威尼斯大议会最后一次召开。许多成员都已逃离城市，所以无法达到宪法规定的600人，缺额数达63人，但拘泥于此种细节的时间已经过去。在总督刚完成公开讲话时，殿外传来射击声，很快便一片混乱。在这样的局势下，这些声音只可能说明一件事：他们长久以来一直害怕的民众起义开始了，趁着还有时间尽快逃离宫殿是幸存下去的唯一希望。没过多久，真正的开火源被确定：是部分奉波拿巴之命离开威尼斯的达尔马提亚军队，向天空进行了象征性射击，作为向城市的告别敬礼。但恐慌却由此开始，再多保证也毫无作用。剩下的威尼斯共和国立法委员丢掉过于显眼的办公长袍，小心翼翼从侧门溜出宫殿。威尼斯共和国不复存在。

洛德维柯·马宁没有试图出逃。在会议解散后的瞬刻平静中，他慢慢整理好文件，接着返回私人公寓。在那里，他将科尔诺(*corno*，外形奇异的帽子，公职的主要象征)脱去，交给仆人。“拿走这个，”他说，“我应该不再需要它了。”

从726年首任总督开始就职，到1797年最后一任总督离职，威尼斯共和国持续了1071年——仅比拜占庭帝国少半个世纪。在这大部分时间里，威尼斯都被公认为地中海的女王——她从政治、宪法、商业、艺术和建筑方面造就了一个世界奇迹。如果她的民众在共和国摇摇欲坠的时候，表现出像他们的先辈在反击土耳其人、保卫其殖民地时，抑或他们的后辈在半个世纪后反抗奥地利人时，所表现出来的持久耐力和英勇气概的话，威尼斯的最终结局就不会那么屈辱、可耻，那该是多么让人高兴的一件事情啊！我们不要求，当然也不指望，威尼斯人能够做出我们在1453年的君士坦丁堡保卫战中看到的那种英勇抵抗；此时哪怕他们还有老威尼斯人的一点点精神气，也能让威尼斯共和国穿着体面的外衣寿终正寝。但即便是这一点点精神
422 气，它还是如此缺乏。威尼斯最后的悲剧不是它的死亡，而是它死亡的悲剧方式。

因此，当《坎波福米奥条约》(Treaty of Campo Formio)于10月17日签署时，奥地利在莱奥本的收获远多于它所期待的：不仅有威尼斯的领土，而且还有这座城市本身。不管怎样，拿破仑·波拿巴非常高兴。他一直以来就相信，只要意大利继续分裂，他就可以主宰它。他可能是对的。他已在1796年12月，通过合并雷焦、摩德纳的公爵领地和博洛尼亚、费拉拉的教皇国，构建了奇斯帕达纳共和国(Cispadane Republic)。① 接着在6月，他建立了以热那亚为首都的利古里亚共和国(Ligurian Republic)；之后在7月，又以米兰为基础建立了阿尔卑斯山南共和国(Cisalpine Republic)。至于威尼斯，他本人从未踏足，也没有兴趣到那里去；他在想象中将之视为野蛮专制的警察国家(这是极端错误的)，地牢中政治犯人满为患。与此同时，和平降临整个欧洲大陆。只有英国依然是法国的敌人。此时必须入侵并摧毁英国。督政府同意任命波拿巴为征英军团总司令，但在经过近一年的深思熟虑后，他被迫决定反对这项计划：因为代价过于昂贵，所需人力资源难以获得；更重要的是，法国海军很弱，无法与英国海军相匹敌，且没有可与胡德、罗德尼(Rodney)或圣文森特(St Vincent)，更别说与纳尔逊(Nelson)相抗衡的指挥官。

① 这个在其他方面显得无能的国家的唯一亮点，就是为她选择的红白绿三色国旗。事实上很奇怪，作为法国征服最早象征之一的旗帜，却引起了意大利国旗的产生。

埃及成为替代目标。早在1797年7月，外交部长查理-莫里斯·德·塔列朗-佩里戈尔德(Charles-Maurice de Talleyrand-Périgord)①就曾建议远征埃及，7个月后制作了关于这一议题的备忘录。其中不可避免地包含对当地贝伊(*beys*，奥斯曼帝国地方高级官员)之野蛮行径的谴责，以及对将埃及人民从其长期忍受的压迫中解放出来之必要性的强调；更值得注意的提议是，一支20000－25000人的军队，将在亚历山大登陆并占领开罗；更进一步，部队可能穿过匆匆挖掘的苏伊士运河远征印度。1798年3月2日，督政府正式批准此计划。该计划不仅将拿破仑的军队调用，在这位可怕的年轻将军和巴黎之间设置了一段安全距离；而且让法国在东地中海取得一个重要的新殖民地时，为其取代英国在印度扮演的角色提供一个机会。最后，有点困难的问题是，法国应将英 423
国海军力量主要引向东方，只有这样，才能让法国久已搁置的侵埃行动最后成行。

不用说，拿破仑满怀激情地接受了任命。他从孩童时便被东方吸引，于是他决定赋予远征一些其他目的(不仅是纯粹的政治和军事目的)。最后，他最少招募了167位博学者随行，包括自然科学家、数学家、天文学家、工程师、画家、建筑师和制图员。埃及保守其古老的神秘如此之久，它是一个熟透的果实，等待有人采摘。这个国家从1250年起就处于马穆鲁克的有效统治下。1517年，土耳其人征服它，将其纳入奥斯曼帝国，当时它从理论上讲也仍然是奥斯曼的一部分；而到17世纪中叶，马穆鲁克贝伊再次控制埃及。法国的入侵无疑会引起君士坦丁堡苏丹的愤怒抗议，但其帝国(尽管还未被公认为“欧洲病夫”)已经衰落，仅是先前帝国的一个混乱、衰弱的残像，所以不会有多大威胁。不幸的是依然存在其他一些严重问题。300艘法国运输船缺乏武装，船员实际上未经训练。他们确实有支海军护卫舰队——21艘一线大

① 塔列朗在王室家族于1793年被处死后脱离革命，并且自愿远徙美洲。他在1795年雅各宾派倒台后返回，并在1797年担任外交部长。

型战舰[①]和三帆快速战舰,但众所周知,纳尔逊已在地中海展开巡逻。如果他截击这些战舰,战舰和运输船上装载的31000人逃跑的机会非常渺茫。

舰队分为四支独立分舰队行动,最大的分舰队从土伦出发,其他三支分别从马赛、热那亚和罗马正北的奇维塔韦基亚出发。拿破仑在1798年5月19日乘坐他的旗舰东方号(*L'orient*)离开土伦,第一个目的地是马耳他。这座岛屿从1530年开始便一直为圣约翰骑士团所有,他们英勇地挡住了土耳其人在1565年的可怕围攻;但作为护卫基督教世界的战士,他们已变得软绵绵。波拿巴在6月9日抵达时,向岸上的
424 大团长,一个名叫费迪南·霍姆佩施(Ferdinand Hompesch)的德国人派出使者,要求准许他所有的船只入港补给淡水;他收到的回复是,依据骑士团规则,与其他基督教国家处于战争状态的基督教国家,每次只能有4艘舰船入港。一条消息很快便从东方号传回:"波拿巴将军决心通过武力,获得他原本能依据你们骑士团的友善好客原则获得的东西。"

6月10日黎明,进攻开始。550位骑士——近一半为法国人,大部人已年纪过大而无法战斗——抵抗了两天。12日早晨,他们要求休战;当天夜晚,代表团到达旗舰。骑士团将放弃对马耳他和戈佐岛(Gozo)的统治权,只要法国政府尽力为大团长霍姆佩施安排让其退养的小块领地,加上30万法郎退休金,使其过上符合身份的生活。拿破仑予以接受,并立刻着手进行改革。一个星期之内,他将此地改造得差不多与一个法国行省(*departement*)相同。人们被要求穿戴红、白、蓝帽章;奴隶制被废除(理应如此);600名土耳其人和1400名摩尔人被遣送回国;修道院数量被消减,教士权利大幅受限。所有的金银宝藏都

---

① 一线战船是海军舰船中最大的一种,它们适于参加战线战斗(line of battle)。它们是三桅船,被分为六个等级;到18世纪末,只有前三个等级的一线战船被认为足够坚固,可以用于战争。一等一线战船携带100门或更多大炮,二等一线战船携带84－98门大炮,三等携带70－80门大炮,这三等战船的武器都置于两层或更多甲板上。快速帆船、轻武装快舰和双桅横帆船通常只有两桅,携带火炮数量较少。

被移出教堂,来自骑士宫殿的财宝——包括根据规章,通常用来喂医院病人的著名银制餐具——熔为 3500 镑金银块,作为拿破仑的战争军费。克劳德·沃布瓦(Claude Vaubois)将军率领 3000 名法国士兵留下担任守备任务。舰队到达此地不到一个星期,便做好了继续进军的准备。19 日,拿破仑启程。

然而,法国没能管理这座不幸的岛屿多久。1800 年,沃布瓦的行为——他试图强行推广法语为官方语言,计划将在姆迪纳(Mdina)拍卖整个加尔默罗(Carmelite)修道会的物品——激怒了马耳他人,他们在教士的领导下起义,将民兵部队的法国指挥官扔出窗外。沃布瓦迅速命令所有部下在瓦莱塔集合,并关闭城门。从那时起,法国人发现自己被围困。与此同时,马耳他人请求英国海军援助,于是几艘舰船赶来,阻截那晚任何可能试图解救守军的法国船只。之后不久,一支1500 425
人的英国部队赶来。沃布瓦英勇坚守,直到只剩下三天的口粮——由于封锁的缘故。他获准体面投降,将守军安全遣返回国,并尽可能多地带走他部下在停留期间劫掠的财富,这使马耳他人更加愤怒,因为英国人没有同他们商议。

随着骑士团和法国人双双离去,马耳他人发现,在长远归属尚无定论之前,他们处于英国行政专员统治之下。1802 年,《亚眠条约》(Treaty of Amiens)——它宣布法国与英国缔结和平,尽管拿破仑打算只在符合他要求时才遵守条约规定[①]——规定将此地归还给圣约翰骑士团;不过和对法国人一样,马耳他人同样不喜欢骑士团;他们宣称,他们更喜欢英国王室为他们提供有力的安全保护,1814 年,他们要的这种保护最终通过《巴黎和约》获得。

1798 年 7 月 1 日夜,从马耳他离开大概两个星期后,法国舰队在

---

① 拿破仑对于英国人没有马上离开马耳他深感愤怒,而英国人对拿破仑于 1802 年吞并皮埃蒙特、厄尔巴岛(Elba)、帕尔马和皮亚琴察表示关切,因此该条约实际上只持续了不到 14 个月。

亚历山大西部大概 7 英里的马拉布特(Marabout)抛锚泊船。法军只有小船让如此多的人员和装备登陆,这绝对是一个费时而复杂的任务。登陆只能在傍晚开始,此时一场暴风雨即将来临。舰队副司令弗朗索瓦-保罗·布律耶斯·德·艾加伊里耶斯(François-Paul Brueys d'Aigaïlliers)建议将行动推迟至第二天早上,但拿破仑拒绝听取。他自己直到午夜前不久才抵达海岸。他很幸运,军队在抵达亚历山大前一直未遇抵抗;而那里破败的城墙和极少的驻军对延缓必然到来的法国人毫无作用。整座城市一片衰败景象,其人口从罗马时代令人骄傲的 30 万人降到凄惨、可怜的 6000 人。除去"庞培柱"(与庞培毫无关系)和"克娄巴特拉之针"(与克娄巴特拉没有关系)外,[①]那里再没有能唤起它光荣时代的事物。

426 因此,对法军而言,占领亚历山大非常扫兴。7 月的炎热使士气低落,士兵们满怀希望占领一座富有而壮丽的城市(这就有劫掠的机会了),后来却发现这是传播疾病的一个小地方,他们不仅感到失望而且要起而反叛了。拿破仑认识到,不能给他们更多时间胡思乱想,所以一定要立刻向开罗进军。他们沿着尼罗河三角洲西岸前进,兵不血刃地夺取了罗塞塔,7 月 21 日与马穆鲁克的主力军队在杰济拉岛(Gezira Island)正下方的埃默比哈(Embabeh)遭遇。拿破仑向他的军队训诫:"想想吧,我的士兵们,四千年的历史正从金字塔的顶端向下看,鄙夷地看着你们!"这些话语被历史记下,但几

1798 年 7 月 21 日,金字塔之战。

① 庞培柱实际上是公元 3 世纪末戴里克先时代之物。图特摩斯三世统治时(早于克娄巴特拉时代将近 1500 年)制作的方尖碑,被穆罕默德·阿里于 1819 年送给英国政府,尽管直到 1878 年它才运抵英国海岸。

乎没有必要：他们轻松获得“金字塔之战”的胜利。尽管马穆鲁克人英勇地挥舞宝剑，但这无法与法国火枪相比。第二天拿破仑进入开罗——对其部下来说，这里的情况比亚历山大稍好一些，但依然很难说是一次“值得的航行”(*vaut-le-voyage*)。

与此同时，纳尔逊正在穿过地中海追击法国船队。他被一艘热那亚舰船给他的情报误导，认为波拿巴于 6 月 16 日离开了马耳他——这比拿破仑实际离开的日子要早三天，于是他急忙赶往亚历山大；抵达后他很惊讶，因为没有发现法国舰队的踪迹；他于 6 月 29 日再次启程，沿着叙利亚海岸搜寻。由于这些混乱造成的结果，直到 8 月 1 日下午 2 点半左右，他才返回埃及，发现 13 艘法国战舰——他自己则有 14 艘——还有 4 艘快速帆船排成两英里的直线，停泊在尼罗河的一个入海口——阿布基尔(Aboukir)海湾。但他们依然在 9 英里之外，到达他们那里还需要 2 个小时；而要使他自己的战舰形成常规战斗队形，则耗时更久。那个时候，海上夜战是很危险的事情；有在不明水域搁浅的危险，而误向自己的军队开火则更糟糕。在此种情况下，大部分舰队司令将会选择等到次日早晨；然而纳尔逊看到法军还未准备完毕，且风向为有利的西北风，于是决定立刻展开攻击。他派出 4 艘战舰靠近海岸，沿法军阵线一侧前进，开始作战行动，而自己则在旗舰“先锋号”(*Vanguard*)上，引导对敌军远离海岸的一侧发动平行攻击。于是每艘法国舰船都同时受到来自两侧炮火的袭击。此时大概是 6 点钟。接踵而至的战斗持续了一整夜。法国舰队除了 4 艘船外，其他全被摧毁或俘虏，包括旗舰“东方”号，“东方”号上的布律耶斯海军上将被一枚炮弹 427
击中丧生，舰船连同所有从马耳他的宫殿和教堂劫掠的财宝，如今仍然沉睡在阿布基尔海湾的海底。

这场“尼罗河之战”是纳尔逊职业生涯中最伟大的胜利之一。[①] 这一击不仅摧毁了法国舰队，而且切断了拿破仑与法国间的交通线，它使

---

① 纳尔逊在其急件中报告，战斗发生在距尼罗河口(罗塞塔)不远的地方，因此该战役的名称有些小小的错误。更加准确的称呼是阿布基尔之战。

1798年8月1日,尼罗河之战:"东方号"被击沉。

其遭到孤立,从而使他征服中东的所有计划受挫。他的胜利也对法军士气造成沉重打击(虽然并未对拿破仑造成明显影响)。这场海战刚结束没多久,拿破仑就开始了将埃及改建为战略基地的工作。英国在印度一点一点完成的东西,他要在几个月的时间里做到。他设计了新型而更有效的管理和税收系统,建立地政局,规划医院,改进公共卫生还有街道照明状况。他带去的科学家和工程师,解决了像净化尼罗河水、在本地制造火药之类的问题。

丝毫不令人惊奇的是,他赢得埃及人信任和支持的尝试失败了。他尽力抓住每一次机会强调他对伊斯兰教的敬意;他甚至发布《告埃及人民书》,在其中,他迈出的步伐更远:

> 我比任何一个马穆鲁克都要崇敬神,赞美神,而且尊敬先知以及伟大的《古兰经》……
>
> 哦!谢赫们、法官们、伊玛目们,告诉你们的民众吧,法国人也是真诚的穆斯林……

然而,事实是,他的军队依然寄生于这个国家,且其所作所为表现得这个国家好像是为他们所有一般。小规模的反抗不断爆发,孤立的法国驻军或单独上街的法国人遭到攻击。10 月,一次更激烈的起义被野蛮镇压;超过 3000 名埃及人被杀,整个阿兹哈尔(al-Azhar)街区遭到洗劫,包括清真寺。从那天以后,拿破仑命令,任何被发现携带火器的埃及人,都将被斩首,并被扔进尼罗河。这也难怪,法军占领的时间愈久,他们就愈加令人厌恶了。

在埃及边境外,也有敌人正在集结。1798 年 9 月 2 日,奥斯曼苏 428
丹谢里姆三世(Selim III)向法国宣战,于是土耳其叙利亚总督吉尔兹("屠夫")帕夏(Djezzar Pasha)开始聚集军队。他可轻易地向南进军,穿过西奈半岛,由东侵入埃及;更糟糕的是,英国船只可直接将他们运至尼罗河三角洲。拿破仑决定,与其坐待这些不可预测的风险,不如率先行动:将吉尔兹的军队在完全成形前摧毁。1799 年 2 月初,他率军穿过西奈荒漠进入巴勒斯坦。3 月 7 日,吉达(Jedda)陷落;2000 名土耳其人和巴勒斯坦人阵亡,另外 2000 人则被驱赶到海边、死在枪支扫射之下。我们得知,为在这些暴行后改善形象,总司令访问了一家瘟疫医院,并非常不明智地亲自将瘟疫死者送往墓地。他没有被疫病感染;然而,拿破仑的这项举动,在改善其公共形象方面并没取得显著成功。

阿卡是他的下一个目标。但阿卡有重兵驻守,防守严密;土耳其指挥官还获得了虚张声势的海军准将西德尼·史密斯爵士(Sidny Smith)——他因在法国革命期间从巴黎的圣殿监狱(Temple prison)逃脱而闻名——率领的英国海军的额外支持。史密斯身边还带着他的朋友、波拿巴的军校同学,军事工程师菲利波(Phélippeaux)少校,他能为守卫城市提供很有价值的专家意见。法军围攻这座城市两个月;然而史密斯很幸运地成功夺取了运送法军围城用的大炮、供给和弹药的 8 艘炮艇;拿破仑只有野战炮,直到 4 月 25 日他才从雅法得到 6 门重炮。3 月 10 日,他发动了最后的进攻。像之前一样,进攻被击退且伤亡惨重;于是除撤退外,他再无别的选择。此时,瘟疫也在军中传播;他主张用过量鸦片处理掉所有病号,但他的首席军医完全拒绝了他的意见。数以百计的担架运载着病人和伤员,这极大地拖住了拿破仑大军的归程;最终回到开罗的,是处境相当凄惨的一支军队。

一如往常,拿破仑尽自己最大的努力将失败装扮成胜利。他们将土耳其俘虏游街,骄傲地展示夺取的土耳其军旗。剩下的工作,就是尽可能清除干净敌人,以上演一场横穿城市的凯旋式胜利;7 月 25 日,他们迅速处理掉在英国协助下登陆阿布基尔的土耳其军队。但没有人会
429 被愚弄,至少埃及人是这样。中东远征败局已定,它对提升拿破仑的声誉没有丝毫助益。拿破仑还从送达开罗的报告中得到警讯,欧洲再次开战;他在两年前建立的意大利阿尔卑斯山南共和国,此时已被奥地利占领;俄罗斯军队正在前进,法国国内局势再次危机重重。他在自己职业生涯中第一次(但不是最后一次)尽快离开自己的军队归国;1799 年 8 月 22 日凌晨 5 点,他偷偷溜出营地启程返回法国。甚至连其继任者让-巴普蒂斯特·克莱伯(Jean-Baptiste Kléber)将军也是直到他安全离开后,才知道他已经走了。

在巴黎,1799 年的牧月 30 日(6 月 18 日)政变(*coup d'etat* of 30 *prairial*),将温和派驱逐出督政府,并引入人们通常认为的雅各宾派极端分子,但局势依然一片混乱;于是作为新执政官之一的伊曼纽尔·西哀士(Emmanuel Sieyès)宣布,只有军事独裁才能阻止君主制复辟。他说:"*Je cherche un sabre.*"(我在寻找一把长剑)而拿破仑是于 10 月 14 日抵达巴黎的——他几乎是奇迹般地摆脱了英国舰队,从那时起,西哀士便抓住了这把长剑。拿破仑和西哀士两人开始计划他们的政变。雾月(*brumaire*)18－19 日(11 月 9－10 日),政变爆发,督政府被废除,代而建立起的是一个新政府——执政府(Consulate)。理论上讲,执政府有三个执政官,但实际上却只有一个:即第一执政官拿破仑·波拿巴,他由此成为法国的主宰。

他在冬季重组军队,准备进攻剩下的主要敌人奥地利——此时俄罗斯已退出反法同盟。那一刻,奥利地人正围攻热那亚,即他创造的、生命更短暂的利古里亚共和国的首都。一位副官率军从巴黎向南步入罗讷河谷。拿破仑转向东,行至阿尔卑斯山,率军在冰雪融化前穿过大

圣伯纳德山口(Great Bernard Pass),出现在意大利的奥利地军队身后,彻底打了他们一个措手不及。奥地利将军迈克尔·冯·梅拉斯(Michael von Melas)除了离开热那亚重新部署外别无他途。他将所有力量集中到亚历山大。拿破仑紧随其后,于1800年6月13日夜,抵达距此城东南大约两英里半的马伦戈村(Marengo)。这个村庄比一个农庄大不了多少。

之后的交锋差一点终结了拿破仑的职业生涯。梅拉斯并未坐以待 430
毙。次日早晨,他率领大约31000人猛攻23000人的法军,用80门大炮冷酷无情地猛轰他们五个多小时。午后,法军开始放弃阵线,被迫撤退至大约四英里外的圣朱利亚诺(San Giuliano)村。奥地利人的胜利似乎确定无疑了;然而非常奇怪,他们的追击却放缓且松懈下来——可能是因为71岁高龄的梅拉斯在此时退返亚历山大,将指挥权留给了一些相对无能的下属;拿破仑得以有时间重新部署,并欢迎路易斯·德赛将军(General Louis Desaix)刚好从东南方带来的大量生力援军。在夜晚临近时,他发动反攻;德赛几乎立即阵亡,但他的6000生力军给了他们的同伴极大鼓舞。黄昏时分,奥地利人被迫全面撤退;战斗结束时,他们损失9500人,法国人损失不到6000人。①

现在梅拉斯除妥协和谈外别无选择。他将所有军队撤至明乔河以东、波河以北,让法国人完全控制了从波河河谷一直远至阿迪杰河的地区。虽然拿破仑勉强取得胜利,但其声誉却丝毫无损;他返回巴黎,同时接管军事和民事权力。1801年,奥地利被迫签署《吕内维尔条约》(Treaty of Lunéville);法国由此重新获得了尤利乌斯·凯撒赋予高卢的边界:莱茵河、阿尔卑斯山和比利牛斯山。

拿破仑这颗明星此时如日当空,并依然在上升中。

---

① 拿破仑在马伦戈胜利的消息,在其打败战的报告抵达罗马几个小时后抵达。这种从庆贺到悲伤的突然转变为普契尼(Puccini)的《托斯卡》(*Tosca*)第二幕增添了戏剧性。

第二十二章　那不勒斯的插曲

431 纳尔逊在尼罗河胜利的消息在英国受到人们的欢呼，然而在那不勒斯，人们更加欢歌载舞地庆祝年仅 8 岁的国王斐迪南四世(Ferdinand IV)[1]在 1759 年登位。他和王后玛丽亚·卡罗来纳(Maria Carolina)是一对不般配的夫妻，后者是奥地利女皇玛利亚·特蕾西亚之女，命运多舛的玛丽·安托瓦内特(Marie Antoinette)的姐姐。"流氓国王"斐迪南臭名远扬，他是"乞丐国王"(*il re lazzarone*)——稚气未脱的一介莽夫，嗜好打猎和恶作剧，身上不具备任何天生的高贵习性，而且他以从未读过一本书而吹嘘炫耀。但其王后玛丽亚·卡罗来纳冰雪聪明，并且对其高贵身份颇为自持，但令人惊讶的是，她竟容忍了这

那不勒斯的王后玛丽亚·卡罗来纳。

① 对西西里王国而言，他是斐迪南三世，对两西西里王国(Two Sicilies)而言，他是斐迪南一世。历史学家和读者确实要小心分辨。

位令人难以忍受的丈夫,[1]并为其生了18个孩子;虽然王后在结婚时年仅16岁,但她很快有效地统治了这个王国,她对法国革命及其代表的一切事物令人理解的憎恨心理左右了那不勒斯的外交政策。

从1797年开始,对玛丽亚·卡罗来纳及其臣民,甚至斐迪南国王而言,法国对南部意大利的企图已昭然若揭。在该年11月22日的罗马城中,当地雅各宾党发动了反对教皇的武装游行,在此过程中,27岁的法国官员莱昂纳尔·迪福(Leonard Duphot)被一名教皇卫兵射杀。法国大使——拿破仑之兄约瑟夫拒绝听取梵蒂冈方面的解释并向法国督政府报告,帝国最年轻有为的将军之一已为梵蒂冈僧侣们所杀。结果路易·贝尔蒂埃(Louis Berthier)将军奉命进军罗马。他未遇到丝毫抵抗,并于1798年2月10日占领了罗马。5天后,新共和国在罗马市政广场(Forum)宣布成立。年逾八十的教皇庇护六世受到了恶劣对
待——他手指上的戒指被强行拽下,人被送往法国,最后于1799年8 432
月在法国瓦伦斯(Valence)悲惨去世。[2]

那不勒斯何去何从呢?法国人现在已经到了家门口;有什么能阻止他们跨过边界,而且,如果他们跨越边界谁又能阻止他们呢?随着拿破仑在1798年6月占领马耳他岛,这个威胁更加隐约可见。无疑,那不勒斯人因尼罗河之战的消息而欢欣鼓舞,而当纳尔逊亲乘旗舰"先锋号"在9月底抵达那不勒斯时,他受到了英雄般的欢迎——在该月29日时,英国大使威廉·汉密尔顿(William Hamilton)及其妻爱玛(Emma)还在塞萨宫(Palazzo Sessa)为纳尔逊举办了一场来宾多达1800人的盛大的四十大寿宴会。但在纳尔逊看来,该宴会并不成功。在次日早上他写信给圣文森特勋爵(Lord St Vincent):

① "*Er ist ein recht guter Narr*,"("他就是一个大傻瓜"),这是她对其兄约瑟夫皇帝所说的话,后者曾造访那不勒斯。约瑟夫留下了有关这次造访的有趣记录。(参见 H. Acton, *The Bourbons of Naples*, pp. 135—49.)

② 他的遗体后被挖掘出来,并运回了罗马,卡诺瓦(Canova)在这里为他设计了一座庄严宏伟的陵墓。

我的阁下，我确信一周之内我们将在海上。我感觉非常不好，那不勒斯王室的卑鄙行为无法让我的怒气消停。这个国家充斥着游手好闲之徒、诗人、妓女和无赖流氓。

事实上，随后的三个月简直是一场噩梦。奥地利陆军元帅卡尔·马克·冯·莱贝里希男爵(Baron Karl Mack von Leiberich)在10月初抵达那不勒斯，并担任那不勒斯5万人军队的指挥官，他及时地向北开进，而战战兢兢的国王夹在军队里。不消说，这些人肯定无法阻住法军的进攻。到11月初，越来越多的官员、士兵丢盔弃甲逃归乡里。而王后——她妹妹的悲惨命运总萦绕在心头——数次写信给汉密尔顿夫人指责他们的懦弱无能，但当她的丈夫自己逃离时，她再也没写信提及此事。11月8日时，已完全丧失信心的马克将军送来一封信，信中坦陈军队正全面撤退，并恳请国王夫妇在有限时间内撤离。而这期间他们甚至没打过一场正式战役。纳尔逊写信给君士坦丁堡大使说："我们知道，王室全家以及3000人的那不勒斯流亡者在今晚将不会受到国王旗帜的保护。"

事实的确如此，由于恶劣天气和那不勒斯常有的混乱，"先锋号"直
433 到23日晚方才驶离那不勒斯。在圣诞节前夜，纳尔逊记录道，"自入海以来，我经历了前所未有的狂风暴雨"。在甲板上，大家惊慌失色。所有著名的乘客中，只有爱玛·汉密尔顿保持着镇静；威廉先生待在自己的船舱中，每只手上拿着一支上弹的枪，他向妻子解释道，这是因为他决心不在"盐水咯咯咯地灌进其喉咙"的情况下死去。6岁的小王子阿尔伯特(Prince Albert)因为筋疲力竭死在了爱玛怀中；但在26日凌晨2时，舰船终于在巴勒莫港口抛锚，几小时后，西西里王室正式进入王国的陪都。

国王和王后现在只能尽量屈就在这个冒牌的王宫里。与此同时，纳尔逊与汉密尔顿夫妇也一起搬入城中居住。纳尔逊已心力交瘁，而且在阿布基尔湾所负的头伤仍未完全康复；他正在和海军部发生争执，同妻子的关系也让他焦头烂额。因此，他亟需情感上的慰藉，而爱玛·

汉密尔顿给了这种安慰。她作为交际花的长期经验发挥了作用。因此从西西里开始,他们的绯闻闹得沸沸扬扬。

1月中旬,让·艾蒂安·尚皮奥内将军(General Jean-Etienne Championnet)领导的法军抵达那不勒斯,他们发现当地的民众比军队更加英勇。这群暴民——即所谓的"拉扎罗尼"(*lazzaroni*)——准备以牙还牙地痛击侵略者,随后进行了惨烈的三天巷战。最后,拉扎罗尼无疑举手投降了,但之前,他们已将王宫破坏并席卷一空。他们很清楚自己的所作所为,国王不是已经抛弃他们了吗? 而且,与其将财宝送给法国敌人,还不如留给自己的臣民。最后和平得以恢复,一个法国官员评论道,如果波拿巴亲临到此,他可能不会让城市留下一砖一瓦;幸运的是,尚皮奥内是一位温和仁慈的人。他悄无声息地运用外交手腕,并依照法国大革命的模式建立了著名的帕尔瑟诺佩共和国(Parthenopean Republic)。[①] 共和政府于1799年1月23日宣告成立,并赢得了众多忠诚的意大利追随者——尽管大家心知肚明这个共和国是征服的产物,而且法国占领军是其唯一的支柱。

对玛丽亚·卡罗来纳王后而言,西西里的日子"生不如死"。她认为,她和丈夫已经颜面尽失。1798－1799年的冬天酷寒无比,大雪铺天盖地——这种现象在巴勒莫很罕见,而王宫居所内既无火炉,也没有毛毯。那不勒斯王宫遭劫的消息让她极度悲伤。但最糟的是她丈夫经常同她作对,前者指责她迫使其参加那次丢脸的军事行动,以及将他托付给无望获胜的马克将军。但王后的意志仍旧不屈不挠;她念念不忘反革命活动,并热忱欢迎有关这种行动的提议,根本不管发起该计划的地区是不是有希望成功。 434

红衣主教法布里齐奥·鲁弗(Fabrizio Ruffo)已年过六十。他曾是教皇庇护六世的教廷财务主管,但他在罗马所建议的改革被指斥为过于激进。最后他隐退到那不勒斯,并适时地随王室来到了巴勒莫。此时他建议在其家乡卡拉布里亚进行一次登陆,首先抵抗法国军队,同时

① 帕尔瑟诺佩(Parthenope)是公元前6世纪位于那不勒斯的早期希腊殖民地。

也抗击意大利共和党的进一步侵袭，最后为国王收复那不勒斯。他强调，这次行动不亚于一次十字军东征，而且他肯定，他所有的卡拉布里亚同胞都将聚集在十字架下重整旗鼓。

鲁弗按计划于2月7日携8名同伴登陆。80名武装的拉扎罗尼迅即加入其中，到月底，“基督教的圣洁信仰军队”的人数已激增至17000人。鲁弗是天生的领袖，很快赢得了这群人的爱戴和信任；1799年，他写信给其秘书兼传记作者萨基内利(Sacchinelli)，“整个卡拉布里亚没有一个可怜的农民，只有枕边放着十字架，另一边放着枪的农民。”3月1日，红衣主教在重要的蒙泰莱奥内(Monteleone)建立了指挥部。随后是卡坦扎罗(Catanzaro)，然后是科特罗内(Catrone)。鲁弗显然也面临许多难题。他这支拼凑起来的杂牌军全无纪律，这支“十字军”的所作所为同他们中世纪的前辈大同小异；譬如，科特罗内就经历了一次无法挽回的浩劫。虽然鲁弗本人温和而仁慈、喜爱和平改宗甚于暴力，但这种暴行完全损害了他的声誉。不过鲁弗的声威势不可挡，他的成功激励了整个南部意大利的其他类似行动。鲁弗本人已经收复了整
435 个卡拉布里亚，并向东进军到阿普利亚，在那里取得了类似成功。到6月初，他已抵达那不勒斯城下，此时由于海军少将托马斯·特罗布里奇爵士(Rear Admiral Sir Thomas Troubridge)率领的一支英国舰队封锁了海湾，该城正身陷饥饿的边缘。

6月11日，听闻红衣主教逼近城下的消息，那不勒斯民众爆发了公开叛乱。战斗遍及全城。由于急需粮秣，同时又遭受法军从圣埃莫堡(Sant' Elmo)、新堡(Nuovo)、奥沃堡(Ovo)发动的无情炮击，拉扎罗尼残忍攻击能找到的每个雅各宾党人，无论是法国人还是意大利人。于是出现了很多骇人听闻的暴行：分尸、食尸，将割下的头颅悬挂在矛上游行，抑或拿来当球踢，以及对貌似雅各宾党的妇女进行百般凌辱。惊骇的红衣主教尽其所能阻止这些行为，但他手下的大多数人已经沉溺于大屠杀的快感中；无论如何，他已无法制止这帮歇斯底里的暴民。这种放纵的破坏活动持续了一周。由于三个堡垒的指挥官无法互相联络，谈判似乎遥遥无期，直到6月19日，法军才正式投降，但圣埃莫堡

仍在独自鏖战。但此时出现了一些问题：国王和王后，当然还有汉密尔顿夫妇，他们坚持认为不能对任何雅各宾派幸存者手下留情，然而鲁弗和其朋友看得最清楚：将满脑子只想着复仇的国王夫妇迎回那不勒斯将会发生什么危险。

很遗憾的是纳尔逊投向了君主阵营，但这种选择是可以理解的。纳尔逊在政治上极其幼稚，他对那不勒斯情势的了解仅限于从国王、王后、汉密尔顿夫妇那里获得的偏激观点。他一意孤行、固执己见。作为一名务实的右翼英国新教徒，他不信任鲁弗主教，在他抵达那不勒斯后，二话不说立即让鲁弗下台，如他朋友所说，纳尔逊坚持要求鲁弗无条件投降。鲁弗主教从暴民中保全了1500名叛乱者，并将他们安置在市政粮仓处，这些反叛者根据投降条款列队出发了，希望能安全抵达家乡。但新的保皇政府将他们抓获，其中许多人被处以极刑。纳尔逊会因背叛他们而深感自责吗？可能不会。据我们对他性格的了解，他可能并非有意主动做这件事，但汉密尔顿夫妇的影响非常大，他通常对他们言听计从。

但纳尔逊也应为其对待海军准将弗朗切斯科·卡拉乔洛(Commodore Francesco Caracciolo)的方式而受到谴责，而这项指责他很难逃脱。卡拉乔洛这位前那不勒斯的海军高官已转而拥戴共和派。在乔装打扮逃跑10天后，士兵在一口井中发现了卡拉乔洛，并将其带 436
到“雷霆号”(*Foudroyant*)舰上的纳尔逊面前。6月30日清晨10时，卡拉乔洛接受了军事法庭审判，中午时，他因为犯有严重叛国罪而被处以极刑，于下午5时被吊死在桁端上。他的尸体一直悬挂到日落时分，当时正值盛夏，吊绳被切断后，尸体掉进了海里。在审判卡拉乔洛的过程中，纳尔逊拒绝让任何证人为其辩护，也不让神父听取他最后的忏悔。卡拉乔洛恳请被射杀而非吊死的要求也遭到了完全拒绝。他的确是一个卖国贼，但下场也不至如此。纳尔逊到底在想什么呢？原因很简单：他正醉心于爱玛。在纳尔逊脚下的战舰和海洋上，他战无不胜、英明睿智；但在陆地上，他完全变了一个人，当他徜徉在温柔乡时，就跟一个孩子差不多。

国王将玛丽亚·卡罗来纳留在了巴勒莫，于 7 月的第一个星期回到了那不勒斯，但他没在那里待太久。在其统治的 40 年间，他从不相信城中有他的敌人；现在他信了，这个事实令他胆战心惊。因此，他更偏爱安全的巴勒莫，在那里，他可以自欺欺人地认为自己深得人心。8 月 8 日，他和纳尔逊乘坐“雷霆号”返回巴勒莫港。王后来到船上，随后国王夫妇一起在鸣炮二十一响的欢迎式中正式登陆，之后他们驱车到教堂庄重地吟唱了赞美诗。

对斐迪南和玛丽亚·卡罗来纳、汉密尔顿夫妇以及纳尔逊而言，现今的生活一如既往——只是留在巴勒莫再无任何正当理由。王后非常想念那不勒斯；另一方面，国王逐渐由不喜欢那不勒斯变成厌恶它。他说，自己绝不愿意再回去了。汉密尔顿夫妇虽然从政治角度考虑支持重返那不勒斯，但事实上，他们对这里非常满意。深受斐迪南信任的威廉爵士被要求伴随在斐迪南身边。自从 1798 年 8 月时，他收集的第二批希腊陶瓶在海难中遗失后，那不勒斯已经在威廉心中留下了痛苦的回忆。

纳尔逊的遭遇最惨。他直到 1800 年 6 月还待在巴勒莫岸上。同爱玛缠绵悱恻的十个多月，不仅消磨了他的斗志，甚至还败坏了他的良
437 知和责任感。那段时间的前半期，他一直担任地中海舰队的司令官，但他实际上把所有工作交给了下属处理。在拿破仑开溜出埃及时，他没能在场阻截他；如果他作出努力并取得成功，那历史将会改写。纳尔逊的同僚越发为他担忧，而且烦人的报告甚至传到了伦敦，英国海军部开始对他失去耐心，一把手斯宾塞爵士几乎解除了他的指挥权。1800 年 1 月，纳尔逊的上司基思勋爵重返岗位，并命令纳尔逊随其视察马耳他的封锁线，但视察一结束这位海军上将立马返回巴勒莫，在那里，爱玛恬不知耻地挺着大肚子公然迎接他。

1800 年 4 月，纳尔逊和汉密尔顿夫妇回到马耳他，虽然他们的航行比起严肃的海上巡视更像是一次愉悦的乘船旅游。此时威廉爵士收到了召回信，这三人最终于 7 月驶向了英国——由于基思拒绝给纳尔逊一艘战舰，纳尔逊未经应允从马耳他封锁线中强征了舰船——并顺

路带上了前往维也纳探亲的玛丽亚·卡罗来纳王后。他们在利沃诺(Livorno)送王后登陆,在此他们邂逅了正前往埃及的将军约翰·摩尔爵士。纳尔逊记录道,"真是可悲可叹,这位勇敢优秀的男子汉为他的国家鞠躬尽瘁,却生成这副模样。"

汉密尔顿夫妇最终移居到了伦敦,在此纳尔逊之女霍雷希亚(Horatia)于来年1月诞生。与此同时,纳尔逊被任命为波罗的海舰队的副司令官,此项任命极大挽回了他的声誉和职业生涯。

第二十三章　拿破仑走后的埃及

438　1799年8月,当拿破仑从埃及狼狈地撤走时,他非常愤怒,留下副手克莱伯(Kléber)来应对一个进退两难的处境。经过长时间而失败的叙利亚远征后,军队的士气跌入谷底。许多士兵生病了,食物也短缺,饮用水更加缺乏。不过,克莱伯成功地与西德尼·史密斯爵士签订了停战协议。这份协议以牺牲苏丹及其同盟者的利益为代价允许法军撤回本土。这个条约太诱人了,简直不太可能是真的。后来证明确实如此,因为双方都公然违背了上级命令。克莱伯很清楚,第一执政官已经下达明确指示:军队要一直留在埃及直到签订一份全面的和平条约。而史密斯拼命地想把法国人赶出埃及。他同样无视来自伦敦的命令即只能签署把法军投降者作为战俘的条约。毫不意外,地中海总司令基思勋爵断然拒绝批准这份文件。

同时,土耳其禁卫军再次进军。克莱伯别无选择只能再次对军队实行战时编制,随后的结果证明,士兵们仍然充满活力。1800年3月20日,克莱伯在赫里奥波利斯击败土耳其人,一个月后接受开罗驻军投降,就在这时英国政府竟然决定批准史密斯的停战协定。但是这些刚取得的胜利使问题变得非常复杂。无论法国军队如何身体欠佳或思乡心切,局势已经重新被他们控制。对多数高级军官而言,撤退不再是需要考虑的话题。克莱伯对此却有疑虑。但是在6月14日——正好

是马伦戈会战发生的日子——他在开罗被一位穆斯林狂热分子暗杀
了。傲慢的大腹便便的雅克(Jacques)将军继任了其位置,而他现在更
喜欢被叫做阿卜杜拉·梅努(Abdullah Menou)。梅努后来皈依了伊斯
兰教——通常认为是为了享受埃及妻子的爱。她是罗塞塔(Rosetta)
一位浴室看守者的女儿,雅克曾经是这个城镇的统治者,虽然勇敢而睿
智,但他却要命地缺少足够的判断力。简而言之闹了些笑话。他绝不 439
是那种堪当重任的男人。

在奥地利放弃了对他的支持后,拿破仑又重新开始关注尼罗河一带。1800 年 12 月,他在写给哥哥吕西安的信中说道,“现在伟大的事业是埃及……鼓励士兵去那里,使他们怀着一种神圣的使命感。”埃及是一座桥梁,一块跳板,也是通向东方的大门。古老的梦想将从这里重新复生:光荣的远征将从苏伊士运河开始。而法国人可能快速穿过红海,通过一次单独作战把英国人永远赶出印度。因此拿破仑将成为强大的东方王国的主人,又一个伟大的亚历山大大帝。

但在英国,拿破仑的梦想就是英国人的噩梦。而且有些人非常谨慎地对待这种危险,军务部长亨利·邓达斯(Henry Dundas)就是其中之一。他是一位性格倔强的苏格兰律师,其上司威廉·皮特(William Pitt)曾称他“对印度了解颇深……虽然众议院中可能有人与他旗鼓相当,但要超越他却决不可能。”邓达斯明白,唯一的解决方法是进行先发制人的攻击。他也清楚这次行动应由他的亲戚兼好友苏格兰将军拉尔夫·阿伯克龙比爵士(Ralph Abercromby)所率的 22000 名英国士兵人去执行,他们当时正驻扎在直布罗陀海峡,这种作法不是为了占领埃及,而仅仅是把法国人赶出埃及。邓达斯非常困难地说服了一些同僚。国王乔治三世仍然对 25 年前的美国独立战争记忆犹新,他悲观地预测,任何派往埃及的军队都会因为饥饿和疾病或两者兼而有之而被毁灭。但在皮特的强烈支持下,他们还是采纳了这个决定。

阿伯克龙比此时已经 66 岁了。他是一位非常正直的人,拒绝了所授予的贵族爵位和一大块西印度的土地。他辞去在爱尔兰的指挥权,也避免在美国服务,因为他同情那里的反抗者。然而他曾经在低地国

家和加勒比海进行过战斗。1796 年,尽管可怕的疟疾、黄热病横行,他仍然坚持指挥英国最大规模的海外远征军成功地从法国人手中夺回了包括特立尼达岛(Trinidad)在内的众多加勒比海岛屿。1800 年 10 月,他最近参与的一次军事行动是去摧毁在加的斯的西班牙舰队和军火库,但遭到惨败:英国军队甚至连登陆都失败了。但是主要的错误在
440 于上司基思勋爵和一次突发的热带大风暴。阿伯克龙比的自尊心因此受到了严重创伤,并回到了直布罗陀海峡,但他的名誉并未受损。

阿伯克龙比决定在即将到来的埃及战争中恢复声誉,但他并没有轻视这次战斗的难度。没有货车和役畜,只有少量的骑兵和几组火炮,而且也没有一张关于该地区的完整地图。相反,多亏他们的专业测量员,法国人手中早有了详尽的资料。水可能也是一个问题。毫无疑问,英国人肯定要依靠海军提供补给。理论上他们应该可以从土耳其军队那里获得宝贵的支援,但是他派去雅法(土耳其总司令部所在地)调查情况的约翰·穆尔少将(John Moore)回来报告说,土耳其人自己在供应上也存在困难。土耳其士兵在年老的"独眼龙"大维齐尔的指挥下既不遵守纪律,也不听指挥,因为他缺乏领袖气质和军事知识。英国人还不如靠自己。

1800－1801 年的冬天,英国的海军和陆军组成的联合舰队在小亚细亚沿岸的马尔马里斯(Marmaris)集结。2 月 22 日拂晓,海军上将基思下令起航。随后 10 个小时,舰队的船只——至少有 176 艘——接二连三地驶出海港。"英国军队的荣誉从来没有如此吉凶未卜。"阿伯克龙比的儿子罗伯特站在"肯特号"(HMS *Kent*)的甲板上写道,"但是英国历史上也从没集结过同等数量的船只,士兵们决定捍卫自己和国家的荣誉。"

1801 年 3 月 2 日,英国舰队驶入阿布基尔湾。但到此时为止,天气持续在恶化。一星期之后,海面才平静下来适宜一次总登陆。由于在马尔马里斯港经受了严格训练,英国士兵在 8 日最终顺利登陆。13000 名步兵、1000 名装甲兵和 600 名炮兵在当天就完成登陆。法

国人正在等待他们,但梅努坚信马尔马里斯港的登陆只是一次佯攻,所以他把自己的主力部队留在亚历山大,只是派遣自己的下属路易斯·弗里恩特(Louis Friant)将军率领 2000 名士兵去抵抗入侵者。弗里恩特带领 3 辆铁炮和 12 辆野炮出发,他对处理复杂的航线,并阻止试图向岸边靠近的少数英国士兵充满了信心。但英国士兵在马尔马里斯港接受的高强度训练可不是白费的。冒着法国人的炮火,穆尔勇敢地率领士兵有秩序地登上海滩,他们很快排成一队,上好刺 441
刀,发动冲锋。法国士兵在数量上远远少于对方,于是他们迅速溃败。

然而,那天早上英国士兵损失很严重,陆军损失了 625 人,海军则接近 100 人。法军损失其实更少,但胜负已定,而且这是人们印象中英国自对法作战以来取得的最壮观的胜利。英国士兵在敌人炮火下表现的冷静和勇敢非常值得称赞。他们英勇地赢得了在埃及的第一个据点。英军士气高涨,并对未来充满了希望。虽则如此,阿伯克龙比沿着半岛向亚历山大前行时还是非常谨慎的:亚历山大是必争之地,但他不太熟悉亚历山大的地形,而且法国人也不可能重蹈覆辙。3 月 13 日,阿伯克龙比的军队遭到袭击,3 月 18 日再次受到攻击,但这两次战争只是小规模的冲突。而在三天后,双方之间的真正战斗才到来。

3 月 21 日是星期六,亚历山大战役从拂晓开始,持续了约 4 个小时。两军勇敢地投入战斗。他们的将军为麾下的士兵树立了光辉的榜样,除了梅努以外。法国方面,年仅 29 岁英勇善战的弗朗索瓦·拉努斯(François Lanusse)将军战死。他可能是最勇敢且头脑最清醒的人之一。当他奄奄一息时,梅努走过来抱着他,他只说了一句:他是一位 foutu——如同梅努辖下整个埃及殖民地。[①] 英国方面,穆尔再次成为

---

① P. 麦克西:《英国在埃及的胜利》(P. Mackesy, *Brotish Victory in Egypt*, 1801),本章中的大部分材料都取自本书。

这一刻的英雄。战争初期，他的膝盖就曾受到重创，后来他骑的战马又被子弹射中，但他依然坚持作战。一位目击者说“简直难以置信”。至于阿伯克龙比本人，在战争初期就被滑膛枪打中了，子弹射进了他的臀部，但他仍然在战场上四处巡察，医生对此感到非常惊讶。直到战争结束后，阿伯克龙比才允许自己躺在担架上。一位下级军官卷起一个士兵的毯子给阿伯克龙比当枕头放在他的头下。

“那是什么？”阿伯克龙比低沉地问道。

“只是一位士兵的毯子。”军官回答道。

“只是一位士兵的毯子？”他回应道，“一位士兵的毯子是一件非常重要的东西，立刻把它送回去。”他在一星期之后离世。

442 他的继任者是约翰·希利-哈钦森少将(John Hely-Hutchinson)，阿伯克龙比在军中有多受人爱戴，他就有多不招人喜欢，因此，许多高级军官都想密谋推翻他。他们本可能会取得成功，但正从病中恢复的穆尔决定反对这次密谋。希利-哈钦森的同僚亨利·班伯里(Henry Bunbury)非常了解他，并写道：

> 他现在44岁，但看起来更苍老。一副病恹恹的样子，近视，佝偻着身体，迈着无精打采的步伐，不修边幅……他不大合群，非常懒惰，举止粗野，脾气暴躁。

从一开始，少将就发现自己的处境危险。英军再次赢得了胜利，他们以1400名士兵的代价造成了法国3000名士兵的伤亡。但亚历山大依旧在敌人手中。驻守该城的法国士兵人数远远超过英军，前者绝不是一支小规模、士气低落的军队。而且这支军队没有撤离的打算，也不可能断粮，其后备供给很充足：通向西部的道路完全敞开。英军不可能期待土耳其人提供有效帮助。法国军队随时有采取主动进攻的可能性，但是梅努似乎下决心以静制动。

希利-哈钦森非常清楚必须采取行动以打破僵局，他最后决定派遣两个半营外加最近到来的4000名土耳其士兵去袭击尼罗河三角洲最

西边的罗塞塔城。这次远征很成功。3 月 19 日，朱利安要塞(Fort
Julien)[①]守军经过三天的抵抗后投降。现在尼罗河上的航线变得畅通
无阻，甚至可以沿着主要河道采取行动。另一方面，这次战斗严重消耗
了守军的力量，使他们不得不离开亚历山大。为了保护这些守军——
也为切断梅努的交通线——希利-哈钦森决定立即向该城南边已干涸
的马里欧提斯湖(Lake Mareotis)注水。运河中的大坝被一分为二。
阿布基尔湖的水犹如十英尺的大瀑布直泄而下，淹没了 300 英尺的河
滩。希利-哈钦森留下自己的助手艾尔·库特将军(Eyre Coote)坚守亚 443
历山大的阵地。3 月 21 日他前往罗塞塔城，5 月 5 日沿河而上前往
开罗。

这次行军耗时七个星期，许多人患了痢疾，而且白天要忍耐高达 110 度的气温，晚上又要与可怕的蜘蛛和蝎子做斗争。沿途他们同法国兵有过几次小规模的战斗，但令人惊讶的是他们与土耳其军队不期而遇了。每个人都在好奇，土耳其士兵是如何在“独眼龙”大维齐尔的率领下从雅法出发沿路抵抗法国士兵的。希利-哈钦森写道：“这是史无前例的最糟糕军队，虽则如此，他们也能以其独特的方式进行战斗。”6 月 7 日这天发生了沙尘暴，等到沙尘暴消失时，埃及金字塔出现在了地平线上。到 6 月 21 日，最后一支军队已抵达，英国士兵和土耳其士兵联合起来有效地包围了开罗城。不幸的是，希利-哈钦森现在只有 4000 名士兵适宜战斗。他从俘虏那得知开罗守军约有 5000 人，但据说他们的士气非常低落。

最终证明，敌军士气比预料的更加低迷。6 月 22 日那天，当排炮正准备就位时，城门打开了。包围开罗的行动还没开始就告结束。

奥古斯丁·丹尼尔·贝利亚尔将军(Augustin-Daniel Belliard)负责指挥开罗的守军，此时，他别无选择只能投降，因为城里粮食已不足维

---

① 这是城堡里的一个塔，法国人在 1799 年在这里发现了著名的罗塞塔碑。现在它是英国博物馆最受欢迎的展品之一，是破译埃及象形文字的关键。

持两个月,而且也无望从其他地方征集到粮食。弹药也极度短缺,每个士兵只有 150 发;而且士兵也不愿意打仗,思乡之情压倒了一切。他很清楚自己的军队并不受当地人的欢迎,后者很有可能伺机揭竿而起,那么军队只能撤到上埃及继续抵抗。而据谣传,来自印度的另一支英国军队正在赶往红海西岸库塞尔(Quseir)的路上,那么他们就可以从南边向开罗挺进。

最令人担忧的是,总司令梅努已经失去了理智。就在一星期前,来自亚历山大的信使带来了梅努的一封信,信中提到他是怎样向波拿巴报告英国士兵在去罗塞塔的途中所遭受的巨大损失的。根据同份报
444 告,贝利亚尔已经打败了土耳其军队,现在正沿尼罗河开往亚历山大。法国的援军已在路上,在他们抵达之前必须守住开罗。①

对不幸的指挥官而言,他现在很清楚,意图从上司那里得到明智的命令已不可能,从今往后只能依靠自己。因为没有权力签订协议,他召集了一次作战会议。在确信获得下级官员的支持后,他派出其中一名军官带着投降旗去表明谈判的意向。而对方立刻同意停战,双方于 6 月 28 日签订了投降书。法国士兵带着武器、辎重和大炮在英国士兵的护送下前往罗塞塔,从那里,他们将在 50 天内返回法国。

接下来的时间内,英国士兵开始休整,而法国士兵正在为离开做准备。希利-哈钦森安排军官和士兵去参观金字塔。据当时的记载,其中一些人把他们的名字铭刻在了石头上;丹尼尔·尼科尔中士(Daniel Nicol)在日志中写道:"我雕刻得非常艰难,但最终把 D. NICOL, 92 REGT 刻了上去。工作完成后,我折断了小刀。这块石头伫立在东南角,可能会一直保留很长时间。"②但谢天谢地,极少有人像七十九分队的卡梅伦上校那么狂热,他一直渴望带一份纪念品回家,于是命令一个士兵用长柄大锤去砸王室石棺。

---

① 6 月 17 日,梅努进一步发挥自己的想象使内政部长相信,贝利亚尔刚刚在开罗城外打败了英国人,杀死了希利-哈钦森。

② 在谴责尼科尔和他的同伴像汪达尔人之前,我们应该不会忘记,10 年后,拜伦爵士在苏尼翁的波塞冬神庙做了几乎同样的事情。

对开罗市民而言,1801 年 7 月 9 日是任何人都难以忘怀的最糟糕一天。法国士兵撤离开罗当天,一大群土耳其士兵就蜂拥而至。他们进行了惨无人道地公开谋杀、抢劫和掠夺,而唯一理由是他们刚从叙利亚穿越沙漠。全无纪律的大维齐尔军队现在更是为所欲为,大屠杀开始了。最后一点纪律观念也荡然无存。英国军队一边正式接管驻地,一边对此也无能为力。土耳其是他们的盟军,而且之前也已给出过多次警告说自己会这么做,让英国人别插手。至于法国兵——他们已经撤退到吉萨(Giza)——他们只有一种感觉,终于离开开罗让他们如释重负。

7 月 14 日,英法以及土耳其士兵一道沿尼罗河而下,英国人惊讶地发现:法国士兵的数量不是他们估计的 5000 人,而几乎是这三倍之多。随行的 300 艘小河船用于运载生病和受伤的士兵,以及他们的辎 445
重、大量掠夺物与克莱伯的遗体,准备回法国接受适当纪念仪式后重新埋葬。[①] 三星期后,在 8 月 5 日,所有罗塞塔的法国士兵均已登船。9 日,最后一只船扬帆驶向了土伦。现在英国人可以把全部注意力放在亚历山大,而且他们非常希望整个埃及探险将到此为止。

在整个航行中,军队都由穆尔指挥。希利-哈钦森由于生病,7 月的大多数时间都留在吉萨疗养。直到 7 月 29 日,他才从水路抵达罗塞塔,并立即登上旗舰"雷霆号",在船上待了两周。关键是他应当在进军亚历山大之前恢复他的体力,确保任何情况下都不开始重大行动直到穆尔完成监督法军撤退的工作。然而,到那时少将已经准备好自己的计划:他将从东面和西面同时袭击城市。此城位于狭窄的地峡中心,地峡把北面的地中海和南面最近刚刚泛滥的马里欧提斯湖分开。他将和重装步兵从罗塞塔(大概在亚历山大以东 40 英里)一同前进。同时库特将率领 3 个旅穿越湖泊在地峡占领一个据点,此据点大概离城市西边 8－10 英里。这就形成了经典的钳形,随后两支军队汇合。

---

① 他的遗体首先被带到克莱伯的家乡斯特拉斯堡,在那里的天主教堂保存了 20 年。然后又带到巴黎,埋葬在以他名字命名的纪念馆里。

这次袭击从16日晚上开始。在黑夜的笼罩下，300艘小舰艇载着4000名士兵穿过马里欧提斯湖向西航行。17日拂晓，穆尔与将军约翰·克拉多克爵士(John Cradock)率领2个营的士兵沿地峡向前移动，袭击法国的前沿阵地。远征很成功，穆尔也是第一次获得机会去观看东方的堡垒，但是他发现这些堡垒确实令人望而生畏，因此他非常怀疑利用现有的资源他们能否征服东方。幸运的是，众所周知，城市西边的防御是一个很好的弱点。这次行动的成败关键就在于库特这一支的战果。

446 库特表明自己是值得信赖的。到21日晚，他的士兵冒着酷暑，经过超凡的努力后占领了马拉布堡垒。该要塞位于一座小岛上，占据着亚历山大城西边一个叫做“老三卷”的狭长浅潟湖的远端。22日拂晓，库特开始沿着地峡前进，他的左翼由地中海上的海军掩护，右翼则由湖上的炮舰。他势如破竹，法军的前沿阵地在攻势下逃离溃散。在当天早晨10点，法军已有200名士兵死亡、受伤或被俘虏，而英军方面只有3人死亡和40人受伤。当天下午，希利-哈钦森亲自穿过潟湖同库特商议，并视察了西边的堡垒。毫无疑问，他面前的堡垒远不如城市另一边的牢固。他当即断定：进攻的主要力量应集中在西边。

更多的重型机枪被迅速运到湖上，并送到了库特的军营中。他们刚就位，炮轰就开始了。在大炮的掩护下他们稳步向城市推进。但他们不是直接向亚历山大开进，库特的计划是在高地占领一个有利据点，该据点位于城市东南面的庞培柱之上，从这里他可以向下对城市防御物工事开炮。但这种策略完全没必要：大概在26日下午4点半，一名法国军官抵达库特的驻地请求停战。当这封信送至总司令处时，库特立即中止开火。午夜之后不久，他听闻希利-哈钦森已经同意让其士兵撤退。战斗就此结束。

接下来几天内，战争似乎有死灰复燃之迹象。梅努将军已经拿到了休战书，并力图设法逃避自己的义务。首先，他要求延长休战期。随后建议召开会议而非签署投降书。然后，他提出将全部士兵和大部分大炮运回法国，并确保埃及的全部公共财产控制在法国人之手。最后，他甚至试图将休战日期推至9月17日，因为他预计如果预想中的援军及时抵达，法国便能重新恢复敌对行动。但希利-哈钦森没有答应上述任何一个条件，只是告知梅努他拟定的条款：将携带个人武器的法国军队和10辆大炮送回法国，所有的船只和公共财产仍然留在埃及。如 447
果这些条款没有立即得到执行，亚历山大将被炸成碎片。

梅努投降了。他已无斗志，更别说他手下那些筋疲力竭且士气低落的士兵了。双方签署了投降协议。这些条款在某种程度上还比较宽容。9月2日上午11点，英国人接管了亚历山大。第五十四纵队聚集在庞培柱周围，演奏了国歌。正是在这胜利的时刻，一支由印度派遣来的军队沿着红海长期行军后到达了罗塞塔。当看到他们时，希利-哈钦森的士兵感到难以置信：印度兵带有大批厨师、异国的食物、红酒和烈性酒。他们宿营的帐篷看起来更像金衣。但英国兵一直处于半饥饿状态，在过去六个月内在炎炎烈日下穿着自己的衣服。同样，印度兵也震惊于英国兵的衣衫褴褛。毫无疑问，希利-哈钦森认为把这两支军队分开是更明智的。

英国军队的主力开始返航——从参战士兵角度看，他们恨不能更早些走。但为了阻止法国军队重返的任何企图，伦敦政府留下了一支庞大的驻军——6000名强壮的士兵——在勉强而愤怒的穆尔将军指挥下留守在亚历山大直至和平的到来。穆尔虽然受了重伤，但仍然渴望战斗。另外7000名士兵被留在了马耳他，官方认为此处是一个至关重要的基地，但是马耳他——此处有很多留守在家的妇女——在士兵们经历过埃及的苦难后就是一个天堂，因此留下的人极少抱怨。

埃及远征的代价相当之大，不仅限于财政方面。633名英国士兵死亡或失踪，另外1000名士兵死于受伤或疾病。遣送回国的伤员超过3000人，包括160名因眼疾致盲者。但从政治和战略而言，这次军事行动取得了令人欢欣鼓舞的胜利。六个月内，英国士兵达到了他们的目的：向拿破仑表明埃及不再隶属于他。之后他们还夺取了开罗和亚历山大。在这次远征中，英国士兵表现出了令人惊讶的坚定和纪律，不仅给自己的军官留下深刻印象，而且也让法国人印象深刻。他们纠正了国内悲观者的错误思想。这里还有一则感人的故事：某天国王乔治三世骑马到温布尔顿(Wimbledon)老邓达斯的家中，举起一杯马德莱
448 酒对这位一手促成此次远征的老人说："当一个人完全犯错时，对他而言最正义最光荣的事情就是公开承认它。"

英国人胜利了，法国人被打败了。拿破仑写道，"*Quand les armées croient possible de sortir d'une position critique avec une convention sans se déshonorer, tout est perdu*,"①他说的只是事实。但有人可能会问，那埃及人怎么办，他们在三年多内深受比其他人更加沉重的战争之苦？一旦外国侵略者离去，他们的国家将恢复原样：理论上仍处于无望的奥斯曼帝国苛政统治下，但事实上处于马穆鲁克贝伊的暴政统治下。但这种情况并没有持续很长时间。1801 年 10 月 22 日，所有主要的贝伊被邀请参加在帕夏(奥斯曼舰队的海军上将)船长的战舰上举办的一次宴会，这艘船在亚历山大抛锚。他们中的许多人甚至在尚未到达军舰时，就被土耳其的炮舰轰倒了，剩余者刚上船就被关押了。虽然一些人幸存了下来——有些在君士坦丁堡，另一些人仍然在开罗——继续战斗了两到三年，但他们的势力已大大受损。而且他们不能继续从东部的奴隶市场征召士兵，因为从 1812 年起，土耳其禁止向埃及输出年轻的男孩。然而不幸的是，垂死挣扎的奥斯曼帝国没有能力组建一个有效的政府来取代他们。几乎一夜之间，埃及不再成为争夺的焦点，而变成了一个真空地带。1803 年，罗伯特·威尔逊(Robert Wilson)中校——在远征途中，他一直保留着一本航海日志，后来将其详尽出版——表达了他的惊讶："没有任何一位冒险者具有刚毅、天资和雄心去计划指挥一支后备军，起而反对马穆鲁克。"然而随后几年，一个匿名的美国绅士从开罗写信给马耳他的总督、海军上将亚历山大·波尔爵士(Alexander Ball)说："埃及已经没有主人……它必须有一位新主人，第一位来者将受到欢迎。"

---

① 当军队相信放弃一个重要阵地而只需签署一份并不丧权辱国的条约是可能的，一切都完蛋了。

而第一位来者既不是英国人也不是法国人，而属于目前为止本书未提及的一个种族。一般认为，他是一位阿尔巴尼亚人。他的名字叫穆罕默德·阿里(Muhammad Ali)。

穆罕默德·阿里 1769 年出生在马其顿东部的卡瓦拉(Kavalla)。 449
父亲去世后，他由镇长抚养长大。他在 18 岁时娶了镇长的一个亲戚为妻，后者为他生下了 5 个小孩。(他的多位妻妾又为他生了另外 90 个小孩。)他从事赚钱的烟草贸易多年，然后，加入了奥斯曼帝国的军队，并在军中获得了相对较高级的军衔。于是自然而然地，他追随大维齐尔参与了对法作战。只要欧洲人继续留在埃及土地上，他将一直奋勇作战，可一旦他们离开，他旗下由塔希尔帕夏(Tahir Pasha)指挥的阿尔巴尼亚军团(当时土耳其军队中唯一训练有素的军团)立刻就公开叛变。

没有理由相信穆罕默德·阿里亲自策划了叛变，士兵未领到军饷而造反在奥斯曼的历史上很常见。塔希尔被谋杀后，他很快接管了一切。其后他玩弄各种权谋，于 1805 年被任命为在埃及的苏丹总督。随后 44 年内，他作为一位实际独裁者统治着这片土地，消除了马穆鲁克统治的残余，没收了旧地主阶级的财产，冷酷地镇压了一系列起义。到 1815 年，沿着尼罗河沿岸和三角洲的所有农业用地几乎都被收归国有，农业所得利润全进了他自己的金库。他极大地改善了重要的灌溉系统，引进了新农作物，其中最著名的是棉花，从中获得了很高回报。他也建立了舰队和相当庞大的军队，这些军队从农民中征召，但由土耳其人和其他外国人指挥。他最初以苏丹的名义动用这些军队，镇压了阿尔巴尼亚和希腊的反抗，后来又为一己私利兴兵入侵了苏丹，并获得了成功。

他将一直活到 1849 年，但这时期一位更伟大的人物立刻吸引了我们的眼球。

第二十四章 欧洲的殖民

450 拿破仑·波拿巴虽然在埃及失利，但在欧洲的势力却越来越强大。1804 年 12 月，在教皇庇护七世见证下，拿破仑在巴黎把皇冠戴在了自己的头上；5 个月之后，即 1805 年 5 月，拿破仑在米兰大教堂举行了第二次自我加冕，成为了意大利国王，之前他建立的那些微不足道的小意大利共和国则早被忘到一边。拿破仑决定在典礼上使用古代伦巴第的铁冠，几个世纪以来它都是神圣罗马帝国财产。此决定给奥地利皇帝弗朗西斯以致命一击，他随即加入英国和俄国在一两个星期之前成立的同盟。

为了巩固以前征服的领土，拿破仑现在开始着手一场反对奥地利的新战争。1805 年 10 月 20 日，当一支 33000 人的奥地利军队在乌尔姆(Ulm)投降时，拿破仑很高兴。具有讽刺意味的是，就在第二天，纳尔逊在特拉法加狠狠打击了一支法国-西班牙联合舰队。纳尔逊自己也在胜利之时受了致命伤。但是，即便如此大的灾难也并没有在拿破仑的心中停留很久，因为六个星期之后，12 月 2 日，一支68000人的拿破仑军队在摩拉维亚的奥斯特利茨(Austerlitz)战胜了 9 万人的奥地利和俄罗斯联军。此外圣诞节之后的一天，根据在普雷斯堡(Pressburg，现在的布拉迪斯拉发[Bratislava])签订的条约，奥地利必须把 1797 年在坎波福尔米奥获得的所有威尼斯领土(包括伊斯特里亚沿岸和达尔马提亚)归还给法国,成为新拿破仑王国的一部分。

皇帝拒绝承认《普雷斯堡条约》中任何代表那不勒斯波旁家族利益的条款。条约签订当天,他确实宣称自己的目的是"把可耻的女人从王位上推翻,她不知羞耻地亵渎了男人都觉得神圣不可侵犯的一切东西"。这种对玛丽亚·卡罗来纳的裁断似乎有点苛刻。然而必须承认,拿破仑与那不勒斯于当年早些时候签订的中立条约并没有阻止她向盟友求援。1805 年 11 月底,至少 13000 名俄军和来自马耳他的 7000 名英军在那不勒斯湾登陆。几千名那不勒斯士兵也加入他们。到 12 月 451
中旬,联军前往教皇国的边境。但是当奥斯特利茨惨败的消息传来后,整个远征突然仓促结束。这场远征从一开始就是个错误,因为它使那不勒斯王后落了把柄在皇帝手中。于是,在之后对其军队发表的一系列声明中,皇帝就可以说:"我们能再一次相信一个没有诚信、没有荣誉感也没有理智的宫廷吗?不,不!那不勒斯王朝应该停止统治:它的存在与欧洲的和平及我王冠的荣誉是不相称的"。

那不勒斯王朝当然没有停止统治,它又统治了近半个世纪,但是它无力抵抗 4 万人的法国大军,他们现在由马塞纳元帅(Masséna)率领正通过教皇国[1]向意大利南部行军,约瑟夫·波拿巴作为国王的私人代表。1806 年 2 月 11 日,那不勒斯王族逃跑,他们不得不再次忍受巴勒莫冬天的痛苦。14 日下着瓢泼大雨,帕图诺乌克斯(Partouneaux)将军率领一个法国师进入那不勒斯,在这里没有遭遇抵抗。然而在 7 年前,拉扎罗尼们像猛虎一样进行战斗,带来令人惊骇的大屠杀。这次他们无精打采,无动于衷。当约瑟夫·波拿巴在第二天列队行军并直接占领王宫作为自己的宅邸时,他们也没有进行任何抵抗。一年之后,法兰西帝国颁布法令,任命约瑟夫为那不勒斯国王。

"占领那不勒斯,一切都会如意",拿破仑在王室第二次逃跑后写信

① 当庇护七世因紧张不安而提出抗议时,皇帝的一封亲笔信解除了他的焦虑,坚定了他的立场:"主将在世俗领域里尊重我,就像我在精神领域尊重他一样……主具有统治罗马的神权,而我则是罗马的皇帝。"

给约瑟夫如是说。然而拿破仑不是第一次低估自己的敌人。事实证明：卡拉布里亚是块难啃的骨头。1806年7月1日，约翰·斯图尔特爵士(John Stuart)率领一支来自巴勒莫的英军——由4800名步兵和16门炮组成——在卡拉布里亚海岸登陆。三天之后，他们在梅达村(Maida)附近袭击了一支法军，在野蛮的肉搏战后获胜。这次胜利不仅在当地也在英国得到热烈地欢庆，这个战场命名为梅达谷(Maida Vale)[1]，至今仍为人知。不幸的是，经过英勇的抵抗之后加埃塔城
452 (Gaeta)还是陷落了，马塞纳决定集中更大的力量反对入侵者，这迫使斯图尔特在9月重新部署军队。这就意味着现在必须采取游击战，结果双方都犯下了残暴的罪行。卡拉布里亚人对西班牙的波旁家族并没有什么深厚感情，但是他们更讨厌法国入侵者。而且教皇不也拒绝承认约瑟夫·波拿巴作为他们的国王吗？卡拉布里亚的军队大部分由农民组成，当战争开始时，他们决不手下留情。

至于西西里，一个完全由国王斐迪南和皇后玛丽亚·卡罗来纳统治的小岛本应不会给马塞纳带来什么麻烦的。纳尔逊已死，王族到达时，与前几次访问相比，这次他们受到冷淡接待。西西里人到现在才非常了解他们的国王，他们也充分意识到这一事实：他们的小岛在国王的眼里什么都不是，仅仅是一个狩猎区和临时避难所。在巴勒莫的巴拉丁礼拜堂，[2]他甚至破坏了许多12世纪宏伟的马赛克，以使自己更方便地进入教堂。此外，他还任命那不勒斯人担任所有主要的管理职位，许多西西里人——包括贵族年轻的儿子在内——都失业了。法国人在这种情况下入侵，应该遇不到多少抵抗。

但是真实情况大不相同。首先，斐迪南邀请英国人接管小岛防御事务——这也正中他们下怀，他们无论如何也必须这样做——现在经常有英国人的炮艇在墨西拿海峡巡逻。第二，英国人不但接管了西西

---

① 直到几年前，仍然有一个以梅达英雄命名的小酒吧坐落在梅达谷南部，斯图尔特将军的雕像在其上。

② 参见第六章，第104页。

里的防御事务,而且实际上成为这个岛的主人,在此地驻有 17000 多名士兵和 30 个领事和副领事。西西里也享受着来自英国的直接补助金,不附带任何大量贷款和私人投资要求,这对之前发展缓慢的西西里经济的影响可想而知。①

1811 年之后,当地中海总司令威廉·卡文迪什-本廷克勋爵(William Cavendish-Bentinck)被任命为两西西里宫廷使者时,英国的影响力仍继续增加。尽管本廷克只有 37 岁,但他曾经被任命为马德拉斯(Madras)总督,随后又参加了伊比利亚半岛战争。由于很能干且精力充沛,他实际上很快成为半岛上的总督。他开始大规模地进 453
行宪政改革。同年,国王逮捕并流放了在西西里议会中的 5 位反对派领导,现在本廷克以撤退军队和停发补助金来威胁国王,迫使斐迪南恢复他们的职位,而且用自由主义者来担任大部分那不勒斯的大臣,这些自由主义者实际上包括被流放者中的三位。1812 年,本廷克按照英国的标准引入了自由宪法,随后他走得更远:玛丽亚·卡罗来纳王后尽力采用各种方法阻挠本廷克,使他的工作很难进行,结果王后突然发现自己被流放了,难怪她称他是“一头野兽”(*una destia feroce*)。

尽管不允许举行仪式,教皇庇护七世还是被邀请参加拿破仑在法国的加冕典礼——这一次是他所希望的邀请,因此他不可能拒绝。然而随后几年,教皇和皇帝的关系越来越糟。拿破仑夺取了奇维塔韦基亚和奥斯蒂亚所有重要的港口。1808 年初——到此时教皇国实际上隶属于法国——帝国军队进入罗马,占领了圣安杰洛城堡。最后,1809 年 5 月 17 日,皇帝在维也纳的美泉城堡(castle of Schönbrunn)颁布法典宣布吞并罗马。“一切都结束了”(*Consummatum est*)当教皇听到这个消息时低语说。6 月 10 日,三色旗取代了经常飘扬在城堡上的教皇旗,圣城的掠夺者正式被开除教籍。

① 英国化在这里非常流行,巴勒莫的上层人物都用英国腔调说西西里方言。

教皇非常谨慎地在除籍令中不提及皇帝的名字;即便如此,这对他而言也是迈出了勇敢的一步,惩罚不久降临。7 月 5 日晚,教皇被逮捕,通过非常曲折的道路被带到萨沃纳,沿途经过了格勒诺布尔(Grenoble)、瓦伦斯和尼斯。他在这里待了三年,直到患了严重的感冒,因此接受了最后一次涂油礼,然后被锁在马车里转移到枫丹白露,生不如死。不像前任死在法国流放中,他于 1814 年 5 月回到了罗马,并一直活到 1823 年。基督教世界在这段时期变得非常复杂,它不同于早期他在任时的情况。

1807 年秋天,当葡萄牙拒绝对英国船只关闭港口时,拿破仑迅速
454 派遣朱诺特将军——10 年前,我们在维也纳最后一次遇见他——率领 3 万名士兵穿过西班牙进入葡萄牙。葡萄牙皇室迅速逃到巴西,法国人占领葡萄牙。许多入侵的军队于是转移到西班牙北部。同时,拿破仑派遣姐夫、杰出的装甲兵将军若乔基姆·缪拉(Joachim Murat)[①]去占领马德里,把西班牙的国王查理斯四世和他的儿子斐迪南带到巴约纳(Bayonne)见他。1808 年 5 月 5 日,他们都承诺正式放弃王权,作为交换,拿破仑承诺西班牙仍然属于罗马天主教国家,保持独立,他将很快任命一位统治者对西班牙进行管理。不久之后拿破仑确实这样做了:这位统治者就是他的哥哥约瑟夫。但是约瑟夫的统治注定要失败,在统治尚未开始时就已注定。5 月 2 日,马德里的人们起来反对入侵者。

约瑟夫·波拿巴在那不勒斯曾经有一个美好的开始。根据弟弟的命令,他开始实施撤销王国内封建地产的计划,改革修道院的规章制度,尽力使财政、教育和司法系统规范化。但是他在那里从来都不开心,当拿破仑任命他为西班牙国王时,他非常高兴地接受了。拿破仑在那不勒斯仑用若乔基姆·缪拉接替约瑟夫。缪拉沉湎于极其奢华而有点荒诞的宫廷生活,但是他仍然继续约瑟夫开始的工作,贯彻许多重要的社会变革,打破土地地产制度,用《拿破仑法典》代替《那不勒斯法

---

① 他娶了皇帝最年轻的妹妹卡罗琳。

典》。缪拉一直待在那不勒斯,直到 1812 年俄国战争爆发才离开。这期间,他由于在波罗迪诺(Borodino)的勇敢而再次彰显了自己的与众不同。但是在撤退时,拿破仑把他留下来管理分散的大军团,他却为了保护自己的那不勒斯王国随即也弃军团而去。当拿破仑从厄尔巴岛逃走的消息传到意大利时,已回到那不勒斯的缪拉,成为第一批宣布拥护拿破仑的人之一,立即自行组织并领导了一支意大利军队。但是 1815 年 5 月 3 日,他违背皇帝的命令愚蠢地向奥地利挑战,在托伦蒂诺(Tolentino)被打败,然后到科西嘉寻求庇护。10 月,他最后一次尝试收复那不勒斯,但是那时那不勒斯人已足够强大,他们监禁他一段时间后枪决了他。

马德里的起义迅速遭到残酷镇压,但是其他省的暴动迅速波及整 455
个西班牙,人们在游击战中表现出一贯高超的能力。在巴伦西亚,法国人被赶走,进军安达卢西亚的皮埃尔·杜邦蒂将军(Pierre Duponti),被迫于 7 月 23 日在拜伦(Bailén)投降。现在起义者正向马德里前进,几个星期后驱逐了约瑟夫。此时英国也加入冲突,英国士兵在阿瑟·威灵顿(Arthur Wellesley)——未来的威灵顿公爵——的率领下于 8 月 1 日在葡萄牙登陆。多亏他们,法国在随后的冬季进行的大规模反攻没能将起义粉碎。

伊比利亚半岛战争一直持续到 1814 年,战火遍及葡萄牙和西班牙西北部——但尽管西班牙是一个地中海国家,这却绝不是一场地中海战争,拿破仑·波拿巴也没有直接卷入战争。拿破仑 1799 年离开埃及之后的历史与我们真的没有多大关系:他把战争重心重新转移到欧洲的北部和中部,一直持续了 15 年。在这些年的大多数时间内,拿破仑的威望持续增加,但是 1812 年他迎来了悲惨的俄国战争,在那之后就很少出现转机。现在同盟变得更加团结,1813 年 10 月,拿破仑在莱比锡战役中被打败,此次战役决定了他的命运。最后还有一次毫无希望的决战,但是 1814 年 3 月 30 日,马尔蒙元帅(Marshal Marmont)不得不把巴黎交给同盟国。拿破仑不到两周后正式宣布退位,之后不久,拿破仑在厄尔巴岛开始了流放生活。

1814年5月4日,拿破仑到达厄尔巴岛。

厄尔巴岛的历史非常曲折。它在古代主要因铁矿而出名,起初由伊特鲁里亚人开采,后来由罗马人开采。到中世纪早期,它受比萨管辖,但是1290年又归热那亚管辖,1399年又归皮翁比诺公爵,1518年他把它转让给佛罗里达的科西莫·德·美第奇。自那以后它由西班牙统治,后来由那不勒斯统治。直到1802年,它才又被转让给法国。拿破仑一到来,厄尔巴岛立即变成了一个独立的公国,拿破仑自己是统治者。[①] 1814年5月4日,他登上岛屿,整个岛屿立即兴奋起来。"我从来没有见过一个人",英国的长官尼尔·坎贝尔爵士(Neil Campbell)写
456 道:"在他生命中的任何时候都具有如此多的活力和坚持不懈的精神。"拿破仑认真地对待厄尔巴岛,不把这个岛看成一座监狱,而把它看成需要管理的国家。他号召岛上的11.2万人建立新道路和桥梁,甚至建立起小型的宫廷,使用他一直坚持的严格礼节,采用新标准装饰波托佛拉约港(Portoferraio)的宫殿,赞颂那些为帝国辛勤工作的人。他的妈妈和妹妹波莉娜(Pauline)7月份来到这里;不久,他的波兰情妇玛利亚·瓦莱夫斯卡(Maria Walewska)带着他们的小儿子也来到这里。在他看来,现在这里只缺一个人了:他的第二任妻子,玛丽·路易斯(Marie

① 在他离开后,厄尔巴岛又重归托斯卡纳,并于1860年,与其一道并入统一的意大利。

Louise)——奥地利皇帝弗朗西斯一世的长女——拿破仑由衷地喜欢她，极度思恋她，他为她非常认真地准备了郊外的圣马蒂诺宫（San Martino），但是她的父母决定把她留在维也纳。他再也没能见到她。

同时拿破仑也在观望等待。令人鼓舞的迹象有许多。军队大部分仍然忠诚；在巴黎，极端保守分子路易十八使自己越来越不受欢迎；维也纳会议也陷入了僵局。另一方面，在厄尔巴岛，他的财政日益紧张，母亲经常劝他要去“实现自己的命运”，因此拿破仑在1815年2月下定决心。在坎贝尔离开此地前往意大利后的一天，拿破仑命令唯一的一艘双桅横船“变化无常号”（*Inconstant*）做好准备。26日，拿破仑离开厄尔巴岛，于3月1日在弗雷瑞斯（Fréjus）和昂蒂贝（Antibes）之间的戈尔夫-瑞昂（Golfe-Juan）登陆，没有遭到任何抵抗。最直接通往巴黎的道路要经过罗讷河谷，但是普罗旺斯是狂热的保皇主义者聚集地，在前些年拿破仑前往此地南部时，他就遇到不友好的示威运动。除此之外，很明显这也是保皇派的追兵的必经之途，因此他选择了山路，途经迪涅（Digne）、西斯特宏（Sisteron）和格勒诺布尔，之后这条路被称为“拿破仑之路”。这条路把拿破仑带回了巴黎——一百多天后又把他带到滑铁卢——把他带出了我们的故事。

直到此时，波旁家族才得以回到了那不勒斯，然而玛丽亚·卡罗来纳不在他们之列。她实际上被痛苦的丈夫抛弃了——当她被本廷克放逐时，他没有伸出手去帮她——她因此回到了出生地奥地利；正是在这里，在1814年9月8日早晨，她的尸体在维也纳郊外的赫特泽道夫（Hötzendorf）城堡被发现。玛丽亚曾经是一个有志气、有胆量的人，但是她一贯刚愎自用，那不勒斯的波旁王室把他们的衰败和最后崩溃大部分归咎于她。滑铁卢战役前不到一个星期，1815年7月9日，维也 457
纳会议举行了最后一次集会。这次会议从去年9月开始，正好是拿破仑退位5个月后，当得知拿破仑从厄尔巴岛逃跑时，会议陷入了尴尬时刻，但是他们仍然坐下来谈判——一直以非常谨慎的眼光注视西方——最后的协议是欧洲从未见过的最全面的协议。沙皇亚历山大一世为了保护俄国的利益亲自出席会议；奥地利皇帝弗朗西斯二世派第一大臣冯·梅特涅亲王；普鲁士国王派冯·哈登堡亲王；英格兰国王乔治三世派卡斯尔雷勋爵（Castlereagh）参加。会议在晚些时候允许波旁法国派代表参加会议，于是维也纳迎来了众多来宾中最杰出的一位：塔列朗亲王①。西班牙、葡萄牙和瑞典也出席了会议，此外还有不计其数的欧洲绅士和女士，他们都来享受欧洲大陆这最辉煌的社交季节。

维也纳达成的大多数决定影响了欧洲北部国家，但与地中海没有关联。在与地中海有关的条款中，威尼斯——还有伦巴第和威尼托——发现自己再一次落在奥地利手里；热那亚被划归到皮埃蒙特；托斯卡纳和摩德纳由一位奥地利大公统治，而帕尔马被划给了另一个奥地利人玛丽·路易斯皇后，她五年前轻率地嫁给了拿破仑。教皇国在1798－1799年是阿尔卑斯山南共和国和罗马共和国的一部分，1808－1809年又划归意大利国王，现在被慷慨地还给了教皇。

此外还有一些整理工作去做，主要与希腊西海岸的7个伊奥尼亚小岛有关。这些小岛的历史各有些不同之处，但是基本模式相同：首先隶属于拜占庭人，然后归诺曼西西里人（被罗伯特·吉斯卡尔征服），第四次十字军东征后归威尼斯人，然后归土耳其人（除了科孚和帕克索
458 斯以外，它们一直处在威尼斯的统治下直到1797年）。拿破仑占领威尼斯之后，采取的第一个行动就是派2000名士兵到这些岛上，因为他认为这些岛屿对他的东征计划，尤其是进攻埃及的计划至关重要。到8月，它们都已经控制在法国手里，两个月之后坎波福尔米奥协议将法国的统治合法化。在威尼斯，当地贵族的黄金之书都被烧掉，城门口圣马可的狮子被凿倒；但是法国人不久就令人生厌，原因有二：一是由于他们的反教权主义，二是由于他们坚持认为犹太教信徒和天主教信徒身份平等。因此当1798年俄国与土耳其结成第二次同盟反对拿破仑

① 塔列朗时年60岁，其职业生涯的经历令人惊讶。他首先进入的是教会，并逐步升任为主教。后来，他任法国政府驻伦敦的代表，为改善英法关系做出了很大努力。但是在国王和皇后被处死后，他到美国去避难，在那里待了两年。回到巴黎后，他被任命为督政府的外交部长，不久成为拿破仑对外政策的主要顾问。然而，由于厌恶皇帝无法满足的欲望，他开始秘密地策划波旁王朝的复辟。1814年，随着路易十八的归来，他再次被任命为外交大臣。

时，他们充分利用了法国在尼罗河战争被打败的这个有利条件，派遣菲尔多·乌沙科夫(Feodor Ushakov)率领一支联合舰队去收复伊奥尼亚诸岛。东正教俄罗斯人(如果土耳其人不算的话)被当作解放者受到欢迎。只有在科孚，法国才有充足的守备军进行战斗，但是经过几个月的包围后法国士兵也被迫投降。

根据 1800 年 5 月《俄土协议》中的条款，这些岛现在在沙皇的保护下成为一个独立自主的联邦共和国，每年都向土耳其政府交纳岁贡。当英国和法国之间于 1813 年重新开战时，从表面上看它们的独立起初是受到尊重的。但是拿破仑仍然迷恋科孚岛，1807 年 7 月，他与沙皇在涅曼河(Nieman)中心的竹筏上签订了《提尔西特条约》附件，科孚从俄国转到法国手中。法国一年之后占领卡普罗(Capro)，英国的自尊心受到进一步打击；地中海的总司令柯林伍德勋爵(Collingwood)听许多凯法利尼亚和扎金索斯的商人说：岛上的人们非常渴望恢复独立自主，他决定尽力占领伊奥尼亚诸岛，报复法国。1809 年，大量的军队从西西里出发，轻而易举地收复了凯法利尼亚、桑特岛、伊萨卡岛和塞西拉岛，但是科孚防御坚固，很难直接进攻。唯一的选择就是进行封锁，但事实证明这比胡闹好不了多少：它们只有 2 艘护卫舰支持，而一旦它们驶远，法国船将尽快穿过直布罗陀海峡到阿尔巴尼亚带回所需的食物。因此在随后的六年中，两个列强的军队在欧洲势不两立，但在这一带却在各自占据的隔水相望的岛屿上相安无事。

双方都发现岛民很不容易统治。流血冲突成为日常生活的一部 459
分，谋杀每天都发生，愚昧和迷信盛行。当凯法利尼亚长官想把西红柿介绍到岛上时，一位英国旅行者报道，“一些牧师劝说使农民相信这正是蛇在伊甸园用来引诱亚当和夏娃的果实”。然而英国军队逐渐取得胜利，到 1811 年 3 月，陆军少将理查德·丘奇(Richard church)在桑特成功地组建了所谓的第一军团——约克公爵的希腊轻步兵；第二军团在凯法利尼亚征募，几乎完全由希腊人管理，1814 年 2 月，他们参加了占领帕克索斯的行动。尽管这两个军团在拿破仑战争结束后被迫解散，但是许多希腊军官和士兵后来成为领导，他们把在这次战争中获得的经验很好地运用到了希腊独立战争中。最明显的例子是伟大的西奥多·科洛科特罗尼斯(Theodore Kolokotronis),他所有的肖像和雕像都戴着英国头盔。

1815年11月,英国、普鲁士、俄罗斯和奥地利的全权代表一致同意伊奥尼亚群岛从此以后成为一个独立自主的国家,处于英国的保护下,由一位英国高级委员管理。一个月之后,时任马耳他总督的托马斯·梅特兰爵士(Thomas Maitland)到达这里就职。查尔斯·纳皮尔爵士(Charles Napier)曾为托马斯·梅特兰爵士工作,描述他是“一位圆滑顽固的暴君……不可忍受地粗鲁和残暴”,“他身上特别脏”,“经常喝得酩酊大醉,为一群谄媚者所包围”。尽管有这些缺点,而且他浓重的苏格兰口音让他几乎与科孚岛民及英国同胞都交流不畅,随后的十年里,“国王汤姆”却将用强硬而惊人的开明手段统治此岛。

西奥多·科洛科特罗尼斯。

同时,在海峡那面的阿尔巴尼亚本土,一场更加充满苦难的剧目正要上演。这由约阿尼纳(Iannina)城土耳其总督阿里帕夏(Ali Pasha)的野心引起。1809年拜伦拜访他后写道:

> 阁下已经60岁了,很胖而且不高,但是他有一张精致的脸、浅蓝色的眼睛和发白的胡须。他非常有礼貌,同时,拥有土耳其人普遍具有的高贵气质……他的外表不错,但唯独没有反映他的真实性格是一位残酷的暴君,犯下了令人发指的残酷罪行。然而,他非常勇敢且是一位好将军。因而他们称其为“伊斯兰的波拿巴”。

460 阿里原来是一名强盗,后来也一直保持着这种本色。年轻时,他和同伴在阿尔巴尼亚和伊庇鲁斯成立了类似恐怖统治的组织。奥斯曼的统治者尽力镇压他们,但他们在斗智斗勇的较量中却屡屡获胜,最后在绝望中,奥斯曼的统治者决定用高官职去贿赂阿里。阿里早在1787年就成为了约阿尼纳的统治者,在此基础上,他和家族又将权力扩展到除阿提卡和雅典本土外的整个希腊和阿尔巴尼亚。他也让自己的都城大变样。约阿尼纳一直非常漂亮,坐落在一个引人注目、四周湖山环绕的地方。他改善了道路,一年举行两次贸易市集,为商人建立旅馆,甚至挖掘了一条可行船的大运河。他奢华的宫殿中有着最大的哥白林挂毯,这面挂毯之前悬挂在凡尔赛。

伊奥尼亚诸岛不断变化的命运一直与阿里利益攸关,他也常常对其关注有加。在威尼斯统治群岛期间,它也控制了对面大陆上的四个主要港口城市:布特林特(Butrint,现在阿尔巴尼亚境内),恰与科孚岛隔海相望;普雷韦扎和沃尼萨(Vonitsa),分布在阿尔塔湾入口处两侧;以及与帕克索斯相对的帕尔加。在1807年,法国占领诸岛时,阿里先发制人占领了前三个港口,但是俄国在帕尔加驻有一支强大驻军,并按协议将它转交给了法国。当地人对法国人不抱好感,别无选择只能最大限度地容忍他们,但当拿破仑之星陨落时,当地的人们举起了英国国旗,呼吁英国支持他们。因此,一小支英国军队在1814年3月22日占领了这座城市。现在一切都非常完美;不幸的是,1815年的维也纳会议使伊奥尼亚群岛成为了英国的保护国,而这几个大陆城镇被排除在外,转而移交给了土耳其,维也纳会议的附文指出,允许任何帕尔加人随意地进出群岛。

如果条款写到这就打住,大部分帕尔加人将可能留在原地,但是决议进一步规定,所有移民因为搬迁而放弃的陆上财产都由奥斯曼帝国政府进行补偿。因此所有公民都选择离开,而土耳其政府面临着巨大的补偿金支付问题,于是它把帕尔加让给阿里。巨大的补偿金最后确立为15万英镑,当然由阿里支付;1819年受难节,3000名帕尔加人带着他们的神像、圣物甚至祖先的尸骸穿过海峡来到科孚,在那里他们分 461
到了钱。我们被告知,他们极度沮丧,他们的经历将成为希腊人在土耳其统治下受尽苦难的一则著名传奇故事。但人们却极少注意到这一点：当地的居民是自愿离开家园并且获得了补偿，如果留在帕尔加的话他们的境遇不会比邻近几个港口城镇更差，而这几个城镇的居民根本就没有这样离开的权利。

阿里帕夏没能享有这个新获的城镇太久。1820 年 2 月，有人刺杀他的一个叫伊斯梅尔帕夏的亲戚，而伊斯梅尔之前与阿里闹过矛盾并逃到了君士坦丁堡。阿里被指控是这次刺杀的主谋，而这恰好给苏丹马哈茂德二世创造了盼望已久的机会。因此苏丹任命伊斯梅尔为约阿尼纳(阿里的地盘)的总督，给了他一小支军队，命令他去做他一直想做的事情。这年秋天，伊斯梅尔的军队逼近时，阿里向城市开火，然后撤退到要塞，这个要塞坐落在一个地峡处，沿河修筑了防御工程，除此之外还有一条很宽的护城河保护。这里似乎可以无限期地坚守。到 1821 年 1 月，虽然这种僵局仍然维持着，但是穆罕默德撤换了伊斯梅尔，接替他的是能力超强的摩里亚总督胡尔希德帕夏(Khursheed Pasha)。胡尔希德明白，不能指望伊斯梅尔的混合军队——它是由许多独立的军队组成，在帕夏的统领下各自为政——随后他花了一年的时间对军队进行整治；1822 年刚开始，胡尔希德就杀开一条血路攻入了要塞。关于阿里如何死的有着各种各样的传说；总之在他死去几天之后，阿里严重受伤的头，被长矛举着在约阿尼纳示众，之后又被当作战利品运回了君士坦丁堡。

第二十五章 希腊的自由

希腊意图从土耳其统治下独立出来的斗争可以追溯到1814年9月。当时三个希腊人在敖德萨建立了一个秘密组织。为了避免怀疑，他们故意为自己的组织取了一个隐晦的名字——菲力基·伊特里亚(Philiki Eteria)，即“友谊社”。这三人在此之前都默默无闻：尼古拉斯·斯考法兹(Nikolaos Skouphas)是一个帽商，伊曼纽尔·桑索斯(Emmanuel Xanthos)是一位原先经营橄榄油的破产商人，阿桑纳西奥斯·特萨卡洛夫(Athanasios Tsakalov)没有固定的职业。他们起步非常缓慢。虽然三个人都出生于希腊，但作为流亡者，他们不可能拓展大陆资源，甚至在黑海周围的希腊移民中，他们是如此渺小以至于无法引起富商的注意，然而他们需要获得富商的支持。 462

不过，友谊社的成员还是一点点逐渐增加。创立者们把基地转移到了君士坦丁堡[①]。当时这里的希腊人不比土耳其人少。他们从这里向希腊派出间谍：一个去马其顿和色萨利，一个去伯罗奔尼撒半岛和富饶的许德拉(Hydra)以及斯佩察岛(Spetsai)，还有两个人去马尼(Mani，位于伯罗奔尼撒半岛南部三个海岬的中心)。马尼一直是人们

① 原文如此。此时的君士坦丁堡应已改称伊斯坦布尔，关于作者对地名的使用，可参见本书序言第5页的说明。——编者注

关注的焦点,1770 年叶卡捷琳娜二世通过其情人格雷戈里·奥尔洛夫伯爵(Gregory Orlov)唆使马尼发动起义,但遭到失败。[①] 这次事件的结果有点弄巧成拙,奥斯曼统治者使马尼脱离了伯罗奔尼撒总督的管辖,将它直接隶属于土耳其军队首领和爱琴海地区的最高统治者卡皮坦帕夏。帕夏又把权力转交给一个当地家族的头领,后者的头衔是贝伊。1815 年任命的第八位贝伊[②]是希腊革命英雄之一彼得罗贝·玛芙罗密查理斯(Petrobey Mavromichalis),他的家族中至少有 49 人死于这场即将到来的革命。

463 彼得罗贝像他家族中的其他人一样长得非常英俊。据说,他的祖先乔治娶了一条美人鱼。他将这种特质与优雅的举止、高超的智慧,以及后来表现出的不屈不挠的勇气融于一身。像任何部族领袖一样,当他认为理应如此审判时,绝对不会手下留情;但他也相当宽容,在其领地上,彼得罗贝也是一位平和之人,无论哪里发生血仇,他都尽全力加强团结,因为他明白团结一心在将来会至关重要。当友谊社与他接洽时,他立即给予其支持。

不过,在讨论关于起义的任何细节问题之前,必须要找到一位领袖。生活在该时代的最著名的希腊人——也是最合适的人选——是伊安尼斯·卡波迪斯里亚斯(Iannis Kapodistrias),在希腊之外他以卡波迪斯里亚(Capodistria)而闻名。卡波迪斯里亚斯出生在科孚岛的一个古老家族,这个家族在 14 世纪从意大利迁移到伊奥尼亚群岛。他年轻时是当地政治生活中的活跃者,这给俄国占领者们留下了非常深刻的印象,因此他们邀请其参与管理圣彼得堡的行政事务。在通常情况下,俄国公务员的身份不会影响他担任友谊社主席的职务,但遗憾的是,1815 年沙皇亚历山大一世任命他担任两位外交大臣之一,因此当 1820 年伊曼纽尔·桑索斯请求与之会面并邀请他加入友谊社时,他直接回

---

① 对东正教的共同信仰使得俄国和希腊之间始终关系密切。

② 关于前七位的生平概要,参见派屈克·雷·费默(Patrick Leigh Fermor)的《马尼》(*Mani*),第 49 页。

绝了。

随后友谊社把注意力转向了一位满怀魄力的帝国侍从武官亚历山大·伊普西兰提斯(Alexander Ipsilantis)身上,虽然他只有二十多岁,但已在为沙皇的服务中失去了右臂。他有两个兄弟已是友谊社成员,伊普西兰提斯毫不犹豫地接受了邀请。但友谊社的发展仍然前路漫长:全体成员总计才 1000 人左右。但伊普西兰提斯却没什么耐心。1820 年 10 月 8 日,他颁布了一项公告,号召所有希腊人为即将到来的战争做好准备,他宣称,到年底之前,必须在伯罗奔尼撒半岛上发动一场革命。很明显在这点上,他没有征求在当地的联络人的意见,而他现在被告知,伯罗奔尼撒半岛尚未做好准备;因此,伊普西兰提斯决定从北部而非南部开始作战,即从多瑙河畔的摩尔达维亚和瓦拉几亚公国开始。

从许多方面看来,这都是一个令人惊讶的选择。这两个地区——都位于今罗马尼亚境内——都不属于希腊。从法律上讲,它们也不是奥斯曼帝国的属地,只是附庸国,根据条约,在没有获得俄国同意的情况下,苏丹不能向这些地区派兵。这意味着为了东正教共同教友的利 464
益,沙皇可能会被说服阻止土耳其军队镇压起义者。另外这个选择还有一个优势,在过去的几个世纪里,由君士坦丁堡派遣的希腊人统治着这两个地区,而他们肯定会全力支持希腊人,这是预料之中的事。由于受到这些因素的鼓舞,1821 年 3 月 6 日,伊普西兰提斯和其两个弟弟,以及一些志同道合的伙伴跨过边界抵达摩尔达维亚。当天晚上他们进入了首府雅西,并在那里发表了一份声明,承诺“在强大的俄帝国捍卫我们权利的同时”,我们保证会“倾尽全力”,完全歼灭土耳其人。

事实上,种种迹象表明强大的俄帝国不会如此行事,卡波迪斯里亚斯和沙皇都明确向伊普西兰斯提斯表示他们不同意整个计划,并且不会为此做任何事情,从这一刻起,这场战役——如果可以这样称呼它的话,成为一场纯粹的灾难。在离雅西南面 100 英里的加拉茨(Galatz),起义者大规模地屠杀土耳其驻军和所有的土耳其商人。当此消息传到雅西时,这里的 50 名土耳其守卫已经放下武器,因为已得到起义军保护其生命和财产的承诺，但他们还是遭到了杀害。当伊普西兰提斯得知自己满心希望从雅西获得资金的期望化为泡影时，他开始对富裕的银行家进行敲诈。与此同时，他召集的那些得不到军饷的部队对当地村庄进行洗劫。现在，感到事态不妙的伊普西兰提斯开始向布加勒斯特(Bucharest)进军，结果却发现一位当地冒险家——西奥多·弗拉迪米雷斯库(Theodore Vladimirescu)先于他抵达这里，并占领了该座城市，他召唤当地的瓦拉几亚人起义，不是反抗土耳其人，而是这些法纳尔希腊人(Phanariot Greeks)[①]——“生吞活剥我们的恶龙”。

但还有两个更沉重的打击即将降临。首先，君士坦丁堡东正教牧首在 22 位主教的支持下，判处伊普西兰提斯和其他反叛领袖“开除教籍，永不得恢复、不得宽恕，死后永远受到诅咒，永生永世都会遭受痛苦”。其次，这场起义受到了沙皇的正式谴责。由卡波迪斯里亚斯起草的声明，撤去了伊普西兰提斯的军职，依据是他已经丧失了“所有的宗教感情和道德责任”。伊普西兰提斯和其同僚绝对不可能再获得俄国的支持，并将永远禁止他返回俄国。

465 幸运的是，不久后弗拉迪米雷斯库被俘获，并被送到伊普西兰提斯的军营，随后被处以死刑。伊普西兰提斯军队的规模因加入了背叛弗拉迪米雷斯库的士兵而迅速增长，于是叛军决定继续向前进攻土耳其人。6 月 19 日，他们在德勒格沙尼(Dragasani)村遭遇了一支相当规模的奥斯曼军队。在随后的战斗中，他们中的一半人被砍成了碎片，其余的一半逃走了。伊普西兰提斯逃往奥地利，但过境时被逮捕了，并被监禁在莫哈奇(Mohacs)直到 1827 年，最后于获释后的次年去世。希腊的民间传说通常认为他是一位英雄或烈士，从某种意义上说的确如此；但他缺乏聪明才智，也不具备领导一次成功的反叛战争所需要的经验，所以除了其他因素外，第一次希腊独立战争的惨败几乎主要归咎于他的极端无能。

在伯罗奔尼撒半岛，即将到来的叛乱前景似乎稍微更光明一些，特

① 这些人来自君士坦丁堡的法纳尔地区，此地是希腊东正教的牧首职区。

别是在1821年1月，当摩里亚总督胡尔西德帕夏出发去对付约阿尼纳的阿里帕夏之后。胡尔西德在该地区威慑力甚强，但其继任者是一位年轻无能的人，立即导致了土耳其人的威信锐减。几天之后，从桑特岛来了一位狂暴、大约50岁左右的黑胡须前土匪——西奥多·科洛科特罗尼斯，他比其他人更有能力领导希腊独立战争。他威风凛凛的仪表、响亮的笑声和令人害怕的狂暴使其成为一位天生的领导者；他来了没几天，其鲜明的个性便给周围人留下了深刻的印象。

导火索已经铺设好了，科洛科特罗尼斯点燃了引线，他决定在3月25日发动起义。① 即便如此，还是有一些团体草率行事。在阿雷奥波利斯的一个小镇，圣米迦勒教堂广场的匾上写着："1821年3月17日，彼得罗贝领导的伟大起义在这座历史上著名的广场上打响了。"玛芙罗密查理斯(Mavromīchalis)获得了第一个投入战场的荣誉。科洛科特罗尼斯紧随其后，他在20日集结了约2000名武装士兵，他们在欢呼的人群中穿过了卡拉马塔(Kalamata)。三天之后，他们接受了土耳其驻 466
军的投降，并承诺会保留他们的性命。(但他们并没有兑现承诺；就像一位当代作家所写的，"月亮毁灭了他们"。)②一个多星期后，整个伯罗奔尼撒半岛全面起义了。

然而并不是每个地方的反抗者都进展顺利。在3月的最后几天里，主要城市和港口——佩特雷(Patras)的起义遭到了严厉镇压，土耳其士兵站在城堡之上向下面的围攻者开炮。几天之后，形势更加令人失望。主教杰日耳曼诺斯(Germanos)——他不仅是佩特雷主教，教会的领导人，也是整场革命名义上的领袖——恳求所有基督教大国给予其支持。3月29日，他收到一封来自科孚的托马斯·梅特兰爵士的回

---

① 在19世纪早期，东正教仍然使用罗马儒略历(旧历)，它比格列高利历(新历)晚12天。后者是教皇格列高利十三世于1582年创立，新教徒国家在相当长时间并不采用这种新历。(英国在1752年9月开始使用它。)3月25日在希腊是非常重要的一天，但称它为4月6日既迂腐又混乱。因此，在这一章中都使用旧历。

② 引用戴维·布鲁尔(David Brewer)的著作。这部优秀的历史著作是《自由的火焰》(*The Flame of Freedom*)，我在本章中客观地引用了它。

信，梅特兰回复说，伊奥尼亚群岛的臣民被禁止站在任何一方卷入这场冲突。如果他们这样做的话，将会立即失去其政府的保护。

在3月的棕枝主日，几百名土耳其士兵在优素福帕夏(Yussuf Pasha)的率领下到达佩特雷。不久前，优素福放弃了围困约阿尼纳的任务，接受了新任命——埃维亚岛的总督；在米索朗基(Missolonghi，现在的迈索隆吉翁[Mesolongion])，优素福听闻了暴动的消息，立即赶去解围。他和士兵在拂晓时进入佩特雷，在希腊人还在睡觉的时候突袭了他们。当优素福下令将所有显要公民的房屋夷为平地时，许多人才爬起来惊慌逃命。狂风助长了火势，约700座房屋被毁。同时，街道上充斥着横冲直撞的土耳其士兵，都急于让希腊人流血。在逃跑不及的希腊人中，有40个人在随后几小时内被斩首。

直到整场战争结束时，佩特雷都一直是一个战场。希腊人和土耳其人轮流占上风，但谁都没能获得决定性的优势以终结战争。尽管这里经常受到希腊大炮的猛击，但土耳其人从未失去对这座城市的控制权，希腊人也没能将其赶出两座城堡——鲁梅利和摩里亚(Morea)，这两座城堡在科林斯海湾的最窄处隔海相望。对土耳其人而言，由于希腊人已舒舒服服地在科林斯扎了根，如果失去这个意义重大的桥头堡，
467 他们就不可能从北面穿过半岛，其政府所在地——特里波利斯(Tripolis)也将被孤立；但如果能保住它，就能将反抗者置于更加危难的境地。

毫无疑问，伯罗奔尼撒半岛是斗争的中心。科洛科特罗尼斯——现在是正式的总司令(archistrategos)——在瓦尔泰特斯(Valtetsi)发生的第一场激战中赢得胜利，此地距土耳其政府所在地特里波利斯仅5公里。土耳其损失了约700名士兵，或死或伤，希腊方面可能损失了150人。希腊人也占领了土耳其人最重要的要塞：东南角的莫奈姆瓦夏(Monemvasia)，很多人起初都认为其由巨大岩体构成的防护坚不可摧。另一方面，在鲁梅利(也可扩展指科林斯湾以北所有的希腊人)偶尔爆发的斗争在很大程度上直接阻止了土耳其人向南行军。以希腊人在瓦西利卡(Vasilika)获得的重大胜利为例，这条路又长又窄，与不远

处的温泉关关口(2300 年前,斯巴达国王利奥尼达和其军队在此处英勇反抗波斯人而亡)[①]非常相似。

海上也在展开战斗。双方兵力极为悬殊。希腊船只基本上是商船,尽管它们经常携带许多大炮来保卫自己——以免受到大批出没于东地中海的海盗侵扰。而土耳其拥有海军。从表面上判断,双方是在实力相差悬殊的情况下进行海战,但希腊占据一个优势:希腊海员是本地人,而土耳其船员来自封闭的中亚内陆。土耳其战舰甲板上的战斗人员几乎全是土耳其人;他们的航海和导航却要依靠希腊人,当革命爆发后,这种情况不可能再出现。另外希腊人的小船比土耳其人的船只更加快速和灵活,正如两个半世纪前英国舰队反抗西班牙无敌舰队获胜时的情况一样。

因此,当我们知道从 1821 年起君士坦丁堡所派遣的三支独立海军舰队(肩负双重使命:加强土耳其对正在造反的希腊半岛的控制;加大伯罗奔尼撒半岛驻军的增援和供应)中,有两支均遭遇失败时,这并不令人惊讶。当希腊火船将他们的第二只大船破坏之后:火烧到他们的 468
炸药库,把所有的东西烧成了碎片,并造成 500 多人伤亡;第一支土耳其舰队撤退了。第二次,土耳其人原本准备征服安纳托利亚沿岸的萨摩斯岛,结果却两手空空地被赶了回去。只有第三次获得了成功,土耳其人围绕整个伯罗奔尼撒半岛航行,然后进入伊奥尼亚海,那里的英国当局仍然同意他们使用岛上的港口。因此他们可以从桑特岛获得食物,并使用埃及船队继续攻击科林斯海湾北岸的伽利克西迪(Galaxidi)港。最后,他们俘虏了 34 艘各载有 30 名水手的希腊船,并将城镇夷为平地。舰队按照原路回到博斯普鲁斯海峡,停泊在了金角湾,俘获的船被拖在后面,俘虏的尸体在桅杆上摇晃。

随着土耳其和希腊之间的关系进一步恶化,预料之中的是,平民同战士一样遭受了苦难。1821 年 6 月,士麦那(Smyrna,现在的伊兹密

① 参见第二章,第 8 页。

尔)发生了一桩丑闻。当地大型的希腊人社区遭袭,几百名男子和妇女遭到屠杀和劫掠。但最臭名昭著的暴行发生在君士坦丁堡,而且这是苏丹马哈茂德二世下达的命令。1821 年 4 月 22 日复活节拂晓之后不久,牧首格里戈里奥五世的头衔被剥夺——必须强调,他从未表明过支持希腊革命,当天中午他在其主教座堂的中门被绞死。根据英国大使馆的神父罗伯特·沃尔什(Robert Walsh)所说,“禁食让他变得消瘦,年龄使他更加憔悴”——他看起来似乎快 80 岁了——“过轻的体重不足以立即置他于死地,他的痛苦持续了很长一段时间,没有友善的双手伸过去减轻他的苦难。黑夜降临后不久,他停止了最后一次抽搐。”据说几小时之后,苏丹本人亲自前来察看了他的尸体,并把尸体留在那里悬了三天。

老牧首并不是唯一的受害者,所有奥斯曼帝国境内的基督教堂都遭到了袭击和烧毁。许多神父被处死,其中至少包括 7 位主教。尽管整个西方世界都震惊于这种暴行,但只有信仰东正教的俄国发出了抗议的声音,奥地利和英国的外交大臣梅特涅和卡斯尔雷总是反对任何
469 民族解放运动,他们轻而易举地说服了起初犹豫不决的普鲁士和法国。沙皇因此只能单独行动,但他毫不怯阵。在卡波迪斯里亚起草的最后通牒中,他宣称:

> 奥斯曼政府已经公开反对基督教世界。这使得希腊人的防卫合法化,从今以后他们的作战将是神圣的,他们将把自己从不可避免的毁灭中拯救出来。鉴于此次战斗的性质,俄国发现必须为希腊人提供帮助,因为他们遭到迫害;因为他们需要保护和帮助,因为他们需要和整个基督教世界联合;因为俄国不会让自己同宗的兄弟任由盲目偏执狂摆布。

这份文件于 7 月 18 日递交给了土耳其政府。到 25 日,他们仍未收到回复,于是俄国大使斯特洛加诺夫(Stroganoff)伯爵中断了与土耳其的外交关系,关闭了大使馆。

与此同时，在伯罗奔尼撒半岛，科洛科特罗尼斯及其军队正准备占领目前为止最有价值的港口——特里波利斯。尽管有1万名士兵——包括1500名令人畏惧的阿尔巴尼亚雇佣兵——镇守在这里，这座城镇乍一看是一个相对容易进攻的目标。它位于开阔的平原上，没有任何自然屏障可以依靠，仅有一些约14英尺高的石墙。同时它也不可能从海上获得供给。而且这个城市因严重拥挤而闻名，平民约有15000人，当地的土耳其人因为附近乡村生活不再安全而跑到城镇中，而这引起了人口的膨胀。在希腊的酷暑中，他们在围攻下不可能坚持很久。

到7月中旬，科洛科特罗尼斯指挥希腊军队向北部和西部移动，玛芙罗密查理斯率领预备军待命。正当他们准备发起进攻时，来了一位不速之客：底米特里·伊普西兰提斯(Dimitrios Ipsilantis)，苦命的亚历山大的哥哥。虽然亚历山大最后失败的消息没有传到伯罗奔尼撒半岛，但这次单独的拜访似乎不会给他们提供许多建议。实际上，底米特里看起来毫不起眼：身高不到5英尺，人长得清瘦，说话时有些口吃。然而他身上仍具备一些鼓舞人心的东西。从他首次出现的那刻起，没有人怀疑他的正直。几天之内，他就担任了新伯罗奔尼撒政府的领导，同时也是军队的最高统帅，许多革命领导者都支持他。科洛科特罗尼
斯自己就在其中，他意识到迅速形成的新希腊需要很多有知识的领袖， 470
并且认为伊普西兰提斯可能会成为一位杰出的适当人选，因为他很容易使人们服从于他的意志。经过商议，他们一致同意临时政府，即成立仅一个月的伯罗奔尼撒参议院应当继续存在，并任命伊普西兰提斯为总统和总司令。

围攻开始了，其走势也一如希腊人的预想。特里波利斯完全缺乏食物和淡水，不久疾病便开始迅速蔓延。8月底传来一则消息：希腊人成功地阻截了一支从北方出发途经温泉关的土耳其援军。几天之后，城中孤立无援的土耳其士兵表达了谈判的意愿。他们手中握有一张牌：38名希腊人质，包围开始时，他们和其仆人一块被俘。所有人质都被关在一间小房子里，所有主人的脖子被同一条链子串在一起，仆人串在另一条链子上。这些链子是如此之紧，以至于如果有人想坐下

来或站起来,其他人也必须同样如此。也许这些臭名远扬的残暴行为激怒了围攻者。由于预期破城后可肆意抢劫,围攻者的人数不断激增,当开始商量如何划分战利品时,他们的灵魂变得丑陋不堪。

在预料之中的投降降临之前,科洛科特罗尼斯成功劝服伊普西兰提斯离开军营。他的借口是土耳其舰队迅速出现在了西海岸,而其职责是阻止他们登陆。(事实上,伊普西兰提斯携带的唯一一门两磅炮对奥斯曼海军没有太大威胁——众所周知,土耳其人势不可挡地一路挺进到伽利克西迪。)正如科洛科特罗尼斯所了解的一样,真正的原因是:对特里波利斯的占领将以血流成河而结束。如果高尚的伊普西兰提斯不在此处目睹到这种惨状,那么其作为一个政府领袖的责任会减轻些。

科洛科特罗尼斯的想法是正确的。10月5日,当和平谈判仍在进行时,希腊军队突然冲进了特里波利斯,发现街道上堆满了那些死于饥饿或疾病而尚未掩埋的尸体;几个小时后,这些尸体上又新加了数百具。这些受害者都是遭到了故意屠杀。而且不光在城内;大约2000名难民,其中大部分是妇女和儿童,他们在获得安全保证后自己选择离开,却仍遭屠杀。在噩梦结束几天后,伊普西兰提斯回来了,他为眼前
471 的一切感到震惊。曾经有人建议他应该留下来,利用他的影响力去约束其同胞的狂热,但他原本就不大的影响力已经开始下降,但不管怎样,他确实也无能为力。众所周知,战争非常容易促使参与者失去人性;历史充满了恐怖,特里波利斯劫掠不是第一次也不是最糟糕的一次。然而,悲哀的是希腊独立战争的英雄事迹因为这个抹不掉的污点而蒙受耻辱。

希腊人为自由和民族独立而战,但他们还不是一个国家。伯罗奔尼撒参议院固然很好,但是它的成员没有经过选举,事实上,它的许多成员都是自封的,而且根据其准确定义也只局限于希腊南部地区。科林斯湾以北的鲁梅利东部和西部也有相似的组织,后者以米索朗基为基地,由亚历山大·马夫罗科扎托斯(Alexander Mavrogordatos)牢牢

地控制着。他是一个高度西化的人，会说七国语言，最近刚从比萨回来，在那里他成为了诗人雪莱(Shelley)的一位密友，并给玛丽·雪莱(Mary Shelley)上过希腊语课。一听闻起义的消息，他赶忙回到希腊，8 月中旬到了米索朗基，从那一刻起，他在希腊革命中将发挥重要的影响。

现在的当务之急是建立一个能把这三个机构团结起来的最高机构，同时把小城镇中的更小团体包括进来。抱着这样的目的，所有机构的代表于该年的最后几周在皮亚达(Piada)集会，此处是一座距离埃普道鲁斯(Epidaurus)古典剧院约 5 英里处的不起眼的小村庄，因此通常称这次会议为埃普道鲁斯大会。会议起草了希腊第一部宪法。宪法宣称了希腊国家的"政治地位和独立自主"；以希腊东正教为国教；把保护民权的法律列入了议程；最后还规定了组成行政机构的要素，即一个由五人组成的执行委员会和一个参议院。马夫罗科扎托斯当选为执行委员会主席，实际上就是国家元首；正在围攻科林斯的伊普西兰提斯当选为参议院主席，玛芙罗密查理斯为副主席。

然而，宣称独立自主和颁布一部宪法是一回事，但将其转变成现实，并促使它们获得广泛认可则是另一回事。参与埃普道鲁斯大会的代表们犯了一个严重错误：他们忘记了要挑选一个首都。或许在早期阶段，做这样的决定似乎还为时尚早；但实际上，这次商讨结束后，他们 472
在各自区域的权力中心没有做多少行政管理工作以使联合政府成为现实。马夫罗科扎托斯充分意识到，土耳其海军仍然在亚得里亚海南部徘徊，因此，他迅速启程前往许德拉和斯佩察岛——三个海岛中的两个(第三个是爱琴海的普萨拉[Psara])。革命军的海军需要依靠这些小岛上的船只和船员，他们的支持对即将来临的海战是至关重要的。他直到 1822 年 5 月才从那里返回，之后就直接前往达米索朗基加强其城市防御。

因此在某种程度上，希腊宪法在希腊人和外国人心目中仍还只是一个幻影。我们可能会感到遗憾，但我们不会对科孚的托马斯·梅特兰爵士的回答感到惊讶。当希腊新政府请求归还被扣押的船只时，他回答说：

> 他本人刚收到一位抵达此港口的信使给其送来的信件，这些信件用的是希腊政府的名称……
>
> 他完全忽视“一个希腊临时政府的存在”，因此，也不可能认可这样一位政府代表……他将不会同任何其不甚了解，而且有名无实的政权通信。

对希腊人而言，革命的第一年取得了非凡的成功。现在希腊起义已经引起了欧洲的注意。从英格兰到法国，德国到西班牙，皮埃蒙特地区到瑞士，甚至在波兰和匈牙利，亲希腊的青年人——新近的古典教育鼓舞着他们——挤满了任何可以将他们带到希腊战场的船只。

但其中的很多人注定要遭遇毁灭。1822 年这一年比上一年阴郁得多。来到希腊的大部分的外国志愿者连一句希腊语都不会说，当他们发现自己周围环绕着的尽是些盗匪之流时，相当惊骇，并待在自己的营地中不出来。7 月份，当马夫罗科扎托斯和土耳其人在阿尔塔外面的佩塔(Peta)平原激战之时，几乎动员了所有的志愿者，战争持续到了 16 日，结果证明这是一场巨大灾难。死亡者中至少有 67 名亲希腊分子，活下来的不到 30 人——他们中的很多人都受了重伤。重新回到米
473 索朗基后，在随后的冬天里，其中几个又死于伤病。这场梦就此消逝了。

然而佩塔的灾难还不能与当时发生在东面 150 英里处的希俄斯岛上的悲剧相提并论。直到革命爆发时，希俄斯岛一直是希腊所有岛屿中最富有和最快乐的。不同于其他相邻的岛屿，希俄斯岛有令人羡慕的土地，在意大利占领的数个世纪内，这里涌现出了非常杰出，而且久经世故的、值得夸耀的大商人家族(包括马夫罗科扎托斯家族)，他们的名字享誉整个东地中海。多亏了该岛的富裕和影响力——岛上的村庄中有 22 个都是苏丹妹妹的财产，它们负责生产君士

坦丁堡需求量极大的乳香树胶，奥斯曼的枷锁在这里还不算太重。这个幸福之岛的人们做梦也没想过造反。1821 年 5 月，当来自许德拉的一支舰队邀请他们参加革命时，他们断然拒绝了。随后一年，当另一支来自相邻岛屿萨摩斯的舰队带着 1500 名步兵和许多重装炮兵在其海岸悄悄登陆时，希俄斯岛的人发现自己被卷入了一场噩梦中。

萨摩斯人而非希俄斯人应该对袭击土耳其人控制的乔拉(Chora)要塞负责，乔拉是这个岛上最主要的城镇。他们烧毁海关建筑；剥去清真寺屋顶上的铅，然后把它们熔化做成子弹。但受苦的却是希俄斯人。有 80 名杰出的公民被关进监狱，其中 3 名送到了君士坦丁堡当做人质。1822 年 3 月 11 日，卡拉·阿里(Kara Ali)率领一支奥斯曼舰队来到这里。大约 15000 名安纳托利亚暴徒上了岸，并被放任自流。萨摩斯人逃跑了，屠杀开始了。特里波利斯的故事重新上演，但这一次土耳其人是屠夫，希腊人是受害者。留在乔拉的男子、妇女和小孩没有一个存活下来，岛上其他地方几乎也没有安全可言。2000 名惊慌失措的难民在著名的尼奥莫尼(Nea Moni)修道院里挤作一团，这座修道院因壮丽的马赛克而闻名于整个拜占庭世界。最终，这里的所有人还是遭到了杀害。另一所修道院，阿古欧斯米纳斯(Agios Minas)庇护了另外 3000 人。4 月 14 日，复活节星期一，这里被夷为了平地，包括里面所有的人。一个月之后，80 名人质中的 49 人被公开绞死，8 人被悬于土耳其旗舰的桅杆顶端，剩余的人被挂在树上，沿道路排成行，至今这条路还以"殉道者之路"而著称。

希腊人也扳回一城。6 月 18 日晚，他们派喷火船去袭击位于乔拉外围的土耳其舰队，并将卡拉·阿里乘坐的旗舰锁定为目标。整个行动都很成功：几分钟内，旗舰着火了。卡拉·阿里急忙乘救生艇逃走，但落下来的圆木将他的头打中，第二天便死了。据说船上的土耳其人总计超过 2000 名。但到此时，幸存下来的希俄斯人已经不在乎这些了。他们已经失去了大约 7 万名同胞：25000 名死亡，另外 45000 名——几乎占原来人口的一半——被掠为奴隶。 474

由塔列朗的私生子德拉克洛瓦所创作的著名油画《希俄斯岛大屠

杀》(*Massacres of Chios*)①,只是这种残暴行为传到西方后所引起的恐惧、厌恶情绪的一种表现。而土耳其人不会轻易得到原谅。

《希俄斯岛大屠杀》,德拉克洛瓦,1824年。

对希腊人而言,其他地方传来了一些好消息。最引人注目的胜利是占领了雅典卫城,尽管这可能不是最具战略意义的胜利。除了这座宏伟的建筑,这座城市如今已不再是伯里克利时代的人们所知道的模样,也与它今天的模样大不相同。它的人口不超过1万,其中至少一半是阿尔巴尼亚人,剩下的由希腊人和土耳其人构成。1821年夏天,希腊人开始封锁卫城中的土耳其守兵,但直到这一年结束他们也没有取得任何进展。希腊人设法攻占了城墙外面南部的水井并迅速在井中投毒,这样守军就要完全依靠雨水。恰巧这个冬天和1822年的春天正是人们记忆中最干旱的时期。每次攻占卫城的尝试均告失败,但这无关紧要;饥饿和随之而来的疾病非常有效。6月22日,留下的守军——总计约1150人——投降了。

他们的投降条件还算体面——由希腊人负担费用,发放给他们安全通行证让其回家。可尽管希腊首领在大主教面前宣誓要尊重他们,但雅典的希腊人可不这么想。几个星期之前发生的希俄斯岛的悲剧在他们脑海中还记忆犹新;希腊人还记得去年所谓的"追捕希腊人"行动,当时土耳其领袖奥默·弗里奥尼斯(Omer Vrionis)把他找到的大约
475 50－100名的希腊农民带出去,并给他们一些时间出发,随后他骑马飞奔追赶,在他们奔跑时向其开枪,后者一旦被抓住,就要面临砍头。因此,他们对土耳其人毫不怜悯。到7月中旬,至少有一半的守军遭到屠

① 国王路易十八买到了这幅画,现藏于法国卢浮宫。

杀，其余的人则幸运地逃了出去。

就在卫城守军投降的整整两个星期后，土耳其士兵离开了拉米亚(Lamia)——与埃维亚岛的北部相对——向南行军。他们首先收复了几个月前希腊人所占领的，高高屹立于科林斯城之上的科林斯卫城。然后去解救那些被围困在纳夫普里亚的战友。这是一支庞大的军队；阿里帕夏死后，围攻约阿尼纳的数千名士兵就闲了下来，他们加入了这支军队，使其人数超过了2万人——数倍于将面临的希腊对手。这支军队的领导人叫穆罕默德，是离萨洛尼卡东部几英里的德拉马(Drama)的帕夏，通常人们称他为德拉马里(Dramali)。

最初的几个星期内，德拉马里横扫各地。科林斯卫城投降后，他向南抵达纳夫普利亚，这里已宣布休战，方便守军与不久来临的土耳其人进行谈判。一两个星期之前，新成立的希腊民族政府急忙从科林斯迁到阿尔戈斯，那里距海岸大约只有10英里。现在他们第二次逃亡，坐上了停在纳夫普利亚本来是用来运走土耳其人的希腊船只。因为这种种举动，这个民族政府的名誉再也没有恢复。另一方面，希腊的军事首领却不乏勇气。他们源源不断地把士兵投入到阿尔戈斯，底米特里·伊普西兰提斯也加入其中，后来科洛科特罗尼斯也来了。伯罗奔尼撒参议院任命后者为最高指挥。科洛科特罗尼斯知道德拉马里接下来应该会向土耳其之前在特里波利斯的总司令部前进。因此他自己的计划是堵塞土耳其人前进的道路，然后再派遣一小支部队进入阿尔戈斯和科林斯之间的狭窄山口去切断敌人的退路。

在良好开端之后，德拉马里却后劲不足了。希腊炎热干燥的夏季让军队的给养成了大问题，其中最麻烦的就是饮用水。伊普西兰提斯在阿尔戈斯坚持战斗；而纳夫普利亚的谈判破裂了，堡垒里的土耳其守军再次遭到围攻。现在除了重回科林斯以外，土耳其人别无选择。不幸的是，德拉马里现在才明白，他忽视了在行军路途中经过的关口和峡谷地带部署守军。科洛科特罗尼斯的计划非常奏效。8月6日，当土 476
耳其先锋部队进入代韦纳凯亚(Dervenakia)峡谷时，希腊士兵从山上的岩石后向下开火，结果又是一场大屠杀。两天之后，德拉马里选择了一条不同的路线,类似的故事重演了。多亏他的卫队,他最后才能安全通过,但德拉马里丢掉了自己的剑、头巾——以及尊严。

与大约 2000 人的敌军伤亡人数相比,更令希腊人满意的是缴获的战利品:他们夺得了土耳其人的整个辎重车队,车上装有 400 匹马、1300 只役畜和几百只骆驼。12 月,纳夫普利亚的土耳其驻军最后投降,远征军的幸存者试图返回科林斯,但回科林斯的道路几乎全部被切断;他们唯一的出路是向西前往佩特雷,那里仍然由土耳其人控制。成千上万的土耳其病人和受伤者被用船只运走,3500 名平安逃脱的人步行前往佩特雷。然而,大约有一半路程是沿着南海岸,那里的道路越过克劳提斯(Krathis)河后慢慢变窄,希腊人的突袭切断了他们的前后路。土耳其人坚持了六个星期,起初他们吃自己的马;我们得知,最后他们开始野蛮地吞食同类。直到次年的 3 月,从佩特雷来的土耳其舰队才成功营救出 2000 多人,其中许多人已经奄奄一息。

这支整整一世纪以来曾经出现在希腊的最庞大土耳其军队,没能给革命造成任何影响就溃败了,这让希腊人重燃希望。但尽管他们的军事胜利给人留下了深刻印象,可运动本身正走向分裂的边缘。埃普道鲁斯大会原本只打算持续一年,后续会议于 1823 年 3 月在阿斯特罗斯(Astros)——位于伯罗奔尼撒半岛东海岸,离纳夫普利亚 20 英里——召开,此次会议大约有 260 名代表,是上次大会的四倍多;当然,场面也混乱许多。

起义者已分裂为两派:一派是围绕在马夫罗科扎托斯身边的政治家,另一派是由科洛科特罗尼斯领导的武士。各个地区之间也存在裂痕:伯罗奔尼撒半岛、鲁梅利和伊庇鲁斯以及群岛上的居民很少互相关爱,如果竞争对手获得了他们自己想要的优待,他们肯定会怀恨在心。每一次高级职位的重要任命都意味着挑战;在随后的讨论中,代表们开始动刀动枪,场面火爆。有一次,愤怒的科洛科特罗尼斯甚至对整
477 个议会发出威胁,只有在执政委员会谋得一席之地后,他才平静下来;即便如此,无论是在他的朋友还是敌人心中,嫉妒和极度愤慨的情绪仍在酝酿聚集。

简言之,这就是1823年8月3日,乔治·戈登·拜伦爵士(George Gordon Byron)在凯法利尼亚登陆时所面对的情况。拜伦对于希腊而言不是陌生人。早在15年前,即1809年至1810年之交,他到约阿尼纳拜访阿里帕夏时,就曾来过这里。这次他受到了英国参政司的热烈欢迎,后者允诺会在不危及英国在两派中严守中立的政策的前提下尽可能给他提供帮助。拜伦的首要问题是弄清到底发生了什么事情。英国人实际上什么也没法告诉他,所以他租了一条小船,船上携带着一封给马科斯·博察里斯(Marcos Botsaris)(因为据说他是"希腊首领中最勇敢和最真诚的人之一")的信件,轻巧而迅速地穿过了土耳其人的封锁。博察里斯立刻给了答复,邀请拜伦加入他们,还告诉他自己明天正要去参加一场战斗。

拜伦欣然接受了邀请。可就在他动身之前,传来了这位首领去世的消息,这令他感到很失望。因此,他仍然留在凯法利尼亚,并搬到迈塔克萨塔(Metaxata)村的一幢小别墅里。他在这里度过了整个秋季。他尽力自卫,以避开蜂拥而至的关于金钱和援助的请求。年轻的乔治·芬莱(George Finlay)是一位热情的亲希腊分子,他后来写了一部具有权威性的希腊革命史,他写道:

> 科洛科特罗尼斯邀请他参加在萨拉米斯召开的一次国民大会。马夫罗科扎托斯告诉他,除了许德拉以外,他去任何地方都没有用,因为马夫罗科扎托斯当时就在这个岛上。米索朗基的长官康斯坦丁·麦塔克瑟(Constantine Metaxa)说,希腊将遭到毁灭,除非拜伦拜访这座堡垒。彼得罗贝使用浅显的言辞告诉了拜伦爵士救助希腊的真正方法,即借1000英镑给身为贝伊的他……

很明显,造反者的意见并不一致。12月,当科洛科特罗尼斯的儿子帕诺斯在阿尔戈斯开会期间突然闯进参议院时,矛盾达到了顶峰。他将议员们赶了出去,并跟随他们回家,拆毁他们的房子。至此,所有试图消除分裂的努力都失败了。到1824年,希腊实际上存在两个相互竞争的政府：一个是位于阿尔戈斯的克拉尼迪(Kranidi)；另一个位于特里波利斯，由科洛科特罗尼斯家族把持。

478 此时拜伦终于开始行动。在伊奥尼亚海附近游弋的舰队强烈表明：土耳其人将重新发动进攻。因此，11 月 13 日，拜伦借给希腊政府约 4000 英镑，其目的是为了成立一支分遣舰队——在许德拉和斯佩赛海岸附近巡逻。11 月中旬，分舰队到达了米索朗基，上面有马夫罗科扎托斯，他被委托负责整个城镇的防御。圣诞节后四天，拜伦离开凯法利尼亚加入他们，带着他的纽芬兰狗"里昂"，仆人威廉·弗莱切(William Fletcher)和来自伯罗奔尼撒英俊潇洒的 15 岁侍从官卢卡斯·夏朗德萨诺斯(Loukas Chalandritsanos)。

这是一次危险的旅程，因为土耳其舰队出动大批人到处布岗。有一次经历尤为令人不快：12 月 31 日的凌晨时分，他们突然遇到一艘正快速向他们靠近的庞大土耳其船只，船长立即调转方向，最后把土耳其船远远地抛在了后面，但不久，拜伦就把夏朗德萨诺斯送上了岸，命他循陆路去往米索朗基。正如拜伦写给斯坦霍普(Stanhope)上校(他是伦敦希腊委员会在希腊的代理人)的信中所说：

> 我感到心神不安：这不是因为我自己，而是因为和我在一起的一个希腊小男孩，因为你能料到他的命运将会怎样；我宁愿让他和我自己被剁成碎片，也不愿意让他被这些野蛮人带走。

1824 年 1 月 4 日，他们进入了米索朗基港。拜伦继续待在船上，直到第二天上午 11 点，他才穿着自己设计的军服正式进入小镇。一位目击者回忆说：

> 成群的士兵，不分等级、性别和年龄的公民全都聚集在海岸，以表达他们的喜悦之情，每个人的脸上都洋溢着希望和满足的神情。阁下乘坐一艘斯佩齐奥特(Speziot)船上了岸，穿着一套红色制服。他的身体很健康，看起来因欢迎场面而深受感动。

这也许是拜伦的希腊之行中最辉煌的时刻——因为关于他最后三个月的报道读起来令人沮丧。他没有实现他宣称的任何一个目标。他要亲自领导对勒班陀的远征的计划化为泡影；希腊领导人在萨洛纳集会的计划也没有实现。他花费了巨额资金，包括 11 月份的 4000 英镑和随员的一大笔生活开支，还额外预付给一个完全没用的索列人军团[①] 479
2000 英镑，为马夫罗科扎托斯提供 550 英镑的私人借款，还资助了一个酗酒但有趣的冒险家威廉·帕里(William Parry)800 英镑，所有这些对推进希腊的事业没有任何帮助。他居住的房子几乎没有什么家具，并且靠近毫无特色的礁湖，道路泥泞且环境污浊。到了冬季，这里每天都在下雨，但他每天冒着刺骨的寒风骑马回来。这也难怪他的身体变得越来越糟糕。

拜伦，身着阿尔巴尼亚服饰。

3 月 9 日，拜伦的心脏病突然发作。由朱利叶斯·冯·密林根(Dr Julius van Millingen)医生负责照料。当时，密林根作为一名军医在希腊服务，[②]他每天一到两次的抽血使拜伦的身体更加虚弱。同时，他将每种为希腊科学所熟知的药物灌进拜伦的喉咙。拜伦之前饮酒作乐，实际上早已搞垮了自己的身体——他看起来像是接近 50 岁的人，而实际上只有 36 岁。这根弦绷得太紧了，他于 3 月 19 日复活节晚上 6 点去世。他死亡的具体原

① 这些人是阿尔巴尼亚人，来自约阿尼纳西南部野蛮的索列地区，靠敲诈和掠夺生活。拜伦曾对他们寄予厚望，但结果证明他们是令人难以容忍的。“我和索列人军团再也没有任何瓜葛了，”他写道，“他们去土耳其或地狱也罢……他们把我碎尸万段，比他们之间的分歧还多也罢，我是不会改变自己的主意了。”

② 土耳其人把冯·密林根医生俘虏后不久，经过斯特拉福·坎宁紧急交涉将其释放了。之后，他随英国的大使来到了土耳其。1827 年，他决定永远定居在君士坦丁堡，在那里他作为宫廷医生为连续 5 位苏丹服务。

因仍是一个谜：疟疾、伤寒、尿毒症、梅毒和中风都有可能。拜伦从未想过从希腊回来，他并不害怕死亡，但是他希望自己能战死沙场，为他所热爱的这片土地的独立而战斗，而不是——正如他在死亡前最后的日子里——“慢慢地承受着痛苦的折磨而死去”。

然而他并没有白白牺牲。他把国际注意力引向了希腊人的斗争，这是其他任何人都无法做到的。多亏了他，整个欧洲才关注这项事业；不计其数的青年为了寻求死亡或光荣而追随他的足迹。即使拜伦不复存在，我们也将确信希腊将会赢得独立，正如塞尔维亚所做到的，还有它的两个邻国罗马尼亚和保加利亚那样。但即使没有受到拜伦浪漫传奇的潜移默化的影响，希腊也能做到这一点。人们一定不会忘记始于19世纪前20年的浪漫主义运动。诚然，希腊独立战争非常浪漫，也弥
480 漫着英雄主义；但就其规模而言，此次战争的残酷、粗暴和野蛮是几个世纪以来相当罕见的。但不管怎样，这场战争集中体现了浪漫主义所象征的一切。因此，西方充满赞誉地回味这段历史，希腊人民骄傲地将之铭记于心，而他们也将永远记住拜伦的名字。

实际上从1824年开始，希腊就进入了内战时期。土耳其仍然在希腊东部的一些地区和地中海其他地区驻扎军队，但在伯罗奔尼撒半岛和鲁梅利南部，希腊人互相争斗。到3月份拜伦去世时，希腊政府收回了阿尔戈斯、特里波利斯和科林斯，而科洛科特罗尼斯家族及其追随者仍然控制着纳夫普利亚。到仲夏，纳夫普利亚也投降了，参议院和行政部门迁到这里。这并不意味着敌对行动的终结，但是它为希腊政府赢得了喘息的时间。在这段时间，新政府得到了8万英镑——这是一笔向伦敦借的总数近50万英镑的贷款最初两期的分期放款。不出所料，大部分资金被浪费或侵吞了；但政府力量无论如何有了一定增强。

10月底，当阿卡迪亚（即现在的kiparissa，在伯罗奔尼撒半岛南部）的人们起来抗议政府颁布不恰当的税收法时，第二次内战爆发了。马克里亚尼斯将军（Makriyannis）率领一支500人的军队前去恢复秩序。如果这次暴动没有西奥多和帕诺斯·科洛科特罗尼斯的加入，马

克里亚尼斯在镇压反抗时就不会遇到多少困难。帕诺斯从佩特雷带来一些满腹牢骚的士兵，马克里亚尼斯只有回到纳夫普利亚，受到鼓舞的反叛者继续向波利特里斯进军，那里由来自鲁梅利的军队严密把守着。战争立刻呈现争夺地盘的性质，而帕诺斯·科洛科特罗尼斯在一次尤为血腥的暴力冲突中被杀。

直到这时政府才明白：他们要镇压的不仅是一次地方起义，也是第二次内战，必须将其扼杀在萌芽状态。在现有的情况下，很明显伯罗奔尼撒军队是不可信赖的，因此政府开始拉拢鲁梅利人，不仅贷款为他们提供资金，而且最不负责任的是，允许他们大规模地掠夺伯罗奔尼撒半岛。到年底，鲁梅利人的首领们带着自己的小部队跨过科林斯湾，他 481
们要充分抓住这次机会。

反叛者尽管在数量上远处于下风，但他们在继续战斗，一直持续到1825年2月科洛科特罗尼斯及其12名主要将领投降。他们都被监禁在许德拉山上设有堡垒的以利亚先知修道院中。政府获胜了——但付出了沉重的代价。鲁梅利人到处掠夺，肆无忌惮地洗劫政府的支持者、中立者及反叛者，从富人到穷人，从地主到农民一样受到掠夺。马克里亚尼斯与其同僚相比似乎具有较高的道德水准，他十分震惊——不仅是因为暴力，同时也认识到：他的国家同以往相比将面临更加危险的分裂局面。伯罗奔尼撒半岛的人们不会轻易宽恕其北部邻居。

马克里亚尼斯不知道当奥斯曼帝国再次派遣军队投入战斗时，国家还需要多久才能实现统一。

甚至在1824年，土耳其人也没有完全无所事事。尽管希腊本土几乎感觉不到它的影响，但在7月份，土耳其舰队洗劫了爱琴海上的小岛普萨拉(Psarà)——希腊海军在东部的主要基地，之后又威胁到另外两个重要的海军基地——近岸的许德拉和斯佩察岛。但现在希腊人面临的最可怕的穆斯林敌人不是土耳其人，而是埃及人。

1805年，当我们看到穆罕默德·阿里在36岁被任命为帝国驻埃及总督时，这位大人物已经在历史上给人留下了深刻印象。19年之后，可以说在中年晚期，他已经站在了权力巅峰。他改变了国家，特别是聘请欧洲军官，并且按照欧洲的培养方法首次训练出了一支有效率的陆军和海军。苏丹马哈茂德二世现在清楚地认识到：如果要把希腊继续保持在其帝国内，就必须迅速雇佣这批人。他的动机也很明确：如果穆罕默德·阿里能帮助他收复伯罗奔尼撒半岛，那么他的儿子易卜拉欣就能作为帕夏接管它。

默罕默德·阿里和易卜拉欣现在准备好的舰队由至少 55 艘主力战舰和 300 艘运输船组成，能够携带 14000 名步兵、2000 名骑兵及其马
482 匹，还有由 500 名炮手控制的 150 门大炮。1824 年 9 月，他们从亚历山大港出发，在小亚细亚西海岸的博德鲁姆（Bodrum，古代的赫利喀纳索斯[Halicarnassus]）与土耳其舰队汇合；希腊人在等着他们，希腊舰队由来自许德拉、斯佩察岛和普萨拉的大约 70 艘船组成。战斗随即在耶诺达海岬（Yeronda）爆发，此地距博德鲁姆半岛北部大约 1 英里。尽管这次战役并非决定性的，但它足以使易卜拉欣相信：他的远征必须延迟到下一年。当土耳其人回到君士坦丁堡过冬时，他把船撤到了克里特——它处于奥斯曼统治下已长达一个半世纪。

他们至少打算把战争推迟到明年。但在 12 月，一位法国上尉给了易卜拉欣一条有价值的建议。土耳其仍然控制着伯罗奔尼撒半岛上的三个堡垒：派拉斯（Paras）、威尼斯以前的殖民地迈索尼和科罗尼①。法国上尉建议易卜拉欣应该集中尽可能多的兵力投入到其中一个堡垒迈索尼中，而且最好迅速地直接登陆，不要等待土耳其士兵或到来年的春天，这样他的重型船舶就能够利用冬季季风的优势。因此，1825 年 2 月 23 日，易卜拉欣起航了，第二天他的步兵和骑兵在迈索尼上岸，他们在那里专心致志地干了起来。几天之后，他们进入了科洛尼。同时埃及军队呈扇形向东北地区展开进攻，试图征服伯罗奔尼撒半岛的剩余部分。

为了全力阻止易卜拉欣前进，希腊政府需要动用每个可能动用的

① 从此以后，提到迈索尼（Modone）和科罗尼（Corone）之处都用它们的希腊名字。

人。科洛科特罗尼斯及其将领很快从许德拉的监狱中释放了出来,并再次成为希腊的最高统帅。希腊政府颁布了另一项法令:规定每个农村地区每一百人中必须强征一人入伍。但一切已经太迟了,埃及人迅速地蔓延到整个伯罗奔尼撒半岛。科洛科特罗尼斯认为特里波利斯是进入伯罗奔尼撒半岛的关键,他决定在敌人尚未到达前破坏这座城市,但是他这次很不走运:易卜拉欣的军队在大破坏之前便抵达了,他们很快控制住了火势,然后开始反复地抢掠和破坏。野蛮的暴行再次骇人听闻。萨缪尔·格利德里·豪医生(Samuel Gridley Howe)①是一位 483
美国军医,在这年初刚来到希腊,他在日志中写道:

> 在太阳升起时,我上岸了……看着这片土地,那里仍然躺着死人、骑手和马,这些敌人都带不走。他们都被砍了头,身体也被希腊人残暴地乱砍,希腊人使用各种方式尽可能地侮辱敌人。仅仅不允许敌人埋葬尸体是不够的,而且他们必须向敌人展示最残暴的野蛮行为。

两天之后,7月28日,他补充说:

> 但是可怜的希腊人能做什么呢?易卜拉欣帕夏带着他的军队横穿整个摩里亚半岛,从莫登到纳波里(Napoli,即纳夫普里亚)。他安全无损地通过了峡谷,这里如果能派500名坚毅的士兵驻守的话他根本进不来一兵一卒。他烧毁了阿尔戈斯、特里波利斯和卡拉马塔,这是摩里亚半岛上最大的三个城镇。这三个地方的损失算不上什么,易卜拉欣沿途还破坏了巨额财产,但是这可悲地表明希腊的虚弱不能抵挡住这样一支军队,而这只是敌人可动用军力的1/5。

---

① 顺便说起,他是朱莉娅·沃德·豪的丈夫,她谱写了《共和国战歌》(*The Battle Hymn of the Republic*)("我的眼睛看见荣耀……")。

豪医生说的是事实。但他不可能知道一场更为严重的灾难即将到来。

在整场希腊独立战争中,米索朗基比其他名字更引人注目。这不仅是因为它抵抗住了1822年和1823年的两次联合进攻,并因此成为这场战争开始后科林斯以北唯一仍然控制在希腊人手中的城镇;也不仅因为拜伦1824年在这里去世(虽然这让全欧洲开始关注希腊)。米索朗基之所以成为这场战争最重要的象征,是因为它在1825年棕枝主日前夜遭受了一场前所未有的苦难经历,这段遭遇之惨烈震惊了全世界。

土耳其军队在雷希德帕夏(Reshid Pasha)的率领下从阿尔塔向南行军,4月底于城外集合,总计8000名战士,而与他对阵的米索朗基的守军不到其人数的一半。不像整齐划一的土耳其部队,守军由12支不同小组构成,每个组各自为战,因此很难团结一致地展开行动;直到一位天生领导者的出现,一位名叫诺第斯·鲍特萨里斯的索列人首领。
484 主要归功于他,在第一阶段的围攻中,防卫者才成功抵挡住了雷希德对他们的一切进攻。他们也明白自己不可能断粮,因为他们仍然有一条从扎金索斯岛(Zakynthos)和其他伊奥尼亚小岛穿过潟湖的运输线,这里水太浅,重型的土耳其船只无法通过。当10月份开始下雨,土耳其人为了过冬从城外撤走之时,希腊领导者中充满了高度的乐观情绪。

但他们没有考虑到埃及人。自从易卜拉欣离开亚历山大港,他的父亲建立起一支全新的舰队:135艘同样规格的船,包括一支来自土耳其的分舰队,余下的则来自阿尔及尔和突尼斯。易卜拉欣返回担任指挥。1826年初,这支新舰队载着1万名士兵和大量的重型火炮在米索朗基外的水域停泊。经过几个星期的准备后,2月24日的拂晓,大炮开火了。预计随后三天内,8500多枚炮弹和迫击炮弹射向了城镇,这将带来令人震惊的破坏,但无论如何城镇还是守住了。

易卜拉欣——已经接管最高指挥权,毫不掩饰对其土耳其同僚的轻视——现在把他的注意力转向了潟湖。一旦控制了这个潟湖,米索朗基的人们都将因饥饿而屈服，但这不是一项简单的任务。雷希德一年前尝试过这样做，当他命令 36 艘竹筏下水由水路袭击城镇时，他们在瓦西拉底岛遇到了猛烈的炮火阻击而折回。现在易卜拉欣试着使用更有威力的武器：一支由 82 艘浅水船组成的舰队和 5 只载着 36 磅大炮的庞大木筏。瓦西拉底的炮手再次进行了精彩的表演，但到夜晚时，火药库里发出一声巨响，他们的抵抗结束了。之后其他的几个潟湖也迅速投降，只有克里索瓦岛（Klisova）仍在坚持，它距离城市东南部半英里处。入侵者必须从距离海岸几码的地方蹚过泥潭才能上岸。在步行这段时，他们很容易受攻击，岛上防守者充分利用了这一点。雷希德和易卜拉欣自己都受了伤，攻下小岛的企图失败了，但这已经不是问题。土耳其人控制了潟湖，并且切断了米索朗基的生命线。至此，投降就只是时间问题了。

除非全体人民突然爆发起义，从平原到城镇的东北部都渴望获得 485
自由，这恰好是米索朗基人民的愿望。总计约 9000 人，包括男子、妇女和儿童决定，当 3 月 22 日夜幕降临时，每一个体格健壮的成年人和青少年都带着已被鸦片酊麻醉的年轻小孩翻过围墙，穿过临时搭建的桥到防御沟，并在那里避难，在外城墙后等待直到他们听见炮声：这响声可能来自乔治·卡雷斯卡吉斯（George Kalaiskakis）率领的军队。他们正在策划一次牵制性的进攻从而使围攻者们忙碌起来，然后他们才可以全体一块迁移。那些年纪大、病得太重或太虚弱以至于不能离开的人将会集中在一些相邻的房子中，在下面埋上炸药。当土耳其人靠近时，他们就会点燃炸药。

这是一项孤注一掷的计划，几乎不可能像他们预计的一样获得成功。长久等待的炮声一直没有从卡雷斯卡吉斯那里传来。在墙后站了一个小时后，难民们失去了耐心，突然冲入了平原。顿时呼喊声一片——“俄庇斯！俄庇斯！（Opiso！ Opiso！）”——“回来，回来”——现场一片混乱。有些人继续前进，其余的人则撤退。桥上现在是如此的拥挤，以至于有些人掉进了沟渠；那些返回城中的人则被土耳其军队三两下就干掉了。看到城墙没有设防，土耳其人赶紧一拥而入。这些急忙穿过平原的人首先遭到土耳其骑兵的袭击，后来又遭到阿尔巴尼亚士兵的攻击。男子被杀，妇女和孩子遭到监禁。与此同时，在他们身后，米索朗基成了一片火海。豪医生无法控制自己的感情。3 月 30 日，他写道：

> 米索朗基陷落了！它勇敢的战士们不顾一切地扑向敌人的刺刀；他们的妇女和儿童亲手点燃大火把自己烧死在房屋里。他们严重受伤的尸体是基督教世界自私自利，漠不关心的确切证明……10 个月后，基督教欧洲已经注视了米索朗基达 10 个月之久，他们看见居民与战争和饥饿的恐惧做着激烈的斗争；男人们筋疲力尽、血流不止，牺牲了；妇女啃着死去的马和骡子的骨头；阿拉伯人包围着城墙，渴望放掉城中战士的血，充斥着对妇女和孩子魔鬼似的欲望。他们所看到的这一切都不能使他们尽举手之劳……

486 至于伤亡人数，不可能做出一个准确的统计。到那个可怕的夜晚结束为止，接近一半的米索朗基人——大约 4000 人——牺牲了；3000 人被俘虏，大部分是妇女和儿童；不到四分之一的人还算安全——最多 2000 人。

《米索朗基废墟上的希腊》，德拉克洛瓦画，1826 年。

米索朗基的命运甚至远超于希俄斯岛的悲剧，这使整个欧洲感到痛心。愤怒的德拉克洛瓦再次抓起他的画笔进行抗议：他的巨幅油画——《米索朗基废墟上的希腊》（*La Grèce sur les ruines de Missolongi*）表达出了大家普遍的愤怒。在整个欧洲，他的同龄人——包括画家和雕刻家、作家和诗人都热情地跟随他的领导。西方列强不可能以中立的名义再袖手旁观了。这时他们要准备好利剑，赶快给予希腊以援助。

米索朗基的灾难使整个希腊士气低落;不久,另一场更大的灾难紧随而来。1826 年 6 月,雷希德帕夏率领一支 7000 人的军队对雅典发动了一次蓄谋已久的进攻。这座城市因其地理位置从未成为希腊的首都;但它仍是特别重要的,这有两个原因。第一个显而易见:虽然它经历了长期以来的急剧衰落(*degringolade*),但雅典曾经在古典时期取得了最伟大的成就,仍旧是艺术、文化、理性的象征,这些都是希腊人曾经拥有的独特之处,人们希望有一天能再次拥有这一切。第二点没那么浪漫,与目前形势的联系更为密切。米索朗基失陷后,雅典是希腊人控制的科林斯以北的唯一城市。尽管最近土耳其人和埃及人获得了成功,但现在连续的战斗,加上西欧列强对雅典逐渐增强的同情,至少能让希腊获得一定程度上的自治。如果雅典倒退到穆斯林的控制下,自治将仅局限于伯罗奔尼撒半岛;另一方面,如果希腊人能控制住这座城市,他们的疆界将能进一步向北延伸。

到 8 月中旬,雷希德控制了除卫城外的整座城市,卫城那里仍然有一支 500 人的希腊军队驻守,并度过了随后的冬季。这段时间,希腊政府又陷入另一场内讧引起的战争。科洛科特罗尼斯似乎应当再次受到谴责。到 1827 年夏,至少有 7 次冲突正在各自进行。奇怪的是两个不列颠人设法使局势平静了下来,虽然他们最终没能保住自己的荣誉。 487
第一位是将军理查德·丘奇爵士,他 16 年前曾经在扎金索斯组织过英希军团。虽然在那不勒斯国王的军队里服务过一段时间,但他仍然心系希腊。1827 年 3 月,他回到了希腊,被任命为希腊陆军最高统帅——因为形势看来只有选一位外国人才能为如此混乱的国家建立秩序——但他拒绝就职,直到两个敌对的政府解决彼此的分歧为止。

一星期之后,一位更卓越的大人物托马斯·科克伦勋爵(Thomas Cochrane)——后来的第十任敦唐纳德伯爵(Dundonald)——追随丘奇而来。他在职业生涯早期因不服军令而被送往军事法庭;1814 年,他因涉嫌股票交易欺诈案受到审判,第一次他获得无罪释放,第二次被判有罪。[①] 然而他是自纳尔逊以来英格兰最伟大的将军。他在南美洲

① 这两次判决几乎完全相反。

度过了7年,在那里为智利、秘鲁和巴西的独立而战。早在1825年11月,他就受邀接管希腊海军。他提出的就职条件是:6艘蒸汽船和2艘装有大炮的快速战舰,这些船应该由另一位英国贵族弗兰克·阿布尼·黑斯廷斯(Frank Abney Hasting)设计。他曾经作为一个毫无经验的水手服务于特拉法尔加,到退役前他已获得了船长的头衔。由于科克伦的坚决主张,这次就职不得不延迟。

蒸汽船仍然处于萌芽阶段。平时一般使用帆推动它们,只在风平浪静或战斗中才使用发动机。科克伦命令用伦敦筹集的第二批贷款56.6万英镑去支付造船费用,但该计划没能实现。随后,快速战舰中的一艘被卖给了美国政府用来支付另一艘的费用,6艘蒸汽机船只有2艘开到了希腊。但没有一艘战舰——因为失败的设计、粗劣的建造水准、生锈和埃及间谍的活动——值得信任。1827年春,当科克伦乘快艇最终到达希腊时,他采取比丘奇更加强硬的方针。他质问道:希腊领导人怎么可以如此愚弄自己,他们会在哪里举行下一次会议,他们应该什么时候袭击土耳其人和埃及人——在这个国家还未遭到完全毁灭前。他的话产生了一定影响:双方被迫达成了一致协定,根据协定,大
488 会将在特里吉利(Trizini,古代的特洛伊西纳)召开。到3月底,丘奇和科克伦都收回了异议,接受了他们的职位,大会于一到二周之后召开,选举卡波迪斯里亚为希腊总统(他现在已经离开了俄国的行政部门,悄悄地住在日内瓦)。

同时在雅典,卫城仍处于包围之中。为了打破僵局,希腊决定于1827年初派遣一支2300人的军队,它会在亲希腊的英国指挥官托马斯·戈登(Thomas Gordon)的领导下。卡雷斯卡吉斯带着当地的几个支队很快加入戈登的行列,所以当科克伦乘着旗舰"希腊人号"——丘奇乘着一艘强征来的纵帆船紧随其后,到达比雷埃夫斯时,其人数总计不少于1万人。随后,各种各样的行动计划相继提出来了,但科克伦决定直接向雅典进军,像以往一样残暴地镇压任何反抗。他说"我的指挥所到之处,所有其他的政府都必须结束"。卡雷斯卡吉斯明白这次行军要经过开阔平原上一个危险的交叉口,这里肯定会受到土耳其士兵的

包围，因此他没有立即接受这一观点。但一到两天之后，一名土耳其滑膛枪手射中了他，这个计划便不再有障碍了。所以众人一致同意在1827年3月5日午夜派一支2500人的军队从法利龙湾登陆，然后向雅典行军，而其余的人——大约是该数字的三倍——留在比雷埃夫斯待命。

当然卡雷斯卡吉斯是完全正确的。但是如果计划本身很莽撞的话，其执行则更甚，简直令人羞耻。戈登后来评价道：

> 当再次上岸的时候，舰队司令对军队调动没有做出任何安排。[丘奇]将军满足于已草拟出一份计划，留在船上直到天亮。各船长都以平等为基础，独立行动，停在各自选择的地方，所以纵队分散在4英里范围内，前方在雅典炮弹的射程内，尾部却离海岸很远。士兵没有铲子和镐，他们用自己的匕首挖土以掩护自己。

雷希德在拂晓进攻，其结果大可预见。希腊丧失了1500名士兵，多于战争开始后任何一天的损失。经过一夜舒适的休息后，科克伦和丘奇从他们各自的船上登陆，并找到了筋疲力尽、惊惶不已的幸存者。他们把这些幸存者拖回到岸边，运到一艘小船上，希望他们能安全逃离。丘
奇试图挽回自己的名声，在法利龙湾(Phaleron)英勇地与许多士兵坚 489
守了长达三个月，但到月底时，高温和干渴迫使他投降。几天之后，卫城的守卫也投降了。

谁应该受到谴责呢？无论如何，每个人都应该受到责备：科克伦过于自负，拒绝听从其他更加明智之士的意见；丘奇也不支持他；当他们应该和士兵并肩作战时，却各自待在自己的船上；希腊的将军们再次显示出他们缺乏纪律性，没有能力去服从一位最高统帅。这次失败是一场悲剧，但他们活该如此。

同时，欧洲各国的干预迟迟没有结果，派出的大使们在伦敦、巴黎和圣彼得堡来回穿梭。英国的利益由其外交大臣乔治·坎宁(George

Canning)掌控,1827年3月,他成功地以利物浦勋爵的身份担任了首相;主要感谢他的努力,7月6日,英国、法国和俄国之间签订了《伦敦条约》。根据条约,希腊将享有自治,理论上是土耳其的一个附属国(因为它每年必须缴纳贡税),但实际上是独立自主的,因为三大强国将通过与希腊建立贸易关系来认可它。希腊和土耳其必须在一个月内达成停战协定,坎宁后来把时间缩短到两个星期。如果它们谈判失败,强国将进行干涉。对于希腊人而言,这确实是一个好消息,他们知道土耳其反对任何停战的建议,所以列强必然干涉。

时局证明他们是正确的。几个月前,苏丹任命穆罕默德·阿里为驻希腊陆海军最高统帅,同时指挥埃及人和土耳其人,因此默罕默德·阿里又筹集了一支15000人的新军队和一支新舰队,由3艘土耳其船,60艘小型轮船(其中五艘是法国制造的)、40艘运输船和6艘火船组成,他们总共携带了3500门大炮。这支军队于9月7日在纳瓦里诺港抛锚,易卜拉欣正在那里等待着他们。

三国联合海军急忙赶到纳瓦里诺港,但是他们各自的将军严格遵守命令,并没有直接加入战斗。他们首先在权力范围内做了一切努力去鼓励土耳其人和埃及人的战舰和平地返回君士坦丁堡或亚历山大,不过坎宁也明确表示,如果他们坚持留在希腊,将执行英国将军艾德
490 华·科德林顿(Edward Codrington)的命令:"当所有的方法都用尽后,我们将使用炮弹。"科德林顿——另一位有经验的特拉法尔加老兵,当年负责指挥"猎户座号"(*HMS Orion*)——去年12月份被任命为地中海总司令。他第一个到达纳瓦里诺港,几天之后,他的法国同僚孔德·德·日格尼(Comte de Rigny)也加入其中。此时,俄军尚未到达,9月25日,俄国两位海军上将在一些年轻军官和科德林顿的儿子亨利(他父亲船上的一名见习船员)的陪同下,在邻近城镇派罗斯(Pylos)外的帐篷里会见了易卜拉欣。

根据亨利·科德林顿的记录,这次谈话非常有礼貌、热情而友好。他们喝着咖啡,用土耳其长烟管抽着烟。会议像预期的一样进行着,科德林顿提出彬彬有礼的告诫,易卜拉欣同意不采取任何行动,直到他从

亚历山大和君士坦丁堡获得新指示。但令人遗憾的是,没过几分钟事情就清楚了:双方结论不同。易卜拉欣显然相信希腊也和土耳其一样要受临时停战协定的约束;他认为没有盟国会反对他给佩特雷的土耳其驻军提供供给。

希腊方面则认为没有任何理由需要停战。毕竟他们已经接受了《伦敦条约》的条款,而土耳其却拒绝了条约。因此在9月的最后几天,当丘奇率领一支远征军进攻佩特雷时,易卜拉欣带着一支至少有48艘船的舰队启程前往这座城市,舰队的规模实在大大超过运送补给所需舰船的规模。但他从未到达过目的地:科德林顿在路上阻止了他,凶猛的风暴完成了其余事情。易卜拉欣后来改变了策略。海军上将促使易卜拉欣对海上进攻感到沮丧,但他们无权制止后者从陆上行动,易卜拉欣将继续他对伯罗奔尼撒半岛的蹂躏。

9月25日的协定现在只是一纸空文。3位舰队司令——科克伦和德·日格尼,再加上俄国派出的出生于荷兰的少将海登勋爵(Heiden)——决定展示实力。埃及船上的十位法国海军军官顾问被立即召回。10月22日上午的晚些时候,科德林顿在旗舰"亚洲号"(*Asia*)上率领这3支舰队:总共11艘主力战舰,8艘快速战舰和8艘小帆船,穿过狭窄的入口进入纳瓦里诺港。

双方还是遵守规定,没有展开敌对行动,但在如此紧张的局势下, 491
很难分辨出任何个别行动是挑衅,还是实质性的侵略。而且不像盟国的舰队司令,土耳其和埃及的指挥官没有达成总体方案来指导他们。战斗迟早是不可避免的,大概从下午2点开始,直到6点结束。这四个小时所见证的是最后一次没有蒸汽船参与的海上战斗。更加值得关注的是,所有的船只都停靠在一个小港湾里,它们只能通过调整锚索以使枪炮沿着舷侧瞄准选中的目标。豪医生生动地描写了这一难忘的场景:

> 土耳其船只的数量是其对手的三倍多。它们首先让侧舷的火力全开,其次则发射岸上的排炮。它们密集发射如此猛烈的枪弹,

> 如果指挥得当,本可彻底消灭欧洲人。但后者给予了回击,他们的火力更具毁灭性,每一炮都瞄准,几乎百发百中……盟国出动他们的船,砍断土耳其火船上的缆绳,并放火烧了它们,让它们殃及自己的舰队。几分钟内,几艘战舰就着火了,使本来已经令人恐惧的场景显得更加恐怖;两长排的船上有大约2000门大炮怒吼着;火焰冲天的火船冲进巨大的土耳其船堆中,它们掉下来的桅杆和打碎的船壳开始显示战争是如何进行的,海里满是带着火星和半燃烧的木头,几千名从爆炸的船上逃出来的水手紧紧抓住这些浮木;岸上的几排大炮一直连续猛击,整支土耳其军队都在焦急的观望,他们的命运就仰仗着这种猛烈的火力……但是这场战争不可能持续很久,因为有一方只有兵力优势,单靠盲目的愤怒指引,而他们的对手是镇定勇敢、自律,而且掌握了海军技术的舰队。

奇怪的是,盟国在纳瓦里诺的损失相对较轻:没有一条船沉没,伤亡人员总计是174人死亡,475人受伤。然而对于奥斯曼的舰队而言,这是完全不同的情景。从一开始,它就不占优势。总司令易卜拉欣帕夏没有参与整个事件,他仍然远在伯罗奔尼撒半岛。埃及将军莫哈莱姆贝伊(Moharrem Bey)对战争没有兴趣,在战争开始前就同法国军官一起离开了。这里只剩下土耳其的塔希尔帕夏,他的旗舰在战斗的早
492 期阶段沉没了。所指挥的89艘战船只有29艘幸存。科德林顿估计有6000名土耳其人和埃及人被杀,另有4000人受伤。

局势动荡不定。5个月以前的5月6日,土耳其人重新占领雅典,看似是为希腊人的希望敲响了丧钟。纳瓦里诺港战役之后,希腊的独立自主却成为必然。

所有的事情并没有结束。易卜拉欣的军队——大约24000人——仍然留在混乱的伯罗奔尼撒半岛,直到1828年登上埃及船只回到亚历山大。战争仍在继续,除科林斯外:希腊人向北前进的越远,他们就可以宣称越多的领土归新政府所有。西部的丘奇和东部的底米特里·伊

普西兰提斯都稳步向前推进，前者远达阿尔塔，后者尽管不可能把土耳其人从雅典驱逐出去，也推进到了与埃维亚岛的北部相对的温泉关。

同时，卡波迪斯里亚最终回国就任总统。他立即与革命首领们产生了冲突，因为他毫不掩饰地流露出对他们的轻视：在国家命运还悬而未决之际，他们却无法联合对外，总是无休无止地争吵。但卡波迪斯里亚为了重建国家，每天工作 16 个小时。他在国外的巨大声誉对伦敦会议的商议产生了决定性的作用。现在的任务是划定新希腊的疆界。1828 年 9 月，三大盟国在君士坦丁堡的大使特地就这一问题在波洛斯(Poros)岛开会。三个月后，他们公布了建议：划定一条从西部阿尔塔到东部沃洛斯，包括埃维亚岛、萨摩斯和可能还有克里特岛在内的疆界。[①] 唯一问题是土耳其公开拒绝回到谈判桌前，最后只能通过《亚得里亚堡条约》解决，这个条约在 1829 年结束了俄土战争。通过该条约，土耳其最后同意遵守将来盟国对希腊做出的最终决定。最后，1830 年 2 月 3 日在伦敦，盟国宣布希腊是一个独立国家，并处在英国、法国和俄国的保护下。

然而，经过数年和平才真正到来。卡波迪斯里亚于 1831 年 10 月 493
9 日被刺杀，国家又陷入混乱之中。但在 1832 年 7 月，土耳其人最终同意了阿尔塔-沃洛斯分界线——尽管没有包括萨摩斯和克里特——希腊成为一个独立自主的国家。然而即便如此，它的主权也不是绝对的。西方列强认为，希腊必须建立一个君主政体，他们选举了巴伐利亚国王路德维希一世(Ludwig I)17 岁的儿子——维特尔斯巴赫家族(Wittelsbach)的奥托(Otto)王子作为国王。1833 年 2 月 6 日，他到达纳夫普利亚，受到了非常热烈的欢迎，而且到处洋溢着欢呼的回声。

希腊长期怀有的梦想终于成为了现实，但它的麻烦还远未结束。

---

① 阿尔塔-沃洛斯一线北部领土仍然是奥斯曼帝国的领土直到 1913 年，第一次巴尔干战争后。

第二十六章　穆罕默德·阿里和北非

494 奥斯曼苏丹马哈茂德二世其实应该得到更高的评价。从许多方面来说，他都是一位开明的君主和改革者。他尽其所能让遥遥欲坠的帝国走向现代化。1826 年，他废除了基督徒禁卫军——500 年来，它一直是帝国的精锐军团，但是现在变得愈发难以控制。他的方法很简单，把他们全杀光。之后，他建立起一支新军队，由自己直接控制并交给德国军官训练，还按照拿破仑的圣西尔模式建立了一所陆军大学；他大幅度削减宗教乌理玛(*ulema*)的权力，剥夺他们的世俗权力；他集权并一定程度上使行政部门高效化；他实际上引入了现代教育制度；他开展邮政服务；在伊斯坦布尔出版了第一份土耳其语的报纸。最后，让人遗憾的是，他废除了土耳其的传统服装：长袍、包头巾、波浪式马裤和软拖鞋成为历史，代之以土耳其毡帽、长大衣、欧式裤子和黑色皮靴。

他必须承受丢失希腊南部、几块奥斯曼帝国的前领地和海军的损失，这对马哈茂德二世来说确实很悲伤——其次，他还必须亲自处理长年的眼中钉，开罗的穆罕默德·阿里。穆罕默德·阿里希望获取叙利亚的管辖权作为干涉伯罗奔尼撒半岛事务的回报；然而，马哈茂德用克里特岛打发了他，这让他感觉受到羞辱。因此 1832 年春，穆罕默德·阿里命令儿子易卜拉欣率领军队到叙利亚强行占领它。易卜拉欣照做了。首先，加沙陷落，接着是耶路撒冷，在短时间的围攻后，阿卡也陷落,易卜拉欣向北进入大马士革和阿勒颇,他从那里率领军队穿过安纳托尼亚直至对伊斯坦布尔构成威胁。

现在首都危机四伏,苏丹立即向伦敦发出紧急援助请求。然而,英国的外交部长帕默斯顿勋爵(Palmerston)对此不感兴趣,马哈茂德别无选择只好请求他的老敌人俄国。沙皇尼古拉随时准备干涉土耳其事务,他找不到更好的机会了。1833 年初,他率领 18000 名士兵在与伊 495
斯坦布尔隔着博斯普鲁斯海峡相望的斯库台(Scutari)登陆。易卜拉欣知道与这样一支军队作战他没有胜利的机会,理智让他决定谈判。直到此时,帕默斯顿才意识到形势的严峻,法国政府亦是。他们说服土耳其坚持要俄国撤军,然后做一些让步作为补偿。阿里被授予在埃及和克里特岛的管辖权,另外还可管理叙利亚,包括大马士革、特里波利斯、阿勒波和亚达那(Adana)。但同时在一项单独的条约里,马哈茂德批准了与俄国的一份进攻与防御条约,其中一项秘密条款赋予了俄国战舰从黑海到地中海自由航行的特权——这是一项若无土耳其同意则他国无法获得的特权。①

苏丹成功避免了俄国和埃及的威胁,但是为此也付出了沉重的代价。整个东南地中海地区都处于穆罕默德·阿里的控制下,他现在是苏丹最可怕的敌人。尽管对叙利亚的管辖权仅限于阿里在世时享有,但是马哈茂德已经充分意识到,阿里的目标是把自己拥有的土地实际上变成一个独立自主的世袭君主国。五年之后,他的预测应验了。当穆罕默德·阿里拒绝向土耳其支付岁贡时,苏丹抓住这个机会于次年宣战,派出一支 24000 人的军队和一支辅助舰队到叙利亚。目的是要把埃及人永远赶出去。

在苏丹看来,这是一场灾难。7 月 24 日,易卜拉欣在叙利亚北部的尼悉(Nezib)打败马哈茂德的军队,尽管他的军队数量远远不及敌

---

① 这是《温卡尔-伊斯凯莱西条约》(*Treaty of Unkiar Skelessi*),因为寿命很短所以很少有人知道。1841 年 7 月,列强保证土耳其独立自主,宣布达达尼尔海峡和博斯普鲁斯海峡在和平时期不对外开放。

方。感谢埃及人慷慨的贿赂,许多土耳其士兵逃跑,而舰队的指挥——据推测可能由于同样的原因——令船队直接驶向亚历山大。1839 年 7 月 1 日,这一天苏丹马哈茂德在伊斯坦布尔去世,而舰队司令把亚历山大移交给了穆罕默德·阿里。法国人相信他们的最大利益在埃及,对此地不予干涉,而其他强国却倍感惊慌。1840 年 7 月 15 日,伦敦召开会议,由帕墨斯顿主持。会上,包括奥地利和普鲁士在内的各国,向穆罕默德·阿里下发最后通牒:他必须从叙利亚北部和克里特岛撤出所
496 有的军队,让土耳其舰队返回伊斯坦布尔。如果阿里照办,他将终生享有对埃及和叙利亚南部的管理权;如果他拒绝,英国和俄国的舰队将封锁埃及和叙利亚。

抱着从法国获得大量援助的一丝希望——这不用说,最终没有到来——穆罕默德·阿里拒绝了最后通牒。英国最低限度地实践了自己的宣言。那个秋天,上尉查尔斯·内皮尔(Charles Napier)率领英国的一支连队炮击贝鲁特和阿卡,并摧毁了它们。之后,内皮尔又率领另一支远征军登陆,在当地阿拉伯人的帮助下——他们在穆罕默德的统治下遭到严重迫害——于博哈塞弗战役(battle of Boharsef,皇家海军获胜得最不可思议战争之一)中轻而易举地打败了占领地的埃及军。法国强烈谴责英国这种师出无名的侵略行为和威胁战争,但各方对此均不加理会。像国王路易斯-腓力自己后来指出的一样,在世界上,战争威胁和制造战争之间大不相同。然后,内皮尔驶向亚历山大,如果穆罕默德·阿里不同意谈判,它肯定也会遭到与两个叙利亚港同样的命运。阿里立即让土耳其舰队返回伊斯坦布尔,恢复了每年向苏丹交纳的岁贡,并从叙利亚和克里特岛撤出。

暴徒阿里一直活到 1849 年才去世,享年 80 岁。此前他继续作为世袭帕夏管理埃及和苏丹,但总是处于奥斯曼帝国的宗主权下。他对疆域扩张没有进一步企图。我们得知,他是一个颇有智慧、极富个人魅力的人。他也是精力充沛、很有能力的:在埃及,他的统治较之以前达到一个惊人的高度。但是他没有受过教育,没有真正的政治远见和政治思想。他依旧按照奥斯曼旧习进行统治,尽管他采用了一些新方法,

创造新的、更有前途的社会。他把许多时间都花在巩固自己的统治地位上，抵制了历任苏丹对他的打击，在这个方面他成绩斐然。他建立的王朝持续了 100 多年，直到 20 世纪中叶，即使他错过了建立一个现代埃及的机会，但他至少为继承者清扫了道路。如果继承者没有成功，阿里是没有责任的。

1827 年 4 月的一天，阿尔及尔的代伊(dey)①侯赛因(Hussein)非 497
常生气地用蝇拂三次击打法国领事。这激起法国官方的愤怒，法国政府派遣一支海军中队到城里要求道歉和补偿。当侯赛因拒绝他们后，领事和所有的法国居民乘船离开，之后封锁阿尔及尔。1830 年 7 月，法国的远征军在离阿尔及尔西边 20 英里的西迪-费鲁奇(Sidi-Ferruch)登陆。同时，这座城市本身也受到一次强大的海军炮击。几个星期后，城市陷落，侯赛因被流放。法国开始接管阿尔及尔。

然而，法国占领者也没能事事顺遂。早在 1832 年，在一位 25 岁的反抗者阿卜杜·卡达尔(Abd el-Kader)领导下爆发了战争，持续了 15 年。到 1847 年，阿卜杜·卡达尔向托马斯·罗伯特·比戈元帅(Thomas-Robert Bugeaud)投降时，法国殖民者才进入阿尔及尔。到 1841 年，殖民者的人数已经超过 37000 人，到这个世纪末，其人口占总人口的 10%。他们发现这是一个容易落脚的地方——确实，许多不同的民族已经在这里安定下来了，包括迦太基人、罗马人、拜占庭人、阿拉伯人和土耳其人。最近巴巴里海盗的势力增长，实际上成为这片土地的主人——尽管他们不是这里的统治者，这仅仅是因为他们不愿意统治这里。不容置疑的事实是，在法国军队和比戈的阿拉伯局(*bureaux arabes*)的统治下，阿尔及尔的管理更加有效，更加公平。

沿着海岸及在北部山区一带，阿尔及尔的气候是典型的地中海气

① 代伊是一种职务。这个词实际上来自土耳其语，意思是"舅父"。1671 年第一次开始使用。在早期，代伊都是由海盗首领选出，接管本来由土耳其苏丹任命的帕夏拥有的职权。而代伊则指定贝伊为地方长官。

候,夏季温暖干燥,冬季温和多雨。在法国人到来之前,这片土地已经开化——早在1834年,一位法国将军注意到:这片土地上几乎不存在文盲,因为每个村庄都有引以为傲的两所学校。不过尽管这里名义上处于奥斯曼帝国的统治下,但其历届政府却不太稳定:在28位前任的代伊中,一半以上遭遇暴力死亡。财产权也模糊不清,但这对法国人来
498 说不重要。1840年在国会上发表的演说中,比戈非常清楚地表达了他的观点:"任何有淡水和土地肥沃的地方,我们都必须安置移民(小农),而不用去考虑这片土地的主人。"另一方面,大概有100万公顷原本属于奥斯曼政府的土地(大概4000平方英里),事实上被法国人继承了。他们还接管了其他大片土地,要么因为它们是低洼荒地,要么因为它们前主人的一些不法行为。

比戈军团早年相当独裁,统治者与被统治者之间几乎没有交流。然而在1852年,拿破仑三世建立第二帝国后不久,法国人的态度逐渐开明起来。据说,随着法国居民在阿尔及利亚的增加,他希望它成为法国的属地。这样,法国人就要铭记他们的第一职责是对300万阿拉伯人负责。阿尔及尔"不是一个法国行省而是一个阿拉伯国家、一个欧洲的殖民地和一个法国军营"。然而,军事统治一直持续到1870年第二帝国灭亡才结束,在这之前,阿尔及尔的总督——这一头衔在1845年首次授予比戈——一直也是军队的最高首领。直到1870年,小农(colon,也叫做黑脚[*pieds noirs*])已大大超过20万人,开始坚持更多地管理他们自己的事务,享有与地中海对岸的法国同胞类似的权利。阿尔及尔此时才正式被吞并,它组成了法国的一部分,由巴黎的法国内政部管理。

由于这些,阿尔及尔的地位和它东边和西边的邻居土耳其和摩洛哥有本质的区别。法国在这里的影响很强,而法国移民几乎很少出现在这两个国家,它们只被视为法国的保护国,由位于凯多塞(Quai d'Orsay)的外务部处理。突尼斯从严格意义上讲也是奥斯曼帝国的行省,尽管事实上它是独立自主的。当1830年法国占领阿尔及尔时,在位的突尼斯贝伊谨慎地接受了法国不干涉的保证。但是,1835年奥斯

曼帝国抓住与邻邦利比亚争议的机会推翻了这里的统治王朝，重建奥斯曼的直接统治。从那以后，突尼斯发现自己夹在了法国和土耳其两大强国之间，他们都对这里虎视眈眈。对于突尼斯的贝伊及其继任者而 499
言，他们都成功地在两国之间保持平衡直到 1881 年，可这一年，法国凭借一支突尼斯部落已经定居在阿尔及尔境内这一不足信的借口入侵该国，将贝伊的财政和外交大权移交给法国，并指派了一位法国常驻公使。

摩洛哥苏丹国——唯一一个同时拥有地中海和大西洋海岸线的北非国家——处于一个不同的地位。由于缺乏天然的良港，内部崎岖不平的山脉和巨大的距离把它与东部的帝国中心隔开，直到 19 世纪中叶它都非常孤立——统治者鼓励这种孤立——这使它比其他地方都更完好地保存了古代伊斯兰教、柏柏尔人和非洲的传统；其次，使它能够抵挡外部的压力，最显著的例子是 15 到 16 世纪西班牙的收复失地运动。摩洛哥也是唯一一个没有隶属于奥斯曼帝国的阿拉伯国家，虽然奥斯曼帝国实际上长期控制着阿拉伯世界的其他部分。

然而，法国人来到邻邦阿尔及尔是不容忽视的。1844 年，叛逆者阿卜杜·卡达尔到摩洛哥避难后，两国关系恶化，苏丹也派一支军队到两国边界。8 月初，法国轰炸了丹吉尔，十大后又轰炸了莫戈多(mogador)。14 日，他们在乌杰达(Oujda)附近的艾斯利(Isly)摧毁了苏丹穆莱·阿卜杜·拉赫曼(Moulay Abd el-Rahman)的军队。苏丹被迫承诺他将拘留或驱逐反叛者，再也不允许他进入摩洛哥的领地。他说到做到：1847 年，当阿卜杜·埃尔·卡达尔第二次请求避难的时候，摩洛哥军队逮捕了他。据说法国非常同情阿卜杜·埃尔·卡达尔：他被体面地流放到大马士革度过余生。

1859 年，苏丹死后，公众的注意力暂时转向西班牙，他们就摩洛哥境内的西班牙属地休达[①]的边界问题发生了一些纠葛。这件事以马德 500

① 这是摩洛哥海岸的自由港口，在拜占庭时期第一次获得独立自主，但是由于它是象牙、黄金和奴隶贸易的重要港口，其所有权一直存在激烈地争端。1415 年，葡萄牙获得控制权，但是 1580 年又转给西班牙，在 1688 年的《里斯本条约》获得合法承认。它靠近梅利利亚，一直以来都属于西班牙，从来没有成为摩洛哥领土的一部分。

里宣战而告终。次年,西班牙占领摩洛哥的得土安(Tetouan),苏丹被迫同意大量的补偿,扩大休达的面积。同时,英国和意大利也想分得一杯羹,但是他们都被法国收买了——英国承认法国在这里的自由,作为回报,法国不干涉英国在埃及的计划,而意大利同样享有在利比亚的利益。1880 年,英国、法国、西班牙、德国、意大利和美国在马德里开会并达成协议——至少理论上——保证摩洛哥的独立,但是,这没能阻止法国 1904 年在英国的默许下与西班牙签订秘密条约,承认双方在该国的"势力范围"。这就是 1905 年 3 月底德皇威廉二世乘坐飞机"汉堡"(*Hamburg*)号到达丹吉尔时所面临的形势,但他像通常一样,在这里激起轩然大波。他在回应欢迎词时,首先宣称苏丹的主权完整,独立自主,其次是苏丹王国领土完整,第三则是,"摩洛哥向所有国家开放,和平竞争,没有吞并和垄断"。

所有的听起来都无关痛痒,但是对于欧洲列强而言,其意图非常明显,就是把刹车板安装在法国的车轮里——和西班牙的小车轮里。前年,德皇建议德国从西班牙租借米诺卡的马翁港,这个建议遭到英国和法国的冷遇。这个小岛控制着到达土伦的关口,与英国的另外两个重要基地马耳他和直布罗陀在一条直线上。最重要的是,这两个国家都不希望让威廉再次干涉西地中海事务。整个问题最后敲定——表面上——在 1906 年获得圆满解决,其时曾签署 1880 年公约的各方应邀来到阿尔及尔全面讨论摩洛哥问题。这次重申了国家领土完整,列强经济上平等,但是同意法国和西班牙维持摩洛哥港口的安全和关税征收。

这个问题直到现在也没有完全结束。1907 年,法国——总是渴望增加在北非的影响——占领了卡萨布兰卡市(Casablanca)。后来阿布·哈菲兹(Abd el-Hafid),苏丹阿布·阿齐兹(Abd el-Aziz)的哥哥,领导军队反抗他,宣称他破坏了穆斯林的传统。阿布·阿齐兹逃到丹吉
501 尔避难,而阿布·哈菲兹在菲斯自称为苏丹。次年,他得到欧洲列强的承认,但是他从不大力治理国家。最后,随着混乱的逐步增加,他不得不请求法国援助。结果,1912 年,他与法国签订了《菲斯条约》,摩洛哥

变成了法国的保护国。丹吉尔则为欧洲外交使团的长期驻留地，实行单独管理。

最后谈谈利比亚。每个到过利比亚的游客都会被其优越的地理位置所吸引。它的西部——包括首府的黎波里——是的黎波里塔尼亚(Tripolitania)，这里的大莱普提斯(Leptis Magna)或萨布拉塔(Sabratha)等地，让我们仍然能感觉到古罗马的影响。东部是昔兰尼加——以班加西(Benghazi)为基础建立——阿波罗尼亚(Apollonia)、昔兰尼和其他地方立即把我们带回古希腊。然而，东西之间大概相隔六到七百英里，两者之间，除了中途毫无特色的苏尔特(Sirte)小镇之外，实际上没有什么重要的东西。把这个国家连接在一起的纽带可能有两条：赛努西(Sanussi)修会。它宣扬一种伊斯兰清教主义，尽管这大部分集中在昔兰尼；第二个就是意大利殖民主义。[①] 尽管利比亚名义上处于奥斯曼土耳其的统治之下，它和邻邦一样还是有过些许自治，直到 1835 年奥斯曼帝国利用争论不休的继承权问题加强了对它的直接管理。随后 77 年，这个国家都由来自伊斯坦布尔的官员治理。1911 年意大利接管它直到二战结束，还给它取了现在的名字。

① 参见第三十一章。

第二十七章 1848 年意大利革命

502 1848 年 1 月 12 日星期三，这一天正好是国王斐迪南二世[①] 38 岁的生日——巴勒莫的人民奋起反抗他们的主人波旁王朝，当时他们也不清楚自己将引发怎样的事态。反抗事件在王国中已屡见不鲜：1820 年，那不勒斯就发生过一次失败的起义。1821 年皮埃蒙特也发生过类似事件。1837 年，西西里发生了另一场由霍乱引起的叛乱——这种疾病在欧洲还是首次爆发，但随之而来的愤怒的示威运动被轻而易举地解决了。然而 1848 年发生的事件(意大利人叫它 quarantotto)则与众不同，它是一场真正意义上的革命。在这年年底，其他地区的革命也随之爆发：巴黎、维也纳、那不勒斯、罗马、威尼斯、佛罗伦萨、卢卡、帕尔马、摩德纳、柏林、米兰、克拉科夫、华沙和布达佩斯。

1848 年初，学生骚乱促使当局关闭大学，几名因提倡自由思想而闻名的杰出市民被逮捕了。一份未署名的号召人民在国王生日当天起义的宣言书散布出来。大部分起义者是山贼——他们是今天黑手党的先驱——或单纯的农民，除了追求更美好的生活以外，他们几乎都不清楚起义的目的，但他们仍然热情高涨，奋勇抗争。许多小村庄和城镇遭

① 斐迪南一世死于 1825 年，其子弗兰西斯一世继承王位。他只统治了五年，其子斐迪南二世继位，1830 年至 1859 年在位。

到了摧毁,乡间一片破败。

波旁王朝在巴勒莫的驻军约有 7000 人,但他们几乎没起任何作用。这里通讯不好,道路也不通,他们寸步难行,于是在绝望中决定轰炸城市——不久之后,他们对这一决定后悔莫及。[①] 愤怒的暴民袭击并洗劫了王宫,放火烧毁国家的资料库和档案。感谢仁慈的上帝,巴拉丁礼拜堂幸免于难。守军撤退,很快返回那不勒斯。几天之后新政府 503
成立,70 岁的西西里爱国者鲁杰罗·塞提摩(Ruggero Settimo,以前隶属那不勒斯海军部)担任总统。同时,革命蔓延到了各主要城市(除了墨西拿,它因妒恨巴勒莫而选择袖手旁观),也传播到了几百个村庄,他们对这些支持革命的农民许诺将来会分配大量的土地。这场革命最终没有遇到任何实质性的抵抗。

月底,西西里实际上已摆脱王室军队的控制。2 月 5 日,塞提摩宣称"战争的罪恶已经停止,西西里将迎来快乐的岁月。"他没有提及那不勒斯仍然控制着墨西拿。然而,斐迪南国王很清楚他走投无路了。由于那不勒斯按照西西里模式持续进行示威运动,1 月 29 日,他为王国的两部分提出一部自由宪法,筹备一个两院制的立法机关,准备给公民适度的公民权。"游戏结束了,"惊恐的奥地利大使施瓦曾伯格(Schwarzenberg)亲王写信给上司梅特涅,"国王及其大臣完全丧失了理智。"梅特涅简单地在边上潦草地批注道,"我并不觉得这些大臣会失去他们从来没有拥有的东西。"

本月底到达的消息使斐迪南更加痛苦。在巴黎,"平民国王"路易-腓力于 2 月 24 日被推翻,共和国宣布成立。现在是一败涂地了。批准宪法后,斐迪南短暂地提高了自己的声望,接着又遭到前所未有的辱骂;自由宪法已不能稳定局势。其间,西西里人拒绝了该提议。他们冷淡地告诉斐迪南,"西西里不需要新制度,但要恢复几个世纪以来他们拥有的权利。"在巴勒莫,斐迪南被罢免,波旁家族的旗帜被革命的三色

① 因为这件事使斐迪南二世获得"炸弹国王"(King Bomba)的绰号。

旗所替代，这种旗帜设计奇异：一个无框的车轮，三条手臂是它的辐条。[①]

现在西西里自14世纪以来第一次获得真正的独立自主。它面临的困难是缺乏有效的国家行政管理机构。武装分子遍布整个小岛，绑架和保护性敲诈盛行，所有的这些都是不满的象征。贸易量突然下降，
504 失业率猛增，法律体系实际上崩溃了。对大多数西西里人而言，1848年不再是革命的一年，而是破坏和混乱的一年。

到8月底，斐迪南派遣陆军元帅卡洛·弗兰杰里(Carlo Filangieri)率领一支陆海军联合部队去岛上恢复秩序。叛军反击，那不勒斯和西西里之间原有的仇恨使双方都很残暴——以至于在西西里海域的英国和法国的海军上将，都对战事的血腥和残忍感到震惊，他们于是劝说斐迪南停战6个月。有人可能认为，结束僵局的机会仍然存在，但是每条协议都立即遭到了拒绝。结果，1849年4月2日，弗兰杰里占领陶尔米纳(Taormina)；7日又占领卡塔尼亚；5月15日，他进入巴勒莫。西西里人低效率、缺乏团结，拒绝妥协，这些都完美地向我们演示了进行一场革命不应该做什么。他们的邻居希腊表现出类似的缺点，但是获得了西方列强的积极支持，而西西里却没有——他们为此付出了沉重的代价。

尽管革命在威尼斯最终没有成功，但却进行得更稳妥、更有章法。1844年6月，3位年轻的威尼斯海军军官——兄弟俩阿蒂略(Attilio)和埃米利奥(Emilio)以及他们的朋友多梅尼克·莫洛(Domenico Moro)——从科孚出发前往卡拉布里亚，打算参加那里的一次反对波旁那不勒斯的小型起义。他们的远征像堂吉诃德一样荒谬，实际上没做任何准备，也没采取任何防御措施，因而立即被逮捕。一个月后，他们在靠近科森扎(Cosenza)的罗维托(Rovito)山谷[②]被处死。他们死亡

① 马恩岛民的徽章上有类似的图案，但手臂上戴有护甲，装有马刺。

② 威尼斯为了纪念他们，把布拉格拉的坎波·乔瓦尼(Campo S. Giovanni)重新命名，改为坎波·班迪耶拉·莫洛(Campo Bandiera e Moro)。

的消息对意大利的公众舆论产生了重大影响。如果 3 个威尼斯人——更不用说佩鲁贾、里米尼和其他城市的几位殉难者——准备为那不勒斯而死，那么意大利统一就不仅是一场空梦。这些英雄不应该白白牺牲。现在威尼斯人都发出同样的心声：当全城人都齐心协力时，革命的时刻也就到来了——而最终表达出这一心声的则是丹尼尔·马宁(Daniele Manin)。

马宁 1804 年 3 月 13 日出生于威尼斯。他的爸爸是犹太人，年轻时
皈依了基督教，并采用了自己教父的名字皮埃特罗·马宁(Pietro 505
Manin)——最后一任总督卢多维科(Ludovico)的哥哥。丹尼尔决定成为像爸爸一样的律师。当丹尼尔 12 岁的时候，他出版了第一部著作，这是一本关于遗嘱的专著。21 岁时，他获得帕多瓦大学的博士学位。他不仅精通拉丁文、希腊文、希伯来文、法文和德文，而且懂意大利语和本地威尼斯语。由于爸爸的熏陶，他接受了共和和自由思想，至 1847 年时，他已积极投身政治活动达 16 年之久。此时，民族主义情绪已蔓延到整个意大利，他趁势发动了反对奥地利专制主义的斗争，并把它称作 *lotta legale*，意为“合法斗争”。在这个阶段，他并未要求威尼斯能完全独立自主，而只想求得在哈布斯堡帝国主权下的本土自治。只有当这个被拒绝时(他其实很清楚必然会被拒)，他才号召人民拿起武器。

1847 年 12 月 30 日，当著名的学者尼科洛·托马塞奥(Niccolò Tommaseo)发表演说时，第一次公开挑衅开始。这次演讲的主题表面上是“意大利文学的状况”，事实上直接攻击了奥地利的检查制度。在演讲结束后，他散发了请愿书，600 多位威尼斯和威尼托的头面人物在上面签名。为了进一步表达愤怒之情，威尼斯人模仿米兰人几个星期以前的举动，放弃吸烟；[①]他们总是到广场上表明他们不欢迎奥地利军事管乐队的音乐表演；自此以后，每当走到公共酒吧时，他们都停下脚步转身离开。一个星期之后，马宁起草了十六条宪章，除此之外还要求在奥地利统治下大幅提高所有意大利人的权利，建立一个直接对皇帝负责

① 通过对烟征收重税，奥地利从伦巴第获得大量税收。奥地利的军队对此的回应是宣布为官员和士兵提供大量免费的烟，命令他们向意大利人脸上吐烟气。

的独立的意大利北部政府，最后，要完全废除检查制度。这对帝国统治者来说，是激怒他们的最后一根稻草。1848 年 1 月 18 日，马宁和托马塞奥被逮捕，关在总督府附近的古老监狱里。威尼斯人一发现他们被关在这里后，就每天到这里聚集，脱帽静立在铁窗前向他们表达敬意。

3 月初，两人被宣判无罪，这让每个人都很吃惊，但是奥地利警察总长坚持认为他们应该继续关在监狱里。这是一个灾难性的错误。一年一度的狂欢节被取消，马宁的律师同事无偿地接管了他的工作。不过威尼斯人意识到，奥地利在威尼斯和伦巴第的士兵至少有 75000 人，
506 这支军队由 81 岁的元帅约瑟夫·拉德茨基(Josef Radetzky)[①]率领，因此对起兵反抗仍犹豫不决。3 月 17 日，从的里雅斯特来的邮轮带来消息：维也纳也爆发了起义。起义者四天前就已经取得胜利。可恨的梅特涅亲王已经逃跑。一夜之间，威尼斯形势巨变。随着消息传遍整个城市，一大群人向广场南面的市政府所在地蜂拥而去，大声喊着“Fuori Manine Tommaseo[②]！”显然，人民的力量已不可阻挡。

《从监狱中被释放的丹尼尔·马宁和尼科洛·托马塞奥》，拿破仑·纳尼画。

① 半个多世纪以前，拉德茨基参加了反拿破仑第一次奥地利战争。1813 年，在莱比锡战争中担任参谋长。他一共参加过 17 次战斗，受过 7 次伤，他的 9 战匹马被射中。

② 释放马宁和托马塞奥。

最后，奥地利总督帕尔菲(Pàlffy)伯爵出现在窗口，发表声明：即使他希望释放犯人，他也没有权力这样做。群众在马宁 16 岁的儿子乔治的领导下穿过小广场(Piazzetta)来到监狱门口，开始锤打监狱的大门。门最终被打开。丹尼尔·马宁拒绝离开监狱直到政府下达命令允许他这样做，这是马宁作为律师的典型行为方式。帕尔菲在妻子歇斯底里的怒吼下迅速签署了命令。之后，马宁和托马塞奥立即被人们扛到总督的官邸。群众好像要破门而入，马宁制止了他们。“不要忘记，”他告诉人们，“如果没有秩序，这里就没有真正的自由，自由也就不能持久。”只有当人们冷静下来，他才允许他们抬着他回家。

梅特涅于 3 月 13 日辞职并出逃，这使意大利人开始行动起来，却让奥地利陷入混乱。政府群龙无首，军队也手足无措，不确定效忠谁。这明白无误地向起义者发出信号，革命蔓延到整个意大利。在米兰，意大利人众所周知的“cinque giornate”(即 3 月 18 日到 22 日这 5 天进行的那场伟大的起义)把奥地利人从城市赶走并建立了共和政府。这些日子的最后几天，在都灵《复兴报》(*Risorgimento*)头版出现一篇由编辑卡米洛·加富尔(Camillo Cavour)伯爵撰写的鼓舞人心的文章。“伟大的时刻到了，”他写道，“这里只有一条道路向国家、政府、国王敞开，战争！”

两天之后，萨伏依国王查理·阿尔贝特(Charles Albert)在皮埃蒙 507
特宣称：他的国家愿意在即将来临的战斗中全力支持威尼斯-伦巴第，而且他将亲自率领军队参战。不幸的是，虽然他能立即调动 7 万名士兵，但是皮埃蒙特没有为战争做好准备，整个军队中没有一张伦巴第地图。还有，国王也不是一位能力卓越的将军，毫无疑问，他根本无法与老拉德茨基相比。拉德茨基早在查理·阿尔贝特出生前就已经在指挥军队了。

另一方面，从军事实力上看，虽然奥地利和皮埃蒙特之间最后的战争结果可能在预料之中，但是国王必定为其他意大利邦国的反应所鼓舞。托斯卡纳大公利奥波德二世立即派出一支由正规军和自愿者组成的部队。更令人惊奇的是，那不勒斯的斐迪南国王也做出类似的举动，派出卡拉布里亚将军古列尔莫·佩佩（Guglielmo Pepe）率领的一支16000人的军队。从战略上讲，这些帮助并不能让形势发生变化。然而，他们毫无疑问地表明：他们之所以这样做是因为他们都属于意大利民族。当他们选择与皮埃蒙特并肩作战时，这些邻邦的统治者们不是把自己视为查理·阿尔贝特的盟友，而是把自己当成他的同胞。

仅丹尼尔·马宁没有打算为意大利而战，他的事业方向是威尼斯。几个月前，他从监狱里被释放的那个晚上传来一则消息：皇帝已同意支持威尼斯-伦巴第的立宪政府原则，他听到这则新闻很欣慰。但是这样的提议已经不够满足人们了。他的使命是把奥地利人赶出威尼斯领土。3 月 22 日早晨（威尼斯为了纪念这一天，将自己最主要的商业街以此命名），马宁和同伴没费一兵一卒攻占了武器库，强取储藏在那里的所有武器和弹药，之后率领军队凯旋，向广场走去，他在那里正式宣布成立共和国。他高喊“圣马可万岁！”（Viva San Marco）结束演讲，这是半个世纪以来第一次在公共场合听到这样的声音。与此同时，帕尔菲正式签署投降书，实际上把权力交到了“即将形成的地方政府”手中，并同意所有的奥地利军队将不带武器撤离到的里雅斯特。

508 威尼斯再次成立共和国，但是很明显从成立之初就可以看出共和国处于极度危险中。奥地利人虽然撤退了，但是他们绝没有被打败；革命毕竟一直限制在主要城镇，拉德茨基仍然控制着大部分乡村。6 月 10 日，维琴察陷落，威尼斯所有在大陆半岛上的领土又重新控制在奥地利手中，威尼斯不可能再独自战斗。所以 7 月 4 日，新选出的威尼斯议会勉强投票同意与皮埃蒙特合并。加富尔在那里正前所未有地大声疾呼意大利统一。对丹尼尔·马宁来说，这一天是一场悲剧，他立即把权力移交给临时部门，退出公众生活。（几天后，他穿着私人制服在公民卫队里被发现，当时他正在亚契达站岗。）同时，3000 名皮埃蒙特军队被安顿在城市。对于很多威尼斯人来说，这几乎像奥地利人卷土重来一样糟糕。

> “每天，教皇都表现出实在缺乏现实意识。他出生并成长于一个自由主义者的家庭，这实在是一所烂学校。作为一位好牧师，他从来没有把注意力转向政府事务。因为他心肠好、智力低下，他听任自己被利用和陷害。自从当上教皇，他就陷入一个无法逃脱的网中。如果事情顺其自然，他将被赶出罗马。”

这些是奥地利总理大臣梅特涅亲王1847年10月写给驻巴黎大使的预言，他们谈论的对象是乔凡尼·马利亚·马斯塔伊-费雷提（Giovanni Maria Mastai-Ferretti），以前的伊莫拉（Imola）主教和斯波莱托（Spoleto）大主教。前几年，当他54岁时，当选为教皇庇护九世。听到他当选的消息，意大利和西欧的自由主义者都很振奋而喜悦。新教皇看起来是他们中的一员。上任的第一个月，他赦免了1000名政治犯和流亡者。[1] 几个星期之后，他在魁里纳举行花园聚会——男女都能参加。同时，他积极鼓励修建铁路（他的前任乔治十六强烈反对这一计划，他把它称为地狱之路[2]）和在罗马街道上的油灯照明计划；他建立了一家自由或几乎自由的出版社；他着手关税改革，把普通信徒引进教廷，废除荒谬的法律，根据这一律法犹太教徒必须每个星期听一次基督 509
教的布道。无论走到哪里，他都是意大利最受欢迎的人。

但是，他的名声为他招来了麻烦。每一次政治示威，从最温和的到最革命的运动，都对外宣称获得了他的支持。他的名字出现在上千条横幅上，被用来宣传教皇其实强烈反对的事情。随着1848年革命的爆发，他的地位变得更加不稳定。“皮奥诺诺！皮奥诺诺！皮奥诺诺！”[3]变成了战斗口号，在各个城市的大街小巷，被骚动的群众交口相传。当教皇费雷提用“上帝保佑意大利”结束他的一次演讲时，他的话立即被视为表达了他对民众的意大利统一并永远摆脱奥地利统治这个梦想的

① “上帝不会批准大赦，”梅特涅咆哮着，“上帝宽恕我们。”

② chemins d'enfev。——译者注

③ Pio Nono。——译者注

赞同。(可是毫无疑问,庇护九世并不渴望看见意大利的统一,要是这样,教皇国将何去何从呢?)简而言之,现在教皇发现自己正在一列失控的火车上,他唯一的希望是用尽一切方法刹车。

就在这决定命运的1848年1月底,大批新宪法已开始运作。斐迪南29日呈给那不勒斯一份宪法。仅一个星期之后,在佛罗里达,大公提供了另一份宪法。3月5日,巴黎革命和路易-腓力出逃后,萨伏依的国王查理·阿尔贝特在都灵也批准了一部宪法。3月13日,又轮到了维也纳,梅特涅则自顾自逃命去了。这是最重要的一则消息,意大利爱国者心中涌出新希望——他们像往常一样,希望教廷能引领他们前进。但这种事情并没有发生:15日,教皇庇护九世批准罗马宪法。首席红衣主教安东内利(Antonelli)①已确保宪法并没有过分倾向自由化,而且事实证明,这部宪法也没有持续很长时间,但是它已完成了它的使命。庇护九世不愿意当欧洲革命的先锋,但也不愿意落后。

3月24日,查理·阿尔贝特对奥地利宣战,将军乔瓦尼·杜兰多(Giovanni Durando)率领教皇国的军队离开罗马前去保护教皇国北部
510 疆域,避免任何来自奥地利的袭击。这纯粹是一项防御措施,但是好战分子拒绝接受这样的计划。他们宣称奥地利已对基督教的意大利宣战,因此这是一场圣战,一次十字军东征,带着把侵略者赶出意大利神圣土壤的特殊使命。可想而知教皇庇护九世非常愤怒,他绝不宽恕这种敌对政策,更不用说是针对一个天主教国家的。结果是1848年4月29日出现了所谓的训谕。他并不打算领导意大利统一运动,他说,恰恰相反,他极力反对这样做。虔诚的意大利人应该忘记统一的观念,再次向各自的国王宣誓效忠。

训谕受到斐迪南国王的欢迎,他把它看成撤回他派往北部的由佩

---

① 安东内利是教廷能取得当时权威的主要功臣。他是一位极富魅力的卓越的政治家。他不计其数的私生子证明他过着极其淫乱(mouvemente)的性生活。"当他在沙龙上驻足于一位俊俏的妇女身旁时,当他靠近与她聊天,抚她肩膀,深深地注视着她的胸部时,你会以为他是密林中的男子,你浑身颤抖好像乘着轻便车在路边翻倒了。"(Edmond About, *La question romaine*, quoted by Holt, Risorgimento, p. 139.)

佩将军领导的军队的一个完美借口。(佩佩为了他永恒的荣誉,违背斐迪南国王,率领2000名士兵参与威尼斯的防御。)另一方面,举国上下那些真正的意大利爱国者听到这个消息时都感到震惊,但是就像事实所证明的一样,统一大业几乎没受影响。现在运动以不可阻挡的气势扩展开来。真正受到破坏的是教皇自己的声誉。在此之前,教皇还是一名英雄,从此以后他就成了一名叛徒。训谕表明教皇对整个事件的影响是多么无力,除此之外别无其他。教皇的声望突然消失,现在轮到他去面对革命。随后7个月,他努力控制形势。但是,当他的总理大臣佩雷里诺·罗西(Pellegrino Rossi)伯爵进入总理官署时被杀死后,教皇明白罗马对他而言不再安全。11月24日,他化装成一名普通牧师从侧门悄悄地溜出魁里纳尔宫逃到加埃塔,在那里受到国王斐迪南的热烈欢迎。

起初,皮埃蒙特的士兵享受着成功的喜悦。然而不久,7月24日,查理·阿尔贝特在距维罗纳西南部几英里的库斯托札(Custoza)溃败。拉德茨基在后面穷追猛打,他退到米兰。8月4日,他被迫请求停战,根据条约他和军队撤退到本国界内。两天之后,米兰人也投降了,不屈不挠的老元帅率领自己的军队回到城里。

战争的第一阶段结束,奥地利轻而易举地成为胜利者。它不仅重新牢牢控制了威尼斯-伦巴第地区,而且使那不勒斯单独讲和,罗马投 511
降。在法国,外交大臣以个人的名义作为诗人阿方索·德·拉马丁(Alphonse de Lamartine)出版了一本《共和国宣言》,起到鼓舞人心的作用,但是没有提供积极的或是物质的帮助。新威尼斯共和国的宣言发表不到五个月,反革命力量就胜利横扫意大利本土。

威尼斯并无遗憾地告别了皮埃蒙特,但是它又再次孤军奋战了。它唯一的希望是马宁。他现在脱掉私人的制服,8月13日,国会邀请他担任独裁者。他以自己对军事一无所知的理由拒绝任命,但是最后他被劝说接受了三人小组的领导权。他的声誉如此之大,使另外两位同僚退居其次,他事实上成为一名独裁者。在他独立的指导下,威尼斯共和国在整个冬天进行了勇敢地战斗,但是绝望与日俱增。

从整个意大利来说,1848 年是非常重要的一年;从战略上讲,形势改变不大,许多地方仍然控制在奥地利手中;另一方面,从政治上讲,大众的观点发生了显著的转变: 这一年刚开始时,许多意大利爱国者想把奥地利人赶走;当这一年结束时,主流观点(在除威尼斯外的意大利各地)是组成一个团结的意大利。变化正在发生。终于,意大利人似乎将要实现他们珍藏已久的梦想,意大利复兴运动开始。

第二十八章　意大利复兴运动

梅特涅曾宣称:"意大利只是一个地理学上的概念。"他说出了事实。在意大利的历史中,意大利半岛从未形成过一个单一国家。甚至在罗马帝国时期,它也只是整体作为罗马的一部分——而且通常是很小的一部分。然而在中世纪初或者更早,意大利民族的概念已作为一种遥远的理想而存在:但丁和彼特拉克都梦想着意大利民族的统一,之后的马基雅维利也是如此。就地理学和语言学而言,这种理想当然是有意义的;但这片国土严重地四分五裂,城市与城市,圭尔夫党与吉贝林党,皇帝与教皇之间的分歧和竞争是如此的激烈,敌友关系转换是如此频繁,以至于到19世纪中叶时,统一的可能性都还很渺茫。 512

但当1848年革命开始后,一切都改变了,遥远的梦想突然成为一个可行的目标。卡米洛·加富尔伯爵并没有充足的理由称他的报纸为《复兴报》——复兴一个从未存在过的事物是不可能的——但是这个词为这场运动戴上了一个漂亮的光环,而且不久被普遍采用。现在需要的是一位领袖。

1849年初,举国上下只有一位重要候选人或可堪此重任。威尼斯-伦巴第仍然处于奥地利的统治下。尽管几个星期前,教皇庇护自愿流放,但只要教廷的问题一天不解决,罗马,乃至整个教皇国就会受到排斥(可教皇国又实际上将半岛一分为二)。那不勒斯悲哀地处于思想守旧的“炸弹国王”统治之下,实际上不值一提。其他的意大利国家要么太小,或者太弱,都不具备资格。皮埃蒙特是一个显而易见的选择。尽管仍为去年的失败感到伤心,但它仍然精力充沛、雄心勃勃,实力稳步增长。[①] 自1831年登基以来,国王查理·阿尔贝特就毫不妥协地反对奥地利。

但是查理·阿尔贝特是在位的君主,不可能给运动带来太多的群众支持(毕竟参与运动的大部分人都是共和主义者)。显而易见,此时
513 需要一位富有个人魅力的领导人。至少在早期,朱塞佩·马志尼(Giuseppe Mazzini)承担起了这一任务。他于1805年出生在热那亚,但是10年后,维也纳会议的分配使他自动成为一名皮埃蒙特公民。大学期间,他有些杂乱无章地研究过医学和法律,但是后来着迷于意大利复兴思想,甚至由于参加一些颠覆活动被短暂拘留过。1831年2月,他被流放到马赛。他一生主要住在这里和伦敦,基本上是在流放中度过的。

刚到马赛,马志尼就发起了一场他称之为“青年意大利”(*lo giovine Italy*)的运动。正如其名所示,该组织只吸收年龄40岁以下的人,它试图发展他们的民族意识;它将成为一个“伟大的意大利民族协会”,并公开宣称以解放意大利为目标——如必要的话可以通过革命来完成。青年意大利党立刻就获得了成功:创建不到两年,它就拥有了6万多名成员。它还创办了一份期刊——与该组织同名——最初两年出了6期:这可是一项巨大的成就,想想吧,每一期的篇幅都有200多页,其中大部分还是由马志尼亲自撰写的。

到1833年,马志尼准备行动了。青年意大利党吸收了大批年轻军官和皮埃蒙特军队中的士兵。在他少年时期的好友雅格布·鲁菲尼(Jacopo Ruffini)的帮助下,马志尼决定同时在热那亚和亚历山德里亚起义,他相信运动将迅速席卷全国,推翻政府,从而最终打倒查理·阿

① 这时,其领土不仅包括传统的古代萨伏依大公的土地(首都设在都灵),还包括撒丁岛、尼斯,自1815后年,还包括热那亚。

尔贝特。起义还没有开始,密谋就被发现了(这并不是两位领导人的错),他们所有的联系人都被逮捕,其中 12 名被枪决,鲁菲尼白白死在了监狱中。

马志尼当时在法国境内,没有立即遭受人身危险,但是马赛到处都
是皮埃蒙特间谍,不久之后他前往更加安全的日内瓦。当三年中几次
更不成功的密谋也失败后,甚至瑞士对他而言也不安全了。1837 年 1
月,他来到伦敦,并在这里度过了接下来的 11 年,伦敦成为了他的第二
故乡。马志尼在这里再次投身狂热的活动:为青年意大利党注入新活
力,致力于改善许多意大利新移民的生活,为意大利儿童建立免费学
校,建立另一份报刊,每天写几十封信给世界各地的意大利爱国者和流 514
亡者,因为到此时,革命委员会不仅在意大利,而且也在欧洲其他国家
以及美国、加拿大、古巴和拉丁美洲存在。

马志尼的干劲和勤勉很快就使这位非凡的意大利人在伦敦成为了一位众所周知的人物。在到达 7 年后,他获得了突如其来的名声,这使他的事业受益匪浅:早在 1844 年,他就开始怀疑自己的信在未寄出之前就被秘密拆开,他通过一些简单的实验证实了这一事实。他立即向一名关系好的议员抱怨,这位议员因此在众议院对此问题提出质询。内政大臣詹姆斯·格雷厄姆(James Graham)阁下起初否认控告,但是在面对证据时,他不得不承认办事处确实在奥地利大使的请求下打开过信件。人们开始在他们信封上写上"不要做格雷厄姆"。这件丑闻不仅使马志尼成为众人瞩目的中心,而且他给格雷厄姆写了一封公开信,详细地阐释意大利事件。这封信被大量重印,给予了他所需要的公众支持。他的朋友托马斯·卡莱尔(Thomas Carlyle)坚持认为这些信的被打开对他来说是前所未有的大好事。

教皇庇护的匆忙离去使罗马大吃一惊。教廷总理大臣朱塞佩·加列蒂(Giuseppe Galletti)——马志尼的一位老朋友,在大赦后回到罗马,勇敢地继任被谋杀的罗西的职务。他首先派出一位代表到加埃塔劝庇护回来;当庇护拒绝接见代表后,加列蒂呼吁组成罗马立宪议会,

选举200名议员,会议定于1849年2月5日召开。时间是短暂的,但这种需求是急迫的。142名议员按时出席在坎切拉里亚宫举行的会议,仅仅4天之后的凌晨2点,大会投票——120赞成,10票反对,12票弃权——结束教皇的世俗权力,建立一个罗马共和国。马志尼没有出席会议,目前会议中举足轻重的人物是41岁的冒险家朱塞佩·加里波第(Giuseppe Garibaldi)。

1807年,加里波第出生在尼斯(1860年,尼斯才被割让给法国),加
515 里波第像马志尼一样成为了皮埃蒙特人。他作为一名商船海员开始其职业生涯,1833年他成为一名青年意大利党员。作为一名实干家,加里波第曾参加过下一年的一次兵变,但以失败告终。这只是其早年许多失败的密谋之一。政府签发了一张通缉令,命令将他逮捕归案,他及时设法逃到了法国;同时在都灵,加里波第在缺席的情况下因严重的叛国罪被判处死刑。在法国商船上待了一段时间后,加里波第加入突尼斯总督的海军并被任命为总指挥,但是他谢绝了。最终于1835年12月,他跑到一艘驶往南美的法国双桅方帆船上当大副并一待就是12年。在前四年中,他为一个小国摆脱巴西的统治而战斗,但以失败告终。1841年,他和其巴西情妇安尼塔·里贝罗·席尔瓦(Anita Ribeiro da Silva)一起长途跋涉到了蒙得维的亚(Montevideo),在那里他很快接管了乌拉圭海军,也指挥着意大利流亡者军团——第一批红衫军,这支军队此后与加里波第的名字紧密相连。1846年圣·安东尼战役胜利后,他的名气很快地传到了欧洲。现在他已经成为了一名专业造反者,游击战经验对他以后的几年大有裨益。

当加里波第听到1848年革命爆发的消息后,他立即聚集了60名红衫军乘最早的一班船回到了意大利。他最初提议为教皇,尔后是为皮埃蒙特而战,他们都拒绝了加里波第,特别是查理·阿尔贝特,他必定不会忘记加里波第现在仍是被判死刑的。于是加里波第前往米兰,他立即投入了战斗。查理·阿尔贝特在库斯托札被打败,加里波第并不感到害怕,继续独自与奥地利战斗,但到8月底,敌我实力相差过于悬殊,他别无选择只好退到瑞士,与安尼塔一起在那里度过了接下来的

三个月。一听到教皇逃跑的消息，他又立即带着志愿军去了罗马。他被选举为新议会的成员，正是他正式提议罗马从此以后应该成为一个独立自主的共和国。

令人惊奇的是，马志尼没有参与这些轰动性的大事。他当时从米兰前往佛罗伦萨——利奥波德大公刚从这里逃走——白费心机地劝说当地政府成立共和国，实现与罗马政府的统一。3 月初，他才动身第一次前往新首都，在那里议会为他提供了一个职位。可想而知，他受到了 516
英雄般的欢迎，并被邀请坐到总统的右手边。

不幸的是，皮埃蒙特的国王选择此刻撕毁签订不足七个月的停战协议，恢复与奥地利的战争。他为什么这样做仍然是一个谜。他也许担心另一场起义将使自己丧失宝座；更可能的是，他把自己视为意大利的斗士和解放者，他下了决心不允许让库斯托札战役的失利结束他的军事生涯。那次战败表明了他称不上是一位合格的将领，于是在接下来的战争中，他只保留名义上的最高指挥权，把实际指挥权委托给了一位参加过拿破仑战争的波兰老兵沃伊切赫·赫扎诺夫斯基(Wojtiech Chrzanowski)。

赫扎诺夫斯基毫无疑问是尽力而为了，但是事实证明，作为一位将领，他比其长官好不了多少。重开战火不到两个星期，皮埃蒙特人在诺瓦拉对抗拉德茨基，此地据米兰西部 30 英里。正如在库斯托札一样，他们无法与奥地利人对抗，尽管奥地利人在数量上略少于他们，但却比他们更守纪律，也更为专业。当子弹在查理·阿尔贝特周围嗖嗖飞过时，他表现出堪称楷模的勇气，毫无畏惧地穿过敌人的战场。他毫发无损地幸存了下来，但是他的军队被击溃，战败了。布雷西亚又单独坚持了几天，但不久它就被奥地利将军尤利乌斯·冯·海瑙(Julius von Haynau)所征服，他因残忍、野蛮而臭名昭著。[①] 查理·阿尔贝特宣称

① 甚至在英国他也臭名昭著。1850 年 9 月 4 日，海瑙拜访伦敦的巴克莱啤酒厂(Barclay's Brewery)。他因为长着奇怪的长胡子很快被认出来，遭到雇员的袭击，他们向他泼脏水。他逃到河边，一大群暴民紧追不放，他到乔治酒店避难，在那里最后才被警察救出来。

他不能签订另一份投降协议,他退位让儿子萨伏依大公维克多·伊曼纽尔继位。他获准作为一名普通公民穿过奥地利边界,在波尔图(Oporto)引退,仅仅4个月后他就在那里去世了,死于令人怀疑的心脏病。

朱塞佩·马志尼长期以来一直认为继罗马帝国和罗马教皇国之后应该有第三个罗马:一个属于人民的罗马。现在梦想变成了现实。议会成立了新共和国,由一个三人领导小组领导;然而这三位成员中,事实上有两位被忽视,马志尼实际上成为罗马的独裁者。他绝不是第一
517 位也不是最后一位独裁者,但是可以肯定的是没有像他这样的。在魁里纳尔宫狭窄的办公室里,他热情接待所有的来访者;他每天在同一家便宜的小吃店里吃饭;每个月32里拉的薪水全都捐给慈善机构。现在这位蛊惑人心的政客和宣传者成为了有良知的管理者。马志尼废除了死刑,引入了男性普选权,宣称出版完全自由,恢复教皇国——共和国的极端主义者曾在这里实行恐怖统治——的秩序。毫无疑问,他做了很多,他知道必须争分夺秒。"我们必须行动,"他告诉议会,"像敌人在大门口的人们一样,像为实现永垂不朽的人们一样。"他说出了事实。4月初,从巴黎传来了一则不祥的消息,一支法国远征军正在途中。

2月18日,教皇庇护在加埃塔向法国、奥地利、西班牙和那不勒斯发出一份正式援助请求,四大强国均有回音。然而对马志尼来说,最大的危险来自法国——它做出的反应明显取决于新共和国的态度,特别是新当选的总统路易·拿破仑亲王。差不多20年前,这位亲王卷入过反教皇的阴谋,并被罗马所驱逐,所以他对教皇没什么好感。另一方面,自从在诺瓦拉,他看见奥地利在意大利的势力比以前更加强大;他怎能坐视奥地利独自向南扩张,并按它的方式恢复教皇呢?如果他自己不采取行动,他知道毫无疑问这就是奥地利人的打算。

因此他下了命令。1849年3月25日,尼古拉斯·乌迪诺将军(Nicholas Oudinot)——拿破仑麾下一位元帅的儿子——率领9000人在奇维塔韦基亚登陆,开始了向罗马的40英里行军。他相信共和国是

一小部分革命者强加给并不情愿的人民的,它不久将被推翻,因此他和他的士兵将作为解放者而受到欢迎。他命令:不承认三人小组和议会为合机构,务求和平地占领城市,如果有可能的话一枪也不要开。

他非常吃惊。尽管罗马人要抵抗一支训练有素,装备精良的军队,从而保卫他们城市的希望是渺茫的,但是他们仍然积极为战争做着准备。他们全民皆兵,组成的军队包括宪兵团(carabinieri,意大利的一种军队,履行警察的责任)1000 名强壮的公民兵、1400 多名城市志愿者和 518
带着各种五花八门的武器的平民——绝不是容易战胜的——组成,但是他们的总人数仍然少得可怜。令他们欢欣鼓舞的是,27 日加里波第率领聚集在罗马涅(Romagna)的 1300 人的兵团进入城市。两天之后,伦巴第的贝尔萨格里(*bersaglieri*)军团也到了这里,他们带着宽沿的帽子上,墨绿的公鸡羽毛飘动着。防御者立即大量集聚,虽然他们知道胜算很渺茫。

第一场为了罗马的战斗打响于 3 月 30 日。这一天因为乌迪诺的疏忽和缺乏理解力而得以度过。他没带攻城用的加农炮和云梯;当军队向梵蒂冈和雅尼库伦山行军时受到炮火的猛烈攻击后,他这才意识到他的处境十分危险。不久,加里波第的军团突袭他,紧接着的是贝尔萨格里的长矛骑兵。乌迪诺和士兵尽力反击了六个小时,但是当夜晚降临时,他们不得不承认自己的失败,绕远路回到奇维塔韦基亚。他们有 500 名士兵死亡或受伤,还有 365 名被俘,但是最糟糕的是他们蒙受了羞辱。

那一晚,所有的罗马人都沉浸在喜悦中,但是没有一个人奢望法国人不再回来。法国人现在明白罗马是一颗比他们预料中更坚硬的坚果,但是他们还是要敲碎它。一个多月后,当加里波第率领其军团,还有贝尔萨格里军团向南迎击那不勒斯侵略军,并轻而易举地把他们赶出共和国时,乌迪诺也获得了他请求的增援。带着身后的 2 万名士兵和极大增强了的装备,6 月 3 日,他第二次向罗马进军。

这次他从西边开始推进,其主要目标是雅尼库伦山上有历史意义的帕姆菲利别墅和科尔西尼别墅。到这一天结束时,乌迪诺牢牢控制了这两个地方，他的枪炮已经布置到位，罗马实际上注定要失败了。保卫者抵抗了将近一个月，6月30日早晨，马志尼向议会发表讲话，告诉议员们存在三种可能：他们可以投降；也可以继续战斗直至战死街头；或者退到山上，继续战斗。中午时分，加里波第风尘仆仆地出现了，红
519 短袖浸泡在血和汗中，但他的心是坚定的。他指出，投降是不可接受的；街道战也不可能，当拉斯特维雷区[①]被占领后，法国枪炮将很容易破坏这座城市；只有退到山上。“无论我们身在何处，”他告诉他们，“这儿仍是罗马。”[②]

奇怪的是，大多数代表都不同意，他们提出了第四种可能：不投降，但是宣布停战，他们仍然待在罗马。马志尼显然没有考虑过这种方案，然而他最后决定采用这一方案。法国人曾被人引导相信马志尼是一个非常令人讨厌的残暴之人，他们惊讶地看见他勇敢地穿过街道，无论走到哪里都受到欢迎，他们在这里不敢逮捕他。但马志尼知道即使自己仍然自由，此后他也将毫无权力。几天之后，他悄悄地溜回了伦敦。“意大利是我的祖国，”他经常这样说，“但英格兰是我的家，如果我有的话。”

此时加里波第正在征召志愿者。他宣称：“我既不提供薪水，也不提供船，也没有住所；我提供的只有饥饿、干渴、强迫行军、战争和死亡。让那些从心底里爱国而不是嘴上说说的人跟随我吧。”4000人立即加入了他——尽管一个月后再增加的人数也不太多。这支队伍至少逃过了三支敌军的注意，最终来到小共和国圣马力诺[③]避难。在这里，军队解散了，加里波第和安尼塔及少量忠实的追随者前往唯一一个仍在为生存而斗争的意大利共和国：威尼斯。

他们乘坐的船被奥地利军舰拦截。加里波第被迫在一个离海岸很

---

① 这是罗马的一块地方，位于台伯河西边。

② Dovunque saremo, colà sarà Roma.

③ 圣马力诺，面积23.5平方英里，仍然是一个独立自主的共和国。它完全被意大利包围，西边是罗马尼亚，东边是马尔凯。它仍然是中世纪和文艺复兴时期自治城邦的最后一块遗迹。

远的地方上岸,现在这一地方被称为加里波第港(Porto Garibaldi)。在他们到达威尼斯潟湖之前,他挚爱的安尼塔死在了他怀里,这使他暂时丧失了革命热情,选择再一次离开意大利。几个星期之后,他来到纽约,在那里开始了第二次美洲流亡生涯。

即使加里波第设法到了威尼斯,他能帮的忙也有限。虽然去年整个冬季奥地利的封锁断断续续一直在进行,但丹尼尔·马宁还是全力 520
组建起了一支有战斗力的军队——这是他委托给佩佩将军的一项任务,而将军乐意之至地表明愿意把自己的一生都献给意大利和威尼斯共和国。作为一名卡拉布里亚人,佩佩证明自己有能力招募许多以前在那不勒斯军队的军官和士兵。1849 年 3 月初,他招募起一支训练有素的军队,大约有 2 万名壮士,这给议会带来了信心,从而颁布了一个充满英雄口吻的法令:"威尼斯将不惜一切代价抵抗奥地利。为了这一目标,马宁总督将被赋予无限的权力。"

封锁持续到 1849 年 5 月,奥地利指挥官最终接受了一个方圆 90 英里的潟湖是不可能被完全封锁的这一事实,而这座拥有 20 多万居民的城市需要过很长时间才会屈服于饥饿;除了全面的军事围攻外别无他法。他们的第一个目标是位于马格拉(Malghera)的堡垒,它位于铁路桥梁的末端。经过三个星期的炮击,马格拉投降,但桥本身还有几个沿着它建造的临时堡垒尚能守住。早在 7 月份,奥地利人就有过一个奇怪的想法:试着用许多气球载着炮弹扔向威尼斯。这个实验遭到惨败,但至少给威尼斯人留下了一些笑料,不过除此之外就别无其他了。包围最终造成了严重的食物缺乏。随着时间的流逝,威尼斯人处于饥饿的边缘。即使鱼——威尼斯的主要产品——也供应不足,因为潟湖提供的鱼对于整座城市的人来说是远远不够的,面包也定量分配,情况持续恶化。7 月 28 日,马宁正式向议会的议员们询问威尼斯是否要继续抵抗下去,但是他的听众们决心斗争到底。

29 日夜晚,对威尼斯的炮击开始激烈起来。炮轰局限于城市的西部,因为奥地利大炮即使调到它们的最高角度,也不能把炮弹打得更远。幸运的是,广场不在射程之内。更幸运的是,大多数炮弹仅仅是球不是炮弹,不会产生爆炸的影响。奥地利士兵经常在射击前对炮弹进行加热,但是他们没有足够的炉子去给所有炮弹加热,它们引起的零星小火能够被威尼斯火枪队处理掉,现在达丹尼尔·马宁也成为了火枪队的一员。

尽管如此,在随后的三个半星期里,密集的炮轰仍然损伤了威尼斯
521 人的士气。现在城市遇到的最大灾难是霍乱,许多人成为了牺牲品。到7月底,疾病蔓延到了城市的每个角落。在8月的高温下,情况变得更糟,特别是在最东部的拥挤的卡斯泰洛(Castello)地区,许多人是从西部逃到那里的。掘墓人所挖掘的墓穴供不应求,不管怎么说,此时埋葬在威尼斯是一个艰难的过程。等待埋葬的尸体在威尼斯老教堂彼得教堂(S. Pietro di Castello)前的草地上堆积如山,散发出的气味令人窒息。

8月19日,两艘威尼斯船挂着白色的旗帜前往梅斯特(Mestre),很明显战争接近了尾声。三天之后,双方达成协议,奥地利的条件令人惊讶地宽容。他们的主要要求是:所有身为帝国臣民却参与对抗他们的意大利军官和士兵应该立即离开威尼斯;驱逐40位威尼斯领导人。8月27日,奥地利重新占领了这座城市。当天下午,法国船只“冥王星”(*Pluton*)号从吉代卡岛(Giudecca)出发,船上载有古列尔莫·佩佩、尼科洛·托马塞奥(Niccolò Tommaseo)、丹尼尔·马宁以及其他37人。

马宁带着妻子、女儿定居在巴黎。在那里他为法国报纸写文章,用意大利语上课。到此时,他已放弃共和国理想,眼光如马志尼一样放在了国家统一上。“我坚信,”他写道,“我们的首要任务是实现意大利的统一……共和党对萨伏依众议院说:‘如果你们能创建意大利,我们将跟随你;如果你们不能,我们就不跟随你。’”1857年9月22日,他在巴黎去世,享年53岁。11年之后,他的遗体被带回了威尼斯,安葬在靠近圣马可北墙的特别设计的坟墓里。在他以前位于圣帕特里安小广场(Campo S. Paternian)——现在叫马宁小广场(Campo Manin)——的

房子外面蹲伏着一只巨大的青铜狮子，愤怒地挥舞着尾巴。

难道1848年革命就此白费了吗？到1849年秋天，形势看起来确实是如此。奥地利重新控制了威尼斯和伦巴第；庇护九世回到了法国占领下的罗马；在那不勒斯，“炸弹国王”撕毁了宪法，再一次掌握了绝对权力；佛罗伦萨、摩德纳和帕尔马都处于奥地利的保护下，采用差不多相同的政体；在整个意大利半岛，只有皮埃蒙特仍然是自由的，但是它也变了。高大、英俊的理想主义者查理·阿尔贝特已经去世。他的儿子兼继任者维克多·伊曼纽尔二世长得又矮又胖，异乎寻常的丑，看起来似乎以打猎和女人为主要兴趣。但是他要比外表看起 522
来聪明得多。尽管在公共场合他确实很害羞、很笨拙，但在政治上很少有什么诡计是他不能识破的，所以很难想象复兴运动中没有他。

维克多·伊曼纽尔二世。

然而如果没有卡米洛·加富尔，甚至连维克多·伊曼纽尔也会垮掉。1852年底，加富尔接任了强烈的反教权主义者马西诺·德阿泽利奥(Massino d’Azeglio)，并在随后的9年中一直掌握权力(虽然有短暂的中断)——这些年对于意大利非常重要。加富尔的外表如他主人的一样很有欺骗性，他长得矮矮的，挺着大肚皮，脸上斑斑点点，薄薄的头发，眼睛鼓鼓地看起来像戴着护目镜，穿着破旧的衣服，乍一看很不起眼。另一方面，他的思想却像一把双刃剑，只要他开始讲话，外表就丝毫无损他的魅力。在国内，他经常不顾自己虔诚且主动捍卫教会的天主教国王的反对，仍然继续德阿泽利奥的宗教改革计划；他尽一切可能加强经济；其外交政策也是直接指向他统一意大利的理想，并以皮埃蒙特为首。

但是有人可能会问，意大利的统一与克里米亚战争有什么关系呢，是什么促使皮埃蒙特于1855年和西方列强结成联盟呢？加富尔的理由如下：首先，他知道，英国和法国希望把奥地利卷入战争，那将会使法奥长期保持联盟，从而有效地阻止他实现把奥地利赶出意大利半岛的目的。另一方面，如果意大利向世界展示它的战斗精神，这些机会则会相应增加；它的军事成就越大，英国和法国就越有可能认真对待意大利的目标。这种实践没有完全成功：皮埃蒙特人只参加了一场战斗，而且是相对不重要的一场。他们只有28名士兵被杀，与到那年年底因霍乱死掉的2000人比起来微乎其微。令人震惊的是，奥地利将参战的威胁竟促使俄国求和。如果说皮埃蒙特在战场上没有给人留下什么深刻的印象，但维克多·伊曼纽尔至少获得邀请于1855年12月去拜访女王维多利亚和拿破仑三世，[①]并获得了两个月后在巴黎的和平谈判桌
523 上的一个席位。在这次与法国的谈判中，加富尔开始抱着令人兴奋的新希望：拿破仑三世在过去毫无益处的政策后，现在可能准备协助他们去驱逐盘踞已久的奥地利人。

奇怪的是，最终促使法国皇帝决定站在意大利一边举起武器反对奥地利的原因是：一次意大利爱国者刺杀他的阴谋。1858年1月14日，皇帝和皇后在去剧院观看《威廉·泰尔》的路上，遭到了炸弹的袭击，炸弹掷向他们乘坐的马车，他们俩都没受伤而护卫和旁观者伤亡很大。这次阴谋的领导者是一位著名的共和党人菲利斯·奥尔西尼(Felice Orsini)，他以前就卷入许多阴谋中。当他在监狱里等候审判时，他给皇帝写了一封信，这封信后来被在法庭上当场大声宣读，法国和皮埃蒙特的出版社都出版过。它的结尾是："记住，只要意大利没有独立自主，欧洲的和平和您的皇权就都是一场空梦……让我们的国家自由，250万人民的祝福将到处并永远跟随您。"

尽管这些崇高的话语没有使奥尔西尼免于死刑，但是这些话似乎在拿破仑三世的心里盘旋。1858年仲夏，他改变主意，同意参加把奥地利永远赶出意大利半岛的行动。然而，他的整个动机不完全是理想

① 路易·拿破仑充分抓住1848年国王路易斯·腓力衰落的机会，同年12月被选举为法兰西第二共和国的总统。1852年，他成为皇帝拿破仑三世。

主义的。他确实真诚地喜欢意大利,并愿意成为救助者,向全世界展现自己;但是他也意识到他的威望和知名度已经迅速下降,他急需一场胜利的战争去恢复名誉。奥地利是唯一潜在的敌人。拿破仑三世非常清楚下一步是与加富尔进行协商。1858 年 7 月,两个人秘密地在孚日山脉(Vosges)的度假疗养胜地莱贝恩碰面,而且很快就达成了协议。皮埃蒙特挑起与摩德纳大公的争吵,然后应人民的要求派出军队。奥地利必然为帮助大公而对皮埃蒙特宣战。随后,皮埃蒙特向法国请求援助,它将把萨伏依和尼斯割让给法国作为回报。尼斯是加里波第的出生地,这对加富尔而言也是难以吞下的苦果,但是如果把它作为解放的代价,吞下它也是必然的。

为了保证这份协议,两个人达成了一项王室联姻:维克多·伊曼纽尔的长女克洛蒂尔德(Clotilde)公主会嫁给皇帝的堂兄拿破仑亲王。 524
当宣布这桩婚约时,许多人——特别是皮埃蒙特人——都恐怖地举起了双手。公主是一个非常聪明、虔诚和引人注目的 15 岁小女孩;他的未婚夫——众所周知是位酒色之徒——则是一个出名的、有点荒谬的 37 岁的浪荡子。很明显,这没有提前与维克多·伊曼纽尔商量。他毫不掩饰地表示自己的不满,他把最后决定权留给了克洛蒂尔德自己。这是她的责任,她同意了这场婚姻。后来证明这并不是一件不愉快的事,这令每个人都感到惊讶。

1859 年 1 月底,他们举行了婚礼,而此时法国和皮埃蒙特都积极公开地为战争做着准备。不久,拿破仑三世对整个事件又有了二心,这令加富尔感到沮丧,因为他很清楚他的祖国不可能单独打败奥地利。更糟糕的是,英国、普鲁士和俄国正在讨论召开一次国际会议,其议题肯定会涉及让皮埃蒙特主动解除武装。简而言之,加富尔开始沉思将面临的灾难,但转瞬间他却被奥地利拯救了。3 月 23 日,奥地利向都灵发出最后通牒,要求它三天内解除武装,这就等于奥地利承认自己是侵略者。拿破仑三世无法再赖掉自己的承诺,他也不打算这样做。他命令立即动员法国军队,大概一共 12 万名士兵,其中一部分跨过阿尔卑斯山进入意大利，而剩余人则乘船到热那亚。

加富尔清楚地意识到这些行动都需要花时间，而奥地利军队已经出动。皮埃蒙特的军队在至少两周内必须独自面对奥地利军队。其前景令人畏惧，幸运的是加富尔再次被拯救——这次是由于滂沱大雨和奥地利指挥部对于作战策略的分歧，这为法国军队的到来赢得了时间。这支军队由皇帝亲自率领，于5月12日在热那亚登陆。这是他平生第一次指挥自己的军队。6月4日，第一次决定性的战斗在马真塔(Magenta)开始，这是距离米兰西部14英里的一个小村庄，那里的法国军队在玛丽-帕特里斯·德·麦克马洪(Marie-Patrice de MacMahon)将军——拿破仑后来把他提升为元帅，并封为马真塔公爵——的独立指挥下作战，他打败了奥地利5万人的军队。双方的伤亡都很大。如
525 果皮埃蒙特人没有因其指挥官的犹豫不决而有所延误——他们到达战场时战斗几经结束了，伤亡会更大。然而这场灾祸并没有阻止拿破仑和维克多·伊曼纽尔四天后胜利进入米兰。

马真塔战役之后，加里波第加入了法国-皮埃蒙特联军，他于1854年充满激情地从南美洲归来。现在维克多·伊曼纽尔邀请他去招募一支"阿尔卑斯猎人"[①]军团，十天前他在瓦雷泽(Varese)单独战胜了奥地利军队。然后军队和阿尔卑斯猎人军团一起前进，6月24日在索尔费里诺(Solferino)遇到奥地利主力军，正好在加尔达湖南边。随之而来的战争——超过25万名士兵参加——是1813年莱比锡战役以来规模最宏大的一场。这次拿破仑三世不是唯一的担任指挥官的君主，维克多·伊曼纽尔也这样做了，29岁的奥地利皇帝弗兰茨·约瑟夫(Franz Josef)也是这样做的(他于1848年继承了他叔叔斐迪南的皇位)。法国还展示了一种秘密武器：膛线火炮，它明显地增加了炮击的准确度和射程。

战争更多的是白刃战，从早晨开始，持续了大半天。只有到了晚上在暴雨中损失了近2万名士兵后，弗兰茨·约瑟夫才下令穿过明乔河撤退。但这是一场皮洛士式的胜利，法国和皮埃蒙特联军的损失和奥地

---

① cacciatori delle Alpi。——译者注

利军队的损失一样多。战事结束后,感冒或伤寒的爆发又造成双方几千名士兵死亡。这次残杀给一位名叫亨利·邓楠特(Henri Dunant)的年轻瑞士人留下了深刻的印象,他有幸参加并组织了为伤员提供紧急援救的组织。五年之后,受到这次此战争经历的直接影响,他创立了红十字会。

邓楠特不是唯一厌恶在索尔费里诺所见的人。拿破仑三世也深感震惊,他对战争的反感和随之而来的恐惧感当然是战争进行不到两周他就和奥地利单独签订和平协议的原因之一。此外也有一些其他原因。虽然事情对奥地利人来说越变越糟,但是他们仍然处于众所周知的“四边形”——4 个主要的城堡佩斯切拉(Peschiera)、维罗纳、莱尼亚戈和曼图亚——的强力护卫下,非常安全,拿破仑三世想消灭他们是不现实的。他也担心德国的反应;德意志同盟动员了 35 万名士兵,如果 526
他们开始进行攻击,那么留在法国的 5 万名士兵将被屠杀。

最后是意大利本土的形势。最近的事件使好几个小国家——我们知道的有托斯卡纳区、罗马涅,还有摩德纳和帕尔马公国——想推翻以前的统治者,并和皮埃蒙特合并。其结果将造就一个强大的国家,它占有整个意大利北部和中部:这个国家有机会就会吞并部分或是整个的教皇国,甚至还有两西西里王国。他们在索尔费里诺献出自己的生命就是为了这些吗?

1859 年 7 月 11 日,法国皇帝和奥地利皇帝在维拉弗兰卡(Villafranca)会晤,此地靠近维罗纳。这次会议在一小时内决定了意大利北部和中部的命运。奥地利保存四边形中的两个城堡曼图亚和佩斯切拉;剩余的伦巴第地区向法国投降,而它将把这些地区转给皮埃蒙特。托斯卡纳和摩德纳以前的统治者将复辟,[1]意大利同盟将在令人敬仰的教皇的领导下建立。威尼斯及其大陆属地将成为联盟中的一员,但是仍然将处在奥地利的统治之下。

---

① 他们没有提到罗马涅、帕尔马和皮亚琴察,因为它们不受两位皇帝任何一位的直接掌控。

当加富尔读到维拉弗兰卡协议的详情时,他的愤怒是可想而知的,没有曼图亚和佩斯切拉甚至伦巴第,这样的意大利是不完整的。至于意大利中部,甚至在还没有获得前就丢失了。加富尔决不会对这一协议善罢甘休。经过与维克多·伊曼纽尔长时间的激烈交谈后,他递交了辞职信。"我们将重新,"他写信给一个朋友说,"开始地下密谋。"然后,他逐渐平静下来。他们在协议中至少没有提及法国吞并萨伏依和尼斯,这是他在普罗姆比厄莱斯(Plombières)不情愿地提供的。目前的形势,如果不全是他所希望的,至少比前一年的情况要好些。

未来数月,状况进一步改善,形势也逐渐变得清晰了,托斯卡纳和摩德纳拒绝接受为它们规定的命运。它们很清楚没有什么可以劝使它
527 们接受以前的统治者。在佛罗伦萨、博洛尼亚、帕尔马和摩德纳,实质上的独裁者已经出现,他们都准备与皮埃蒙特联合。唯一的阻碍是皮埃蒙特自己造成的。在维拉弗兰卡达成的条款已并入一项在苏黎世签订的正式条约中,阿方索·拉马尔莫拉将军(Alfonso La Marmora)继任加富尔成为首相后,他不愿意采取任何藐视条约的行动。但是独裁者们都已准备好了采取行动。佛罗伦萨保持了独立自主;罗马涅(包括博洛尼亚)、帕尔马和摩德纳合并成一个新国家——因为当年罗马的埃米利亚大道(Via Aemilia)贯穿了这三个地方——这个新国家被命名为"埃米利亚"(Emilia)。

卡米洛·加富尔辞职后,回到位于维切利(Vercelli)附近在利日(Lyri)的庄园,对接下来事态的发展感到非常满意。这证明维拉弗兰卡协议毕竟不是如此糟糕的。因此当1860年1月,维克多·伊曼纽尔——本人多少有些勉强[①]——召唤加富尔接管新政府时,他是如此高兴地回到了都灵。他刚回到办公室就废除了与拿破仑三世签订的协议。不久后又达成两份新协议:皮埃蒙特将吞并托斯卡纳区和埃米利亚,萨伏依和尼斯将割让给法国作为交换。各个地区都为此进行了全

① 他从来没有原谅加富尔,因为加富尔在维拉弗兰卡的严辞忠言,以及成功制止了他——1855年皇后玛丽亚·阿德莱德去世,年仅33岁——迎娶自己长期以来的情妇。

民公投，结果均为赞成票占大多数。例如，在埃米利亚，选票是426000∶1500；在萨伏依，选票是130500∶235。可以预料加里波第爆发的愤怒，但是面对压倒性的大多数，他也做不了什么。事实上，在主要涉及的各国中，真正高兴的却是被吞并的几块土地上的人们。皮埃蒙特不愿意失去萨伏依和尼斯；法国反对吞并托斯卡纳，皇帝担心这样会让皮埃蒙特实力大增，却让他青睐的中意大利王国遭到削弱；奥地利除了伦巴第的损失外，对失去托斯卡纳大公和摩德纳大公的领地感到痛心，它曾有效地控制着这些地区。

加里波第最亲密的政治伙伴是西西里的一位叫弗朗切斯科·克里斯皮(Francesco Crispi)的律师。1855 年，在伦敦流亡期间，他也成为
了马志尼的朋友，而马志尼一直渴望入侵西西里。四年后，克里斯皮乔 528
装并使用假姓名拜访西西里，回到伦敦后，他坚信革命的时机再次成熟了。他只需要一支小规模的武装远征军，整个小岛就能收入囊中。剩下的问题是，谁来领导革命？加里波第的名字立即涌上心头，但是加里波第却犹豫不决。他仍然观察着维拉弗兰卡，并怀有一个不同的梦想：攻占尼斯，使它回归皮埃蒙特。

然而，加里波第关于尼斯的想法不久就被无限推迟了。1860 年 4 月 4 日，巴勒莫爆发人民起义。如果所有都按计划进行，一场贵族起义应该同时进行，但是事情出现了问题。那不勒斯的统治者已经被秘密通知，起义者还没离开家之前就发现自己被包围了。没有当场被杀的人后来全被立即处决。这次行动实际上像马志尼鼓动的其他起义一样遭到了惨败，但是这次行动激起了整个西西里北部其他地区的火花，统治者没法把它们全部扑灭掉。他们不能平息像野火一样传遍小岛的谣言：加里波第已经在路上。这为革命的火焰增添了燃料。

其实谣言当时只反映了人们的愿望，可当加里波第听到这个消息后，他立马真的行动起来。加富尔拒绝他要求一个旅的皮埃蒙特军队的请求，但是不到一个月，加里波第自己聚集了一批志愿者。1860 年 5 月 5 日晚，他们从夸尔图(Quarto，今属热那亚地区)出发；11 日，他们毫无阻拦地在西西里西部的马沙拉(Marsala)登陆。他们代表整个意

大利社会的一大部分，将近一半的人是律师、医生和大学讲师，剩余的一部分则来自工人阶级。还有一些从严格意义上讲是共和党人，但是他们的领导使他们清楚地明白，他们不仅为意大利，也为国王维克多·伊曼纽尔而战斗——但没有时间对此进行争论了。

加里波第在马沙拉登陆。

几千名士兵——他们所宣称的，尽管实际上他们只有1089人——从马沙拉前往内地，在那里，其人数因西西里志愿者的加入迅速变为原来的两倍。在向东北行进约30英里后，他们发现波旁家族的军队正在卡拉塔菲米(Calatafimi)等待他们。5月11日，战斗爆发，持续了几个小时，大多数时候都是白刃战，使用的是刺刀而不是来复枪。一方面，加里波第的士兵数量远远处于劣势；但另一方面，他却占有巨大的心理优势。对每个意大利人而言，这支红衫军——在意大利和南美洲，取得
529 过一连串的胜利——现在具有传奇色彩。人们简单地认为红衫军富有魔力，刀枪不入，那不勒斯军队非常害怕，根本无心作战。几千名红衫军都为他们坚信的共同理想而奋战，加里波第也善于用虚张声势的手法激发军队的热情。加里波第会告诉他们，如果他们能够赢得第一场战斗，敌人很可能被吓跑。之后一到两周内，他们将成为西西里的主人。

他们胜利了，这证实加里波第是正确的。在去巴勒莫之前，他们没有遇到更多抵抗；相反，成千上万的西西里人纷纷加入红衫军。5月26

日,当加里波第到达巴勒莫时,他发现人们已经起来反对波旁政府。这里有一些混乱的战斗,但是不久后,那不勒斯的指挥官下达撤离巴勒莫的命令。到这个月底,加里波第已经成为巴勒莫的主人。随后就是巩固统治期,在这期间大批援军从意大利北部来到这里。7 月初,加里波第继续前进。在西西里的最后一次战争发生在米拉佐(Milazzo),这是一个离墨西拿 15 英里的筑有防御公事的海港。此次战役比其他战役都艰难,但是它打通了去墨西拿的道路,并促使墨西拿不战而降,除了一支规模小但勇敢的波旁驻军在城堡内抵抗了一段时间外。

那不勒斯人从其他城市和城镇撤回了他们的军队,除了那不勒斯可以忽略不计外,西西里已获得了自由。加富尔试图立即正式吞并它,并入维克多·伊曼纽尔迅速增长的王国——这个建议遭到加里波第和他的副手弗朗切斯科·克里斯皮激烈的反对。无论如何,西西里已经是这个王国的一部分了。西西里人当然接受这一决定,不过正式合法的程序可等到其余战役结束后才办。他们也担心——尽管他们非常谨慎没有这样说——如果吞并了这座小岛,加富尔可能使用新权力拒绝批准他们以西西里为跳板进入那不勒斯、罗马和尼斯。

这种担心绝不是无中生有。8 月 1 日,加富尔绝望地给内阁大臣兼密友康斯坦丁·尼古拉(Costantino Nigra)写了一份信:

> 如果加里波第穿过大陆,像占领西西里和巴勒莫一样占领那不勒斯,他将成为这些地区绝对的主人……国王维克多·伊曼纽尔几乎将失去所有的尊严。对所有的意大利人而言,他只是加里波第的一位普通朋友。他可能保得住自己的王冠,但是王冠只有戴在英勇的冒险家加里波第头上才会发出耀眼的光芒。……国王 530
> 不可能把意大利的王冠从加里波第手中抢走,王冠也不会稳定地戴在他头上……
>
> 我们必须保证那不勒斯政府在加里波第踏上这片土地之前陷落……从国王离开的一刻起,我们必须以维护秩序和人道的名义把政府牢牢地控制在我们手中,从加里波第的手中夺取意大利运

> 动的最高指挥权。
>
> 这种勇气，你可能称之为大胆，这种方法将激起欧洲恐惧的惊叫，从而造成外交问题严重复杂化，甚至在一定程度上把我们卷入与奥地利的战争，但是这拯救了我们的革命；这将为意大利运动保留其光荣和力量之源，这就是国家和君主制。

加富尔已经劝说维克多·伊曼纽尔给加里波第写官方的文书要求他不要侵入本土。国王照办了，但是紧接着这封信他又发了另一封私人便笺，说这些官方指示可以被忽视。现在看来这第二封便笺根本没有寄到——当它被发现时，封蜡还完好无损——但是这无关紧要：加里波第已经下定决心。加富尔派出间谍到那不勒斯进行煽动，想引发一场自由的革命。然而——与巴勒莫形成明显的对比——人们的反应麻木且冷漠。已经无法可想了，只能让事情顺其自然地发展。

1860 年 8 月 18－19 日，加里波第及其士兵跨过墨西拿海峡，这是他们向那不勒斯进军的第一步。如果加富尔对此感到吃惊，24 岁的国王弗朗西斯二世[①]现在则是惊慌失措，他在前年继承了父亲斐迪南的王位。英国外交官奥多·拉塞尔(Odo Russell)当时正带着使命赶往那不勒斯。他发回了报告：当加里波第进入巴勒莫的时候，国王“在 24 小时内发了 5 份电报请求教皇的祝福”，而“红衣主教安东内利……没有征求教皇陛下的同意发出来最后三份祝福，并假称教皇正式授权他这样去做”。弗朗西斯二世知道他的军队不可能进一步阻挡似乎战无不胜的红衫军，他自己也没有能力为军队注入活力；唯一的选择就是逃跑。9 月 6 日，他乘船到了加埃塔。不到 24 小时内，加里波第就进入了那不勒斯。

531 加里波第的整个行程出奇的轻松。与那不勒斯的 16000 名士兵相

---

① 他在意大利百科全书中被描写成“一位严肃、沉默寡言而又胆小、笨拙的人，永远怀疑自己和他人”。

比，他的先头部队只有 3500 人。除在雷焦遇到过装模作样的抵抗外，他们没有遇到任何其他反抗。他的部队需要在夏季炙热的高温下行军 300 英里前去交战，但加里波第刚一靠近，波旁军队就会立即交出他们的武器，所以加里波第的士兵不担心自己的安全。另一方面，加里波第希望尽快到达那不勒斯——他一点也不信任加富尔，他担心加富尔会采取先发制人的进攻。对他来说幸运的是，已故的国王斐迪南最近刚修好了一条铁路。现在加里波第利用自己能找到的所有车皮，载着士兵开往那不勒斯。他自己带着 6 名同伴，爬上了一节敞篷车厢，于 9 月 7 日中午到达那不勒斯。那天晚上，他站在王宫的阳台上向欢呼的人们发表讲话，他感谢那不勒斯人，"以全意大利的名义，谢谢他们的合作，使意大最终成为一个统一的国家"。这是无耻的谎言，他们没有动一根手指头。但是加里波第无疑觉得，现在这个阶段奉承一下他们没有任何害处。

那不勒斯是意大利最大的城市，也是欧洲第三大城市。随后的两个月里，加里波第作为一名独裁者统治着那不勒斯和西西里。同时，他正在计划下一步行动，立即向教皇国和罗马进军。但是他再也走不了这一步了。加富尔没有能力阻止加里波第对本土的入侵，但他现在决定用些计谋来阻止他。他深知如果让加里波第继续下去，就可能导致与法国的战争，届时红衫军将发现训练有素的法军是很难对付的敌人，这是他们到目前为止从来没有遇到过的，意大利也可能失去在过去两年里所获得的一切东西。他还有其他考虑：正如他担心的，加里波第现在比维克多·伊曼纽尔更受欢迎；皮埃蒙特的军队深深地嫉妒加里波第最近取得的胜利。而且 9 月 27 日，马志尼及其同伴到达了那不勒斯，他们很可能劝使加里波第抛弃皮埃蒙特国王，拥护共和事业，这种潜在风险非常大。

加里波第也相当清楚加富尔的敌意，正如他信任国王默默的支持。加里波第到达那不勒斯不久，便公开要求首相辞职。他夸大了这样做的重要性。维克多·伊曼纽尔明白他再也不能使这两个人互相牵制了，而接受他政府的政策会安全些。但所有这一切，包括任何一封信

532 (由加富尔指使的)都不能减少加里波第向罗马进军的决心。这些信来自受人尊敬的外国人,从匈牙利的爱国者拉约什·科苏特(Lajos Kossuth)到英国的社会改革家沙夫茨伯里爵士(Lord Shaftesbury)。唯一可能有影响的,也是逐渐起了作用的就是:不可抗力(force majeure)。

突然,加里波第发现两支可怕的军队都在反对他:那不勒斯人和皮埃蒙特人的军队。在加埃塔,国王弗朗西斯设法组建了一支新军队。在第一阶段,加里波第和士兵离开那不勒斯前往北部不久后,他们发现一支大概5万人的军队沿沃尔图诺河(Volturno)巡航,正是在这里他们遭受了自西西里登陆以来的第一次失败;在卡亚佐(Caiazzo)的外围,指挥者临时不在,一位将军试图带领士兵过河;但是失败了,这次行动使他们损失250名士兵。10月1日,加里波第为自己报了仇。战斗就在卡普阿外围,福尔米斯的圣安杰洛村(S. Angelo)的内部和周围进行[①]。这是一次代价昂贵的胜利,大约1400名士兵受伤或死亡,但就是此战拯救了意大利。

此时,皮埃蒙特军队也正在行军。加富尔决定从加里波第那里夺回主动权,他派兵对教皇国领地翁布里亚(Umbria)和马尔凯(Marches)发动袭击。加富尔没有触及罗马,他巧妙地避免与法国和奥地利的对立。加富尔也开辟了向南去的道路,在那里自加里波第担任独裁者以来,他就宣称皮埃蒙特军队需要立即从革命的力量中拯救那不勒斯。最重要的是他除去了把意大利分成单独两部分,使统一无法实现的地理障碍。这场战争本身不引人注目,但是非常有效果。皮埃蒙特军队在佩鲁贾克服了顽强的抵抗,在卡斯特费达尔多(Castelfidardo)附近获得对教皇军队的小规模胜利。在五天之后的一次大规模的战役中,他们占领了安科纳,缴获了154支枪,俘虏了7000,包括教皇军的指挥官——法国将军克里斯托夫·德·拉莫里西埃

① 圣安杰洛的教堂没有遭到破坏,这是一个奇迹。这是坎帕尼亚最伟大的纪念物,其内部的墙上覆盖着保存得惊人完好的11世纪壁画。

(Christophe de Lamoricière)在内。这标志着教皇军彻底被打败了，从此以后这里就不再会有麻烦了。

维克多·伊曼纽尔由自己长久以来的情妇罗西纳·维切拉纳(RosinaVercellana)陪伴着——她打扮得非常迷人，现在来接管军队的指挥权。从教皇军被打败那刻起，加里波第的运气开始变差了。沃尔 533
图诺战役已经告诉他，向罗马进军不再可能了。现在国王来了，加里波第预见到他在南部的统治即将结束。到10月底，公民投票显示出那不勒斯王国、西西里、翁布里亚和马尔凯——每个地方都决定成为维克多·伊曼纽尔治下的意大利的一部分。赞成票都占绝大多数：以西西里为例，432053票赞成，667票反对。

加里波第优雅地屈服了。他骑着马率领一大群护卫向北去面见国王。11月7日，他们共乘皇家马车进入那不勒斯。加里波第只提出了一个请求：允许他作为总督统治那不勒斯和西西里一年，但是他被拒绝了。他毕竟是一个危险的激进分子和反教权主义者，仍然梦想从教皇那里夺取罗马使它成为意大利的首都。为了解决这个难题，维克托·伊曼纽尔封他为将军并赐予他丰厚的土地，但是加里波第什么也没要。只要奥地利占领着威尼托，教皇仍然是罗马的临时统治者，他就仍然是一个革命者。他决定捍卫他行动的自由。11月9日，他乘船去卡普雷拉(Caprera)小岛上的农场，此地离撒丁海岸不远。他只带了一点钱和花园里需要的一包种子，这些钱还是他借的。掌权期间，他没有为自己谋取丝毫私利。

1861年3月17日受难主日那天，维克多·伊曼纽尔二世宣布自己为意大利国王。当老马西莫·德·阿泽利奥——加富尔之前的首相——听到这个消息时，据报告他说："意大利是塑造出来了；现在我们必须要塑造意大利人"。① 前首相的前半句话是正确的，一个意大利民族国家确实是存在了，虽然它还不完整；第二句说得就更正确了。弗朗西斯二世继续他的反抗。自从罗马帝国瓦解后，国家就一直分裂，2200

---

① L'Italia è fatta; restano a fare gli italian。——译者注

万意大利人民中很少有人把自己当作一个意大利人;意大利北部和南部没有一点共同点,生活标准根本不同(到现在仍然是这样)。当务之急是必须修建新的公路和铁路;也应该创立完全统一的国家陆军和海军、民政管理和共同货币。当时别无选择,必须采用皮埃蒙特人的制
534 度,但是"皮埃蒙特化"遭到了广泛的怨恨,这对于统一事业没有一点好处。甚至连国王想保留自己封号中的"二世"也会被指责。人们会认为,作为意大利国王他当然应是维克多·伊曼纽尔一世,因为复兴运动不是让意大利重生了吗,难不成是萨伏依王室征服了意大利?

王室公告发布不到三个月后,加富尔去世了。他在去世前的几周里,一直在激烈地争论罗马的未来,但其实加富尔从来没有到过罗马。他认为,所有其他的意大利主要城市都曾是独立自主的,是各自为战的;只有教会的所在地罗马超然于这些竞争对手之上。尽管教皇必须交出世俗权力,但是无论如何必须保证教皇的独立自主,"在一个自由的国家应该有一个自由的教会"。加富尔遭到了激烈的反对。最强烈的反对来自加里波第,他 4 月份刚从卡普雷拉回来,他穿着红衫,披着南美披风大步走进议会,对加富尔的辱骂不绝于耳。他怒喝加富尔把自己国家一半的领土卖给了法国,并尽力阻止过西西里远征。但是,他只是成功地肯定了一个普遍的看法:无论将军多么英明,他肯定不是一位政治家。加富尔很容易就赢得了信任投票,这是他最后的政治胜利。7 月 6 日,他突然死于一次严重的中风,年仅 50 岁。

卡米洛·加富尔只需再多活十年,他将看见最后两块土地并入意大利。至于罗马,加里波第没起到什么作用。1862 年,加里波第做了一个荒唐的决定,他企图再创两年前的胜利。这次行动采用的口号是"要么罗马,要么死亡!"。他在巴勒莫聚集了 3000 名志愿者,接受殷勤的加泰罗尼亚人所捐赠的财富。8 月,他征用了当地两艘轮船,载着士兵越海来到卡拉布里亚,开始再次进军罗马。然而,这次政府军队严阵以待。当加里波第的军队走到卡拉布里亚南端的阿斯普罗山(Aspromonte)时——那里是意大利的脚趾,他们遭到了伏击,再也不

能继续前进了。加里波第担心发生一场内战,命令士兵不要开火。但是尽管如此,他们仍然有一些伤亡。加里波第自己右腿的踝关节被打碎,他被逮捕并用小炮舰送到了那不勒斯,在那里他立即获得了自由。他仍然是一名英雄,政府不敢对他采取行动。

与此同时,秘密外交实行得相当成功。教皇庇护拒绝退让哪怕一步,他所关心的是为天主教世界保存教皇国,并且把他的皇位传给继任者。相反,拿破仑三世却积极响应谈判。1864 年 9 月 15 日,法意签署了众所周知的《九月公约》,法国同意两年之内从罗马撤走军队;意大利则宣誓自己将保证教皇国的领土不遭受任何袭击,同意 6 个月内把首都从都灵迁到佛罗伦萨。 535

这个公约的有效期为 6 年,它没有直接提到把罗马并入到新意大利国家中,但它至少暂时维持了各方力量的均衡。另一方面,法国结束了 15 年的占领,这为意大利政府采取下一步行动扫清了障碍。无论如何,罗马保持现状使政府能够把精力转向其他必须优先处理的事情,这早就该解决了,那就是——收复威尼斯。过去一段时间内,国王维克多·伊曼纽尔曾想过要入侵巴尔干——当然是由加里波第领军——从而煽动奥地利臣民暴动。如果奥地利人全力致力于恢复秩序,乘机占领意大利诸岛则是小事一桩。不幸的是,拿破仑三世——他的支持是非常重要的——对这种想法嗤之以鼻,国王只好不情不愿地搁置了这个想法。

但是现在突然碰到了意料不到的好运气——出现了一位解围的大人物(deus ex machina),他能有效地让剩下的两块领土纳入意大利;他就是普鲁士宰相——奥托·冯·俾斯麦(Otto von Bismarck)。他目前正在实现自己梦想的路上——把所有的德意志诸侯国合并成一个统一的国家。有一块绊脚石就是奥地利,必须消除它在德意志的影响,因此他接近拉马尔莫拉将军——现在再次成为维克多·伊曼纽尔的首相。他提出建立一个军事联盟的建议:奥地利将两面受袭,普鲁士从北面袭击,意大利从西面袭击。如果胜利,意大利将获得威尼托。拉马尔莫拉欣然签署条约,拿破仑三世没有反对,也签了字。这份条约于 1866 年 4 月 8 日签署,6 月 5 日战争就爆发了。

536 六个星期后战争结束。对普鲁士而言,一场战斗就足够了。它是在萨多瓦(Sadowa)打的,那里离布拉格东北面约五六英里,参战人数空前——大约33万人——这在欧洲战场从未有过。这次战争也是铁路和电报第一次得到大规模应用的战争。普鲁士总体上取得了胜利,它打败了奥地利皇帝弗朗茨·约瑟夫一世,还开辟了通往维也纳的道路。俾斯麦完全获得了他想要的东西,所以高兴地接受奥地利的停战请求。

不幸的是,意大利干得要差些。其主要部队在国王、拉马尔莫拉将军、加埃塔大公恩里科·恰尔迪尼将军(Enrico Cialdini)的率领下,在库斯托札周围被打败了好几次。萨伏依王室一直不走运。其海军在利萨(Lissa,今为克罗地亚的威斯岛)被消灭。加里波第带来了唯一的好消息,他高兴地服从命令并率领35000人进入提洛尔。虽然没有获得大捷,但这肯定使奥地利感到一些尴尬。现在位于佛罗伦萨的意大利政府,尽管对条约没有和他们商量感觉有点悲痛,也很欢迎停战,因为这份条约至少同意割让威尼斯。因为奥地利还没有承认新意大利王国,所以发生了和五年前在伦巴第一样的事情:这个省被割让给了拿破仑三世,他立即把它转交给维克多·伊曼纽尔。

这次割让是公民投票选举同意的,其结果是已预定的。但意大利人多少仍有几分失望,因为这片区域不包括南提洛尔——意大利把它称为特伦蒂诺(Trentino)——还有威尼斯-朱利亚(Venezia Giulia),它包括的里雅斯特(Trieste)、波拉(Pola)和阜姆(Fiume,现在的里耶卡),这些领土只有等到第一次世界大战结束才会成为意大利的一部分。但是威尼斯最终成为意大利的一座城市,意大利从而在亚得里亚海北部获得了一个新的、无价的港口。

剩下的就只有罗马了。

1866年底,最后一支法国军队离开了罗马。教皇庇护设法招募的混杂雇佣军似乎对别人构不成一点儿威胁。1867年初,老练的阴谋家们再次集结在一起。马志尼利用俾斯麦对法意联盟的担心索取金钱和军需品,以便推翻佛罗伦萨的政府。加里波第——也不是第一次了,准备向罗马进军。他做得也太离谱了,竟然颁布一项公告:号召所有爱好自由的罗马人起义。因为《九月公约》仍然还有四年有效期,政府除了逮捕他外别无选择,他被送回了卡普雷拉,但是不久他就逃跑了。尽管现在已经60岁了,但他还是重新召集志愿者开始其希望中的进军。 537

他没有考虑到法国。拿破仑三世听闻加里波第的行动后,意识到自己从罗马撤兵撤得太早了,于是又派出一支装备着新式后膛步枪的新军队。在10月的最后一周,他们在奇维塔韦基亚登陆。志愿军数量少于法军,装备也不如法军,毫无希望获得胜利。一到两天之后,他们在蒙塔那(Mentana)遭遇了自己的宿命。加里波第自己设法乘船穿过边界进入意大利,并投入当局的怀抱。后来,他被送到卡普雷拉软禁,这次是被重兵把守着。他的士兵就没这么幸运了,至少有1600人被俘虏。

这次拿破仑三世通过自己的迅速反应暂时拯救了教皇的世俗权力。他没有料到三年后竟是自己促成了它的陷落。始作俑者又是俾斯麦。他狡猾地宣称将让普鲁士霍亨索伦王室一位亲王继承西班牙王位,使法国卷入了战争。1870年7月15日,法国——而不是普鲁士——宣战了,这是一场激烈的战争。拿破仑三世号召每个士兵参加迫在眉睫的战斗。到8月底,没有一名法国士兵还留在罗马。

教皇庇护充分意识到了危险,只有一些雇佣兵留下来保护他。宣战三天后,第一次梵蒂冈会议[①]召开,在那个任何罗马人都难以忘记的狂暴雨天,庇护宣布"教皇无误"以试图挽回民众继续支持自己。有人认为,他这样做的结果弊大于利,[②]但是我们无需就此展开争论:9月1

① 这是教皇1868年召开的会议,讨论的主题非常广泛,包括神学上和行政上的问题。

② 马志尼对参加会议的700名主教说:"科学正在前进,不管你们的教条,不在意你们的斥责和评论,它用新的发现去撕毁你们认为绝对可靠的经书。"

日,拿破仑三世在色当(Sedan)的失败标志着第二帝国的结束,庇护的最后一丝希望也破灭了。在意大利政府看来,剩下的唯一问题是:尽
538 快占领罗马。《九月公约》即将到期,签约国之一的第二帝国已经被消灭,它变成了一纸空文,他们的军队应该立即占领罗马还是应该等待另一次人民起义或叛变呢?

与此同时,维克多·伊曼纽尔向教皇发出了最后一次呼吁,他写道:"我以一个儿子的感情,一位基督徒的信仰,一位国王的忠诚和一颗意大利人的心,意大利和教廷的安全都依靠罗马意大利军队的保护。难道陛下不能接受这不可变更的事实,仁慈地予以合作吗?陛下您难道不会这样做吗?"教皇宣称:他会屈服于暴力,即使如此他至少也要进行正式抵抗。他这人说得出做得到。1870 年 9 月 20 日早晨,当意大利军队经过皮亚门进入罗马时,他们发现教皇卫队正在等着他们。然而战斗不久就结束了,战斗尚未结束之前有 19 名教皇信徒和 49 名意大利人死在了街上。

在随后的几小时内,意大利军队涌进了罗马——除了梵蒂冈和圣安杰洛城堡之外,那里现在挂着投降的白旗。没有进一步的抵抗了。教皇庇护随后撤到了梵蒂冈墙内,他生命中余下的 8 年就是在那里度过的。罗马被占领后,人们立即对是否赞成罗马并入意大利进行公民投票,结果 133681 人投票赞成,1507 票反对。现在罗马成为了意大利王国的一部分,这不是通过武力征服,而是通过人民自愿的原则达成的。现在只有梵蒂冈城仍然是一个独立自主的国家。

直到 1871 年 7 月 2 日,维克多·伊曼纽尔才率领官员正式进入他的新首都。当他发电报给市长弗朗切斯科·帕拉维西(Francesco Pallavicini)禁止所有节日庆祝的时候,首都已经为这一时刻的到来装饰好了。作为一名虔诚的基督徒,当维克多·伊曼纽尔听到自己被开除教籍时,他不仅感到悲痛而且感到恐惧。斐迪南·格雷戈罗维乌斯(Ferdinand Gregorovius)是普鲁士一位研究中世纪罗马的历史学家,在他的日志里描写了这一过程:"没有浮华、生气勃勃、富

丽堂皇和雄伟壮观的景象,这一天标志着教皇对罗马军事统治的结束。”下午,国王被催促穿过河去拉斯特雷区,那里大批的工人阶级为迎接国王准备了一些仪式。他断然拒绝了,并用皮埃蒙特方言补充道(可能只有身边的少数随从能听明白他的话):“教皇离这里只有两步之遥,他会感觉自己受到了伤害。我对那个可怜的老人已经做得够多了。”

第二十九章　女王和卡洛斯派

539 1868年9月30日,西班牙女王伊莎贝尔二世带着孩子在圣塞巴斯蒂安(San Sebastian)登上一辆火车,被流放国外。她的离开不仅标志着其统治的终结,也标志着整个国家最混乱时期的结束。

故事要从她爸爸斐迪南七世和祖父查理四世说起。1808年,斐迪南放弃了王位继承权。[①] 拿破仑的垮台致使这种放弃无效。1814年,斐迪南继位,从那时起他异常不称职地统治西班牙长达15年。1829年,他第三次丧偶,三任妻子没有一位诞下的孩子活过婴儿期,斐迪南渴望得到一个儿子。由于他患有严重的痛风,并定期发作中风,他的机会看起来微乎其微,但是他没有放弃希望。他的难题是能否找到一位合适的妻子。碰巧,他弟弟弗朗西斯科·德·保拉(Francisco de Paula)迎娶了那不勒斯国王弗朗西斯一世的一个女儿。她的基督教名叫玛丽亚·路易莎·卡洛塔(Maria Luisa Carlotta),但在西班牙人们就叫她卡洛塔。她给国王看了自己23岁的妹妹玛丽亚·克里斯蒂娜(Maria Cristina)的小像,斐迪南就此确定了人选。1829年12月12日,他在马德里的阿托查圣母(Our Lady of Atocha)教堂里迎娶了这位年轻的公主。

---

① 参见第二十四章,第454页。

玛丽亚·克里斯蒂娜魅力四射，爱卖弄风情，非常喜欢娱乐消遣。她的到来给令人窒息、沉闷的西班牙宫廷注入新鲜空气。她立即赢得几乎所有人的心。这次婚姻对王位继承者，也就是国王的弟弟唐·卡洛斯(Don Carlos)来说，明显是一个沉重打击，对他那来自布雷冈扎的妻子玛丽亚·弗朗西斯科(Maria Francisco)打击更大。他们是一对不相配的夫妻，唐·卡洛斯简直就是个侏儒，完全继承了波旁家族丑陋的下巴和鼻子。他是一位过度虔诚、狂热的专制主义者，身体虚弱得如水一般。对于英国的日记作家亨利·格雷维(Herry Greville)而言，他是“一个傻子……心胸狭窄而且倔强……也是一个懦夫，毫无天赋”。玛丽亚·弗朗西斯科与他正好相反，她体态优美，聪明过人，具有指挥才 540
能，野心勃勃。在此之前，她一直很有把握，认为自己的丈夫会继承王位，然而现在这种机会可能从她丈夫身边被夺走。更糟糕的来临了，婚礼举行 3 个月后，新王后怀孕了。斐迪南颁布旧《国事诏书》(Pragmatic Sanction)，取消更古老的《萨利法典》(Salic Law)中把女性排除在继承者之外的规定。换而言之，期待已久的小孩无论是男孩还是女孩都将是西班牙王位继承者。

这是一个女孩，1830 年 10 月 10 日出生，被命名为玛丽亚·伊莎贝尔·路易莎(Maria Isabel Lusia)。卡洛斯派——拥护唐·卡洛斯为继承者的人——从这一事实中得不到一点安慰。但是随着时间的推移，国王的身体日渐衰弱，国家将由一位女王统治的前景开始引发人们深切的忧虑。1832 年 7 月，在去拉格朗哈(La Granja)夏宫的路上，斐迪南在马车事故中受了重伤。两个月后，他仍然徘徊在死亡线上，王后这两个月以来很少离开国王身边。当她听到整个国家迅速团结在唐·卡洛斯周围时，她惊慌失措地听从了首席大臣的意见。玛丽亚·弗朗西斯科毫不犹豫地说出她可怕的警告。国王现在几乎没有意识，他被劝说为了避免大屠杀必须取消《国事诏书》。大臣立即起草了一项法令，国王用颤抖的手签字。之后不久，国王被宣布已经去世，唐·卡洛斯似乎有可能成为国王。

但是，他没有当上国王。殡仪员来为国王整理遗容时，突然察觉国王气息余存，斐迪南慢慢苏醒过来。虽然他最近签署的文件墨迹未干，但是如果不是因为国王的弟妹卡洛塔的出现，诏书可能仍然有效。当国王去世的消息传到加的斯时，卡洛塔命令她的马车全速行驶，在糟糕透顶的路上行驶了400英里后到达拉格朗哈。她对国王的身体状况不感兴趣，但她讨厌唐·卡洛斯和他的妻子，不想让他们夺走侄女的王冠。她刚到此地后就直接去找王后，严厉斥责她的软弱，并且要求查看撤销法令。当法令被拿出来给她看时，卡洛塔一把从官员手中夺过来并将它撕得粉碎。

斐迪南又活了一年。这期间，他在马德里古老的洛斯热罗尼姆斯
541 教堂(Los Jeronimos)主持一次精心准备的仪式，进一步宣称小女儿是继承者。所有的西班牙贵族——只有一个重要人物例外——逐个走过去，亲吻国王、王后和2岁小公主的手。1833年9月29日，斐迪南再次受到中风的打击，再也没有活过来，因此小公主继位称伊莎贝尔二世，以她的母亲为摄政王，获得英国、法国和葡萄牙的承认。另一方面，唐·卡洛斯也宣称自己为国王查理五世，获得俄国、奥地利、教皇和那不勒斯国王斐迪南二世的支持。斐迪南二世在所有支持者中最让人吃惊，因为他是玛丽亚·克里斯蒂娜的哥哥。至于西班牙，它被一分为二。马德里及其南部绝大多数支持伊莎贝尔，而许多北部的城市和小镇立即起来支持唐·卡洛斯。卡洛斯战争开始，这是欧洲历史上最后一次两个对手为争夺王冠而进行的战争。战争断断续续地持续了半个世纪。

伊莎贝尔二世，西班牙女王。

或者时间更长。在西班牙内战中，有人认为那些民族主义者其实本质上也是卡洛斯派。因为卡洛斯主义不仅仅意味着对唐·卡洛斯的忠诚，坚定不移地支持他成为西班牙合法统治者，也代表所有极端保守的西班牙传统：虔信天主教，无条件服从教会，甚至怀念宗教法庭(“那

是最令人敬畏的法庭，由天使从天堂带到地面”）；在一位独裁和全能的君主（任何情况下，这个全能君主都不可能是位女王）的统治下实行政治专制主义和坚定的苦行，这是西班牙长久保持的特性。伟大的自由主义思潮反对所有这一切，这股思潮在19世纪席卷整个欧洲，现在未必会被小伊莎贝尔和她忠诚的国民反对。上帝知道西班牙王室从来不以激进的思想出名，然而与卡洛斯派相比，他们都可算是狂热的革命者了。总之，伊莎贝尔极度需要自由主义者的支持，因此她们勉强成为自由主义者，并通过恢复引人瞩目的1812年自由宪法来证明这一点。[①]

现在西班牙陷入一场内战——在所有战争冲突形式中内战是最残忍的。在整个北部地区，战争都很激烈，双方都对男人、妇女和儿童实施了骇人听闻的暴行。最终在1839年8月，卡洛斯派秘密签订投降协 542
议。唐·卡洛斯悲伤地穿越边界流亡法国，他在那里和第二任妻子[②]、三个儿子在布尔日（Bourges）维持了一个荒谬的小宫廷。他又活了15年，但是再也没返回西班牙。

巴尔多梅洛·埃斯帕特罗将军。

1840年8月底，摄政王玛丽亚·克里斯蒂娜前往巴塞罗那，表面上是到卡尔达什（Caldas）借取水资源，实际上是会见国家重要将领巴尔多梅洛·埃斯帕特罗（Baldomero Espartero），听取他的建议。1812年宪法授予市政府相当大的自主权，许多市政府在最近的战争中都获得了新特权，她认为这些新特权是未经授权的。现在政府中更多保守议员倾向于通过市政法案再次废除这些特权，玛丽亚·

① 1812年宪法——又叫“加的斯宪法”——相当严格地限制了君主的权力，创建了一院制国会（没有特留贵族或教会的代表），引入了建立在省和市基础上的现代管理体系。

② 1834年玛丽亚·弗朗西斯科死后，他娶了他的葡萄牙继妹，贝拉的公主。

克里斯蒂娜发自内心地赞同他们。另一方面,自由主义者不允许他们这样做,很明显一场矛盾正在酝酿中。她一直认为加泰罗尼亚并不热爱王室,但他们却热情地接待了她,玛丽亚·克里斯蒂娜对此感到讶异,但很满意。然而,这种程度的欢迎比起一两天后埃斯帕特罗所受到的热情洋溢的欢迎仪式来,实在算不了什么。她是如此恼怒,以至于当场签署议案,只为故意刁难他。

那天晚上,巴塞罗那突然爆发抗议。宫殿被一群愤怒的暴民包围,为将军和宪法欢呼,以死威胁摄政王及其大臣。大概凌晨 1 点,极度惊慌的玛丽亚·克里斯蒂娜乞求埃斯帕特罗命令人群散去,但是他拒绝这样做,除非她撤销已经签署的议案。克里斯蒂娜确实这样做了,然而几天后她改变主意,混乱再次产生。她逃到瓦伦西亚,但是导火线已经点燃。9 月 1 日,马德里人发动起义,谴责政府,其他城市也群起仿效。只有当她放低姿态,邀请埃斯帕特罗去组织新政府,做出恢复秩序的假象时,暴乱才平息。然后,玛丽亚·克里斯蒂娜扔下一颗“炸弹”,宣布辞职不做摄政王。埃斯帕特罗恳求她重新考虑,但是她坚决拒绝。她最后
543 对他说:“我使你成为莫雷拉(Morella)公爵,但是我不能使你成为一位绅士。”然后她与两位小公主告别。她们现在分别是 10 岁和 8 岁,年轻的是玛丽亚· 露西亚·费尔南达(Maria Lusia Fernanda),于 1832 年 10 月出生。10 月 17 日,克里斯蒂娜和她第二个半秘密的家庭[1]带着王宫里大量的金钱和所有重要的珍宝、银子和亚麻制品[2]乘船去法国了。

玛丽亚·克里斯蒂娜带走的掠夺物足够她和家庭舒适地度过余生。事实上,她的辞职是短暂的。她和她的家庭在法国受到热烈欢迎,国王路易-腓力亲自到枫丹白露会见他们,为他们在王宫里提供了一套

---

① 斐迪南去世后不久或以前,她找了一位情人:禁卫军中的一位下士叫费尔南多·穆尼奥斯(Fernando Muñoz)。他们俩在 1833 年 12 月 27 日秘密结婚,之后她称他为“卧室中的新郎”。尽管他们已经有了 4 个孩子,婚姻一直没有得到公众的承认。直到 1845 年,穆尼奥斯当上里安萨雷斯的大公才获得认可。

② 根据法国总理佛朗索瓦·基佐(François Guizot)所说,他非常了解她,“她留下甚至不到六根调羹”。

金碧辉煌的寓所。12 月,他们拜访罗马,在那里她为自己同意反教权主义律法写了一份忏悔书。回到巴黎前,教皇格列高利十六世赦免了她。但是到了 1843 年 11 月 8 日,伊莎贝尔已经 13 岁,达到继承王位的合法年龄。她的母亲返回西班牙已无任何政治障碍。目前存在的主要问题是财政问题,自由主义者要求玛丽亚·克里斯蒂娜首先要偿还离开时所带走的财富,结果是无休无止的争论,特别是在她提出政府支付尚未支付的养老金的要求之后。这个问题最终得以解决时,玛丽亚·克里斯蒂娜变得比以前更加富有,她终于为回家做好准备。

穿越西班牙的每一段旅程,玛丽亚·克里斯蒂娜都受到热烈欢迎。虽然 15 年后体重可怕地增加,但她没有失去年轻时的美貌和魅力。她一回到马德里,宫廷几乎一夜之间就恢复了古老的光辉,舞会、宴会和令人眼花缭乱的邀请函迅速增加。玛丽亚·克里斯蒂娜完全使有点傲慢的女儿黯然失色,她女儿明白自己不太合群,乖戾更是日益增长。然而,这些脾气是这一阶段的其他少女也常有的,伊莎贝尔不久就改掉了。

1846 年 4 月 3 日,法国驻西班牙宫廷大使孔德·德布莱松(Comte 544
de Bresson)给外交大臣弗朗索瓦·基佐(Francois Guizot)写了一则简短的消息。“女王,”他平淡地报告,“适婚时间长达两小时”。很少有大使曾这样离题。但毫无疑问,玛丽亚·克里斯蒂娜并没有坐着干等这一快乐时刻。几个月内,她把大量清醒的时间用来思考女儿的婚姻问题。当然没有任何人想到与伊莎贝尔商议。远在布尔日,唐·卡洛斯为了儿子蒙泰莫林勋爵(Montemolin)四处活动,为此甚至打算退位。显然这场联姻将会永远地消除卡洛斯派问题,然而这会把伊莎贝尔放置到王后的地位,而这个地位是她母亲所拒绝考虑的。在巴黎,路易-腓力支持儿子蒙庞西耶公爵(Duc de Montpensier),而在伦敦,他们认为法国和西班牙皇室的联姻是一桩令人厌恶的事,女王维多利亚和帕默斯顿勋爵都为女王丈夫的堂兄科堡(Coburg)的利奥波德王子争取。这次轮到路易-腓力不接受了,他礼貌地指出,在布鲁塞尔、伦敦和里斯本都已经有一位科堡王子,要是四国都有的话,他们的势力就太大了。

那不勒斯国王推荐他的兄长特拉帕尼伯爵(Trapani),但是他在罗马跟随耶稣会会士学习,当时耶稣会在西班牙是被禁止的,他的请求没有被认真考虑。

最终,玛丽亚·克里斯蒂娜不得不降低择偶标准,在她自己家族中寻找。最后决定把不幸的伊莎贝尔嫁给其堂兄弗朗西斯科·德·阿西斯(Francisco de Asís),①她去世的姑妈卡洛塔的儿子。前景不太妙:她的未婚夫身材矮小,毫不起眼,说话声调高,装腔作势。通常大家都认为他是一位同性恋,可能有些性无能。所有这些都糟糕透顶,但是更难以忍受的是,与此同时女王的妹妹露西亚却嫁给了风流倜傥、魅力十足和令人赏心悦目的美男子蒙庞西耶公爵。

两场婚礼均于 1846 年 10 月 10 日举行,这一天正好也是伊莎贝尔
545 16 岁的生日。弗朗西斯科·德·阿西斯看起来就“像一位年轻的女孩被打扮成一位将军”,伊莎贝尔像一个男人被打扮成一位妻子,他们都突然大哭。几年后,一位密友问伊莎贝尔关于结婚那一晚的事。“我该说什么呢,”她回答,“一个男人衣服上面的蕾丝花边比我的还多。”事实上,有一个很好的理由相信,甚至在结婚以前,伊莎贝尔就已经有了她不计其数的情人中的第一位,他是弗朗西斯科·塞拉诺将军(Francisco Serrano),“西班牙最英俊的男子”。但是 1847 年夏末,当伊莎贝尔有怀孕的迹象时,她和丈夫有必要和好。塞拉诺获得上将的头衔,前往格拉纳达。伊莎贝尔不可能——甚至私下——为他的离开悲痛,现在她又从歌剧院里找了一位年轻的歌手。

结婚前后,情人进入她的生活并改变了她。乖戾消失了。她一直称不上漂亮,但是她现在似乎继承了她母亲的热情。尽管她在性方面很贪婪,但是她还是非常虔诚、好心和体贴的,她对别人的错误很宽容。因此在统治初期,她似乎很受国民的爱戴。但是渐渐地,不断地有士兵、水手、歌唱家、舞蹈家、作曲家和牙医争先恐后地进入她的房间,谣言四处传播,直到女王的行为不仅成为西班牙也成为所有西欧国家的

---

① “Asís”在西班牙文里就是“Assisi”。

饭后谈资。

家族声誉并未因为她妈妈而提高。自第二次婚姻以后，玛丽亚·克里斯蒂娜的家庭生活变得无可指责，但是她的名字变成腐败的代名词。尽管西班牙工业革命与英国相比实在不算什么，但这是一个商业权利和特许权的时代，特别是在道路和铁路领域。她总是乐于使用她广泛的影响力获得回扣，她在交易所因善于内部交易而出名。腐败的病菌是很容易传播的，现在已经传播到整个政府和管理部门。1854年夏季，西班牙革命时机成熟，严重的暴乱从7月17日晚上开始。当暴民围攻玛丽亚·克里斯蒂娜的宫殿时，他们洗劫了一切能够带走的东西，并野蛮地破坏了其他东西。如果老太后当时没有跑到女儿那里去避难的话，她将活不过那晚。

绝望中，伊莎贝尔选取唯一向她敞开的道路：她派人去请埃斯帕特罗将军。自从她妈妈退位后，他们互相讨厌，然而她承认，如果自己 546
想继续当女王，他将是恢复秩序的唯一希望。他坚持的条件是，她必须改变私生活，这激起她的愤怒，但还是被迫答应。7月28日，将军进入马德里，把无用的人从政府和宫廷里赶走，伊莎贝尔似乎大有机会保住王位。另一方面，玛丽亚·克里斯蒂娜仍然是一个不利因素。8月28日凌晨，在穆尼奥斯和孩子的陪伴下，她第二次离开马德里，这次是永远的流放。

伊莎贝尔饱受惊吓，但是她的本性仍然难改。她对埃斯帕特罗将军的承诺不久被忘得一干二净。没过多久她和卡洛斯·马夫里(Carlos Marfori)交往上了，任命他为王室总管。卡洛斯是一位大腹便便的中年人，一名意大利糕点制作工的儿子。1860年开始，反对她的标语再次被张贴在墙上。她最终的衰败命运掌握在她以前的一位支持者手中，他就是胡安·普里姆(Juan Prim)将军。普里姆首先想以她的妹妹露西亚和露西亚的丈夫蒙庞西耶公爵取代她，蒙庞西耶公爵曾经给普里姆几千英镑支持他起义。但不幸的是，将军犯下致命的错误：他也通知了拿破仑三世，希望从那里获得财政支持。但拿破仑三世——现在取代路易-腓力坐上法国王位——不允许前任的儿子和儿媳占领西班牙王位，公爵的希望破灭。

同时，另一场挑战来自加的斯的指挥官海军上将胡安·鲍蒂斯塔·托佩特(Juan Bautista Topete)，与他一起的是女王的老情人塞拉诺将军。不久，普里姆也加入他们。1864 年 9 月 18 日，一场新革命爆发，迅速波及整个国家。伊莎贝尔当时正在离法国边界几英里的圣塞巴斯蒂安，她本能的第一反应就是立即回到马德里，但她还来不及这样做，便听到塞拉诺正向首都进军的消息，那里也起义反对她。她没像母亲一样宣布退位，而是带着丈夫、情人和孩子静悄悄地来到火车站，于 1868 年 9 月 29 日乘最早的一班火车去了法国。她尽管只有 38 岁，但是已经统治 35 年，此后又活了 36 年。除了私生活上的淫荡之外，她不是一个坏女王，但她是一位不能给国家带来希望的女王，国家没有她会更好。

547 但她在将来也许会带来希望，不过这取决于她的继承者。也许我们可以肯定地说，她的 4 个女儿和 1 个儿子属于不同的父亲，但是她自打嫁给弗朗西斯科后就没有再婚，因此其子女的正统性毫无疑问。其子阿方索(Alfonso)于 1858 年出生，被认为是母亲和一位美国牙医助手麦肯翁(Mckeon)短暂接触后的结晶。从出身来看，阿方索作为王位继承者获得认可，已经被授予传统的阿斯图里亚斯王子头衔。然而不可避免的是，伊莎贝尔的突然离开给卡洛斯派带来了希望。

自 1839 年第一次卡洛斯战争结束后，卡洛斯派就一直很低调。唐·卡洛斯(查理五世)1846 年为了自己的儿子蒙泰莫林伯爵而退位，可是伯爵和他父亲一样，基本没有给人留下深刻的印象[①]。他一生中多次突然召集西班牙人反抗篡位者，支持合法继承人，但是没人太注意他。当人们需要他时，他从不在场。卡洛斯的哥哥唐· 胡安(Don

① 年轻时，他在伦敦与艾德琳·德·豪斯(Adeline de Horsey)小姐订婚，但她后来成为卡迪根伯爵(他是巴拉克拉瓦(Balaclava)轻骑兵旅旅长)的第二任妻子。

Juan)在蒙泰莫林于1861年去世后,最不愿成为一个伪装者,宁愿静静地在布莱顿(Brighton)生活,他就更不愿抛头露面担起所谓责任了。卡洛斯派一直不走运,直到唐·胡安的长子唐·卡洛斯(Don Carlos)出现。他长得高大英俊,是一名优秀的骑手,对当兵充满热情。他坚信卡洛斯派的事业是正义的,决定为之战斗,直到自己登上合法的王位。他也十分富有,这归功于其妻帕尔马公主玛格丽特(Margaret)丰厚的嫁妆。1868年夏,大卡洛斯派会议在伦敦召开,20岁的唐·卡洛斯正式继位,掌声雷动。几个星期后,唐·胡安签署了一份正式的退位法令,支持儿子继位。

唐·卡洛斯无疑表现得像一位杰出的国王,现在似乎比年轻的阿斯图里亚斯王子更有优势。阿斯图里亚斯王子跟随母亲被流放,而且仅仅只有10岁。两年之后,伊莎贝尔女王退位,支持阿方索。对于两位继承者而言,现在的困难是伊莎贝尔离开西班牙后,军人集团立即形成,他们正式决定波旁王朝已丧失对王位的所有权,然而西班牙仍然是 548
一个君主国。现在需要的是一位国王。

但是如何去找一位国王呢?王冠被送给葡萄牙国王,送给霍亨索伦-希格玛林根的利奥波德王子[①]和热那亚大公,但他们都拒绝了。最后,维克多·伊曼纽尔的二儿子阿奥斯塔公爵阿马德奥(Amadeo)被劝说接受王位。1870年12月31日,阿马德奥成功进入新首都。然而事实上,正是这一天国王的拥护者普里姆将军遭到刺杀,从这一事件中我们非常清楚地看到,尽管阿马德奥非常高兴地接受西班牙的王冠,但是西班牙人民从一开始就对他不热情。不满持续增长,直到1872年4月,唐·卡洛斯号召全体人民起义。5月2日,他率领一小群士兵从法国进入西班牙,但是他发现,事实不是像他所希望的那样:整个国家举起武器,他只是与几千名未经训练、装备极差的游击队员汇合。当被

---

① 他刚开始接受了它,后来又拒绝了。如果他立马拒绝,普法战争将从不会发生。战争的发生完全是因为拿破仑三世还无法接受普鲁士和西班牙之间的联盟。参见第二十八章,第537页。

政府军队袭击追踪时，他们被堵在离边界线只有几英里的奥罗基耶塔(Oroquieta)山庄再也不能前进，700 人被俘，唐·卡洛斯安全逃回法国。

阿马德奥斗争了几个月，但是共和党人和卡洛斯派都反对他，其中许多人都是国会(*Cortes*)成员。他最终于 1873 年 2 月被迫退位，引起更大的混乱。最后西班牙宣称是一个共和国，卡洛斯派很愤怒，抓住此次机会举行起义。他们在北方领土——加泰罗尼亚、纳瓦拉和巴斯克乡间——很强大，再次号召西班牙人举起武器捍卫君主制。与前几年相比，这次他们更有成效。交战双方都非常野蛮和残酷，但是到仲夏，实际上整个埃布罗河以北的国土——除了少数的城镇外——都控制在卡洛斯派手中。如果唐·卡洛斯现在直接向马德里进军，他肯定可以获得胜利。然而令人无法理解的是，他选择包围毕尔巴鄂(Bilbao)，把向南进军的任务交给他的哥哥唐· 阿方索(Don Alfonso)和阿方索年仅 19 岁但令人畏惧的妻子玛丽亚·德·拉斯·尼维斯(Maria de las Nieves)。她穿着男人的制服，与丈夫形影不离一块战斗，这两人率领
549 14000 士兵占领了离首都东面只有 80 英里的昆卡(Cuenca)。随之进行大屠杀，严重损害了卡洛斯派的名声。

阿方索十二世，西班牙国王。

现在交战形势开始发生改变。1874 年 5 月，塞拉诺包围了毕尔巴鄂，自此以后，卡洛斯派采取守势。这一年年底，他们遭到沉重的打击：一位年轻的旅长阿西尼奥·马丁内斯(Arsenio martinez)颁布一份宣言，号召阿方索回来，位于卡洛斯派所占领北部之外的地区迅速做出答复，欣然同意。阿方索立即从英国出发——他一直在该国桑德赫斯特(Sandhurst)的皇家陆军学院学习——在马赛登上一艘西班牙军舰，于巴塞罗那登陆。1875 年 1 月 10 日，阿方索作为国王阿方索十二世进入马德里，并受到热烈欢迎。他被国民召唤回来，获

得教皇的认可;他的敌人唐·卡洛斯再也没有翻身的机会。

不幸的是,唐·卡洛斯并没有立即服输,第二年继续战斗。1876 年 2 月 19 日,埃斯特拉失陷后,他才投降。28 日,他穿过边界去往法国。尽管他威胁说会卷土重来,但是第二次卡洛斯战争已经结束。在阿方索十二世仁慈的统治(被称为 El Pacificador)下,西班牙进入 25 年稳定时期,这是自从斐迪南国王去世 43 年后,国民第一次拥有和平与稳定。

由于其子稳戴西班牙的王冠,王太后伊莎贝尔和女儿回到西班牙,然而她们不被允许住在马德里;她们获得离马德里 25 英里的一幢宽敞的公寓,那里曾经是菲利普二世埃斯科里亚尔(Escorial)的宫殿。这是一项明智的防范措施。在伊莎贝尔的一生中,她都是一个爱管闲事的人,流放的这些年也没改正这些毛病。她刚安定下来便卷入了关于养老金的冗长争论之中。不久,她以自己的名义与教皇密谋,从而激起一场与首相之间令人厌恶的公开争吵,相互攻击。显然,必须要对她采取一些措施。她不能被再次流放,但是她被送到离首都更远的塞维利亚古老的摩尔城堡(Alcazar)。“因此,几个月内,”她的女儿欧拉利亚(Eulalia)写道,“我们从寒冷的北方宫廷来到了压抑和无聊的东方后宫。”

但是,改变居所环境并不能阻止伊莎贝尔的阴谋诡计。现在她把
所有的精力都花在为儿子找一个合适的新娘上。然而,阿方索抢在她 550
之前宣布他将和堂妹默西迪丝(Mercedes)结婚,她是蒙庞西耶公爵的女儿,才 16 岁,非常迷人。他的母亲尽一切所能去阻止这场婚姻,但是他们是真心相爱的一对。明白这个事实以后,她也无能为力,愤怒地回到巴黎,丢下了自己的女儿。1878 年 1 月 23 日,婚礼举行,这一对夫妻显然非常高兴,由于新娘的漂亮和魅力,她赢得所有人的心。可 5 个月后,默西迪丝还不满 18 岁,她就死于胃热病,阿方索再也没能从这次打击中恢复。1879 年底,他再婚,迎娶另一位玛丽亚·克里斯蒂娜,奥地利卡尔·斐迪南(Karl Ferdinand)大公的女儿,但这一直只是一次“权

宜的结婚”(*a mariage de convenance*)。可这一次婚姻老伊莎贝尔却很赞成,并回到西班牙参加了典礼。

离默西迪丝去世不到两个月,新王后的外祖母(也是她名字的来源)在靠近勒阿弗尔(Le Havre)的圣阿德列斯(Sainte-Adresse)的家中去世。她的第二任丈夫穆尼奥斯已经去世很久,所以她的尸体被运回西班牙,埋葬在埃斯科里亚尔她第一任丈夫斐迪南七世的附近。1885年11月25日,国王阿方索在28岁生日的前三天死于结核病,他5岁的小女儿默西迪丝公主成为西班牙女王,但在位时间不长。王后玛丽亚·克里斯蒂娜非常爱自己的丈夫。尽管她无数次对丈夫不忠,但在他最后的日子,她从来没有离开他的床边,当时她已经怀孕3个月。1886年,她生下一个男孩——一出生就成为国王,这是5个世纪以来的第一例。他的父亲想给他取名费尔南多,但是玛丽亚·克里斯蒂娜决定使用其他名字。五天之后,一个金羊毛的微型锁戴在他的脖子上,他洗礼后被命名为阿方索——很不吉利,这是王室中第13个命名为阿方索的人。

此时,小孩的祖母老伊莎贝尔——唯一两位活着的女王之一——仍然活着,一有机会她就继续干政,甚至决定把摄政王的权力从儿媳手中夺走。当失败时,她便迫于压力投降,回到巴黎后,继续参加她喜欢的各种晚会和娱乐活动。现在她找了一位新的“财务主管”哈尔特曼(Haltman),后者从来没有离开过她。她仍然是一位十足的女王,同女王维多利亚和她的流亡同胞拿破仑三世的遗孀欧几妮(Eugénie)保持
551 联系。她坚持在一个通风的走廊等待欧几妮皇后,再次与她告别,这导致了她的死亡。讨厌的咳嗽变成了肺炎,1904年4月9日,她去世了,享年73岁。

第三十章　埃及和运河

根据希罗多德的记载，公元前 7 世纪，法老尼科开凿了第一条苏 552
伊士运河。他还说，挖凿运河期间，至少有 12 万古埃及人丧生，完工后的运河船行需四天走完，其宽度足够让两支军队并排行进。然而 2500 年后，当拿破仑第一次详细地勘察苏伊士地峡时，没有发现这条运河的任何痕迹。此次勘察的主要测量员让-巴普蒂斯特·勒培立(Jean-Baptistc Le pere)得出结论，一条运河的两端可能在不同的海平面上，

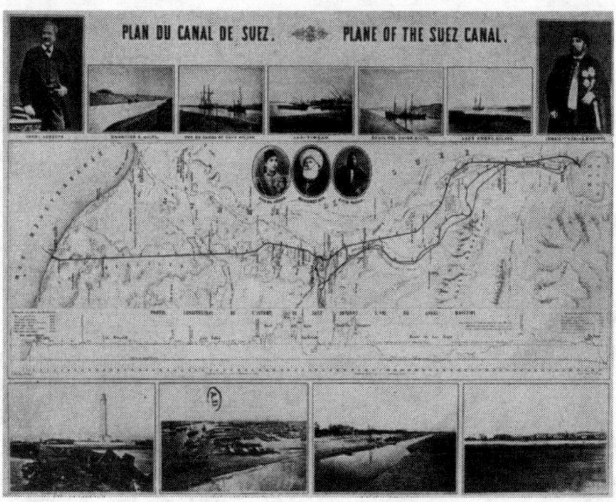

1869 年苏伊士运河地图及运河鸟瞰图和斐迪南·德·雷塞浦斯和赫迪夫伊斯梅尔的画像。

他实际上判断运河的南端要高出10米——这种理论很快在学术界引起争论，等他完成最后的报告时，法国人却已被英国人逐出了埃及，而英国人也决定尽快撤离该地。这条运河再次被世人遗忘了半个世纪之久。

直到1854年，穆罕穆德·阿里的四儿子，奥斯曼帝国的赫迪夫(Khedive，即埃及总督)赛义德(Said)才授权给法国苏伊士运河股份有限公司富有远见的年轻代表斐迪南·德·雷赛布(Ferdinand de Lesseps)伯爵，让他开凿一条贯穿苏伊士地峡、长近100英里的运河，以连接地中海和红海。工程开始于1859年，德·雷赛布原计划6年内完工，但实际上耗费了10年时间。早期的劳工纠纷和1865年突然爆发的霍乱几乎使整个工程停顿。然而，所有的困难最终都被克服了。勒培立的担忧被证明是毫无根据的——整条运河不需要船闸。1869年11月17日早晨8点30分，欧几妮皇后和德·雷赛布本人乘坐法兰西帝国的游艇“艾格勒”(*Aigle*)号驶入塞得港。紧随其后的舰船在45艘以上，分别搭载着赫迪夫——此时赛义德已传位于自己的侄子伊斯梅尔(Ismail)，他的政府官员、各国大使以及其他显贵。20日早晨“艾格勒”号进入红海，船上的乐队演奏起《叙利亚的倾盆大雨》(*Partant pour la Syrie*)，这首歌显得有些不合时宜。

《苏伊士运河通航开幕式》

人们一般误以为威尔第的《阿依达》(*Aida*)是为了庆祝苏伊士运河通航所作。事实上,这一历史性事件似乎冷落了他,以至于他故意回绝了为运河通航的开幕式写一首赞歌的请求。直到1870年上半年,他 553
收到法国考古学家奥古斯特·马里埃特(Auguste Mariette)寄来的一个剧本,其内容以编造的故事为基础,夹杂着古埃及的风俗文化。这立刻吸引了他。此时刚好赫迪夫伊斯梅尔委托他写一部歌剧,他于是欣然接受。尽管首次公演安排在开罗的伊斯梅尔新歌剧院举行,但演员和服装都要在巴黎准备——这是个不幸的决定,结果,由于普法战争和随之而来的围城,所有人被耽误了好几个星期。他们最终获得了自由,歌剧在1871年圣诞节前夕准时开演。有点令人惊讶的是,威尔第没有出席首演式,不过第二年年初,他还是参加了该剧在米兰举行的首演。

对东地中海地区的国家和港口而言,苏伊士运河的开通犹如天赐之物——但他们需要一些时间意识到这个事实。他们不再是死水一潭;现在终于可以恢复过去的地位,成为世界贸易线上重要的集散地。甚至远东国家也从中获利,因为苏伊士运河强化了他们与西方国家的商业联系。世界正越变越小。

然而,从运河通航以来,苏伊士运河公司就陷入了财政危机。德·雷赛布曾向股东们许诺他们所投资的是一个"金矿工程",现在他们渴望能立即得到回报,但欧洲人对运河的利用并不积极。在运河通航的头一年里,每天驶过运河的船只不到两艘。德·雷赛布原本期望每年能有1000万法郎的收入,但实际上只有400万。紧接着,这一财政危机引起了激烈的国际争论,土耳其政府为解决这个问题召开了一次会议,但收效甚微。最后,愤怒的德·雷赛布威胁要彻底关闭苏伊士运河,赫迪夫——得到奥斯曼帝国的支持,派出一支军队前往运河地区,又派出两艘军舰进驻塞得港,如果法国坚持要关闭运河,他们将占领苏伊士运河。法国政府退缩了,德·雷赛布不得不承认失败。

普法战争给法兰西第二帝国致命一击,法国对苏伊士运河的影响一落千丈。而另一方面,英国对它的影响则迅速上升。帕默斯顿勋爵

政府和它的后继者们曾经激烈地反对建造苏伊士运河，将其视为法国
554 帝国主义者的威胁，但现在法国人事实上已经被逐出了运河地区，伦敦方面的政策迅速发生变化。突然之间，前往印度的距离缩短了一半，从孟买(Bombay)到加尔各答(Calcutta)，我们后来所称的旅游业开始腾飞。20年间每年都有大量的适婚女青年涌向印度寻找丈夫——一般称之为"捕鱼船队"，这已经成了一种惯例。[①] 从1873年起，苏伊士运河的状况开始改善，越来越多的船只从此经过。其中2/3的船只属于英国，因此赫迪夫告诉英国驻开罗的代办，他非常希望苏伊士运河成为某家英国公司的财产，如果能够组成这类公司，他将尽其所能将运河转让到他们手中。

与此同时，埃及越来越深地陷入了债务泥沼，到1875年11月，赫迪夫发现自己急需约400万英镑偿还债务。他唯一的选择是出售或者抵押自己在苏伊士运河公司中的股份。两批法国银行家在巴黎展开了竞争，但他们任何一方都没有本杰明·迪斯雷利(Benjamin Disraeli)迅速和果断，他刚刚接替格莱斯顿(Gladstone)出任英国首相。在周日与好友莱昂内尔·德·罗斯柴尔德(Lionel de Rothschild)的晚宴上，他得知了所发生的一切。1875年11月24日，英埃之间经过短暂的谈判达成一项协议，英国政府出资400万英镑购买赫迪夫在苏伊士运河公司中所占的177642股。迪斯雷利写信给女王："夫人，您将拥有苏伊士运河。"女王答复说："将法国的势力逐出运河，这的确是一件大事。""巨额投资，"她补充说，"是唯一的缺点。"[②]

但这笔钱要想办法凑齐。迪斯雷利再次向德·罗斯柴尔德求助，他为此派出自己的私人秘书孟塔古·劳瑞·科里(Montagu Lowry Corry)前去借款。几年后，科里饶有兴趣地讲述了他向罗斯柴尔德借钱的经过。他来到罗斯柴尔德的办公室，告诉他首相急需400万英镑。

---

① 这是一个令人不太愉悦的结果：在印度的军官必须抛弃本土的妻子，从英国迎娶妻子，这通常给英印关系带来灾难。

② 普鲁士王储——后来的德国皇帝威廉二世——的反应特别令人好奇："多么高兴啊！"

"什么时候?"罗斯柴尔德问道。

"明天。"

罗斯柴尔德拿起一粒葡萄,吃下去,把皮吐出来,问:"以什么作 555
担保?"

"英国政府。"

"好,我借!"

几天后,赫迪夫将股份交付给英国驻开罗总领事。经核算,英国人发现所交付的股份只有176602股,比合约原定的数目少了1040股。因此,价钱下降到了397万6582英镑。有人怀疑莱昂内尔·德·罗斯柴尔德并未注意到这一点。

应该强调的是,英国并没有买下苏伊士运河,甚至没有买下运河的控制权。然而,依靠所持有的40%股份,她得以阻止运河的控制权完全被法国掌握,如果它不这样做的话,法国肯定会这么做。现在,英国有权任命公司董事会24位董事中的3个——几年后,她可以任命10个。而且,在所有的股东中英国实力最强。

英国购买苏伊士运河公司的股份是其恢复在埃及势力的前奏吗?对于这一点,作为反对派的自由党持怀疑态度。事实上,迪斯雷利似乎对这种事情漠不关心。很显然,驻守苏伊士运河是极其重要的,但一直以来,这种保卫工作由奥斯曼帝国负责,苏丹又将此权交给了赫迪夫,然而伊斯梅尔是一个挥霍无度、不负责任的统治者,他不值得世人信赖——到1876年,埃及的财政预算已被置于英法两国的监管之下。"双重监督"制度在一定程度上遏制了埃及财政的崩溃,但形势很快表明伊斯梅尔必须下台。英国和法国联合向苏丹发出了呼吁,1879年6月伊斯梅尔被迫下台。伊斯梅尔的儿子陶菲克(Tewfik)继承了赫迪夫的职位,但不久他就遭遇了一场由埃及民族主义分子发起的大叛乱。叛乱者于1881年发动政变(*a coup d'etat*),并建立起一个军事独裁政权。骚乱在亚历山大城持续了9个月,在此期间有50多个欧洲人被杀害。

此时,英国派出了一支海军中队前往亚历山大。作为回应,埃及民
556 族主义领导人艾哈迈德·奥拉比(Ahmed Orabi)中校——西方所熟知的阿拉比帕夏,开始在海岸地带构筑新的防御工事。英国舰队司令要求阿拉比停止修筑工事,当遭到拒绝后,他下令炮轰城内的建筑。英军打着赫迪夫的旗号登陆,进而占领了亚历山大。阿拉比威胁要阻塞淡水运河,而这条运河连接着尼罗河与苏伊士地峡,又是地峡地区唯一的淡水来源。随着形势的迅速恶化,一支精锐的英国远征军在名将加奈特·沃尔斯利(Garnet Wolseley)的指挥下,于1882年8月19日突然在塞得港登陆,后续部队也从印度赶来。一个月后,也就是9月13日,这支英国军队毫不费力地在三角洲边缘的泰尔·凯比尔(Tel el-Kebir)彻底击败了阿拉比,并于第二天占领了开罗。

有人可能会问,如此关键的时刻法国在哪里?它也向亚历山大派遣了一支海军中队,但行动过于仓促——没有明确任务,舰队航行到塞得港后,既没有实施炮击也没有登陆。如果法国效仿英国,英国肯定不会反对;甚至,它可能还欢迎法国参与这次军事行动。但这时,法国政府对埃及似乎已经失去了兴趣。由于年轻的乔治·克列孟梭(Georges Clemenceau)反对以暴力解决问题,法国国会没有通过军事干涉所需的拨款,从而使自己丧失了在埃及的传统影响力,也使得竞争对手英国可以为所欲为。1882年年底,埃及的"双重监督"制被正式废除。

以往当英国军队占领埃及后,他们总是希望能够尽快撤离;但是这一次,他们需要保卫本国的生命线。多年来,英国宣称她对埃及的占领只是一种暂时性的措施。而对于彻底吞并埃及,英国历届政府也坚决反对,认为这种想法欠缺考虑;埃及是奥斯曼帝国的一部分,他们更乐于让它保持原状。但是,英国必须守住苏伊士运河。如果这需要占领埃及的话,英国也在所不惜。

现在,即使在战争时期,英国也能确保自己有效地控制苏伊士运河,但她也认识到对运河的垄断会激起其他列强的不满。如此具有战略意义的水道,最终只能由完全中立的组织来保护。为了实现这个目
557 标,国际社会进行了一次微妙而复杂的外交谈判,最终,九国代表于

1888年10月29日在君士坦丁堡签署了《苏伊士运河公约》(Suez Canal Convention),“以一项明确的制度保障任何国家在任何时候都可以自由通行苏伊士运河。”公约规定,运河无论在和平时期还是战争时期,都向所有国家的船只开放。运河的出入口永远不会关闭,运河沿岸也不会设立永久性的防御工事。禁止交战国的船只在运河港口和其他任何地方装卸军队或军需物资。然而,根据1854年的转让合同,该公约的有效期仅到1968年,即苏伊士运河通航后99年。届时,埃及政府将收回运河的所有权。

本章可能需要一个简短的附录。1914年11月,英国对奥斯曼帝国宣战,同时宣布埃及为英国的保护国,立赫迪夫阿巴斯(Abbas)为苏丹——不再是奥斯曼的总督。然而仅仅4年后,埃及获准独立(英国保有某些特权),成为一个君主国。第一任国王(先前的苏丹)是福阿德一世(Fuad I)。1936年,其子法鲁克(Farouk)继承了王位,一直统治到1952年。是年,一群埃及军官在上校贾迈尔·阿卜杜勒·纳赛尔(Gamal Abdel Nasser)的鼓动下推翻了君主制,宣布埃及为共和国。1954年,新政府与英国正式订立条约,根据该条约,英国军队将全部撤离苏伊士运河地区;但两年后,即1956年7月26日——运河的转让合同到期前12年,埃及出兵占领了苏伊士运河,并对其实施国有化。到10月底,所有的外交交涉都宣告失败,新兴的以色列伙同英、法两国入侵埃及,企图以武力恢复对运河的控制。英国军队在海军舰炮的掩护下从塞得港登陆,而以色列则侵入西奈半岛。但不久之后,由于国际社会越来越强烈的谴责——尤其是美国,英法军队被迫于12月撤出埃及,把苏伊士运河留给了纳赛尔。埃及赢得了胜利(虽然军事上损失惨重),将运河牢牢地掌握在了自己手中。英国在埃及的势力走到了尽头。塞得港被收复,斐迪南·德·雷赛布的雕像被推倒——正是他的远见和果断才使得苏伊士运河得以建成,不过,在独裁者们心中很少会有感激之情。

第三十一章 巴尔干战争

558 希腊在其独立之初,仍然是一个不幸的国家。它的新国王尤其令人失望。17 岁的奥托一句希腊语也不会讲,他甚至也不是东正教徒,因此很难获得他那些皮肤黝黑、深受战争创伤的臣民们的爱戴。根据英、法、俄在伦敦会议上的决议,国王的父亲巴伐利亚国王路德维希一世任命了一个 3 人组成的摄政委员会,但其成员都是巴伐利亚人,其中只有一人曾经踏足希腊。摄政委员会毫不在意当地的风俗传统,将巴伐利亚的法律和教育制度生搬硬套于希腊,禁止发行出版物,对希腊人民征收压迫性并且不公平的重税 。他们执政了 3 年之久——通常称这段时间为"巴伐利亚官僚制度" (*Bavarokratia*),甚至在 1835 年奥托亲政以后,这种制度也没有丝毫实质性的变化。巴伐利亚人的影响依然强大,希腊人的不满逐渐增加。希腊人扪心自问: 经过如此漫长而英勇的战斗,难道就是为了这些? 他们的新统治者甚至比土耳其人更加残暴。

1843 年,希腊人的苦难结束了,一场不流血的军事政变迫使奥托同意制定宪法。名义上,这部宪法似乎宣扬自由,并给予所有的男性公民以选举权(虽然妇女直到 1952 年才获得选举权);同时还裁撤了政府中的巴伐利亚官员,取而代之的是一个全由希腊人组成的新内阁,还有希腊国民议会。但事实上,由于土耳其人的长期占领,传统的希腊社会沿着一条不同于西欧社会的道路向前发展，希腊人对成熟的现代民主制度完全没有准备。尽管如此，希腊似乎向前迈出了具有重要意义的一步，并有理由相信他们的未来将更加美好。

但这种希望最终落空了。希腊人推翻了巴伐利亚寡头政府，现在却欲建立一个希腊寡头政府，甚至比上一届政府更愚蠢透顶。1854 年
3 月，克里米亚战争爆发，希腊人在情感上同情沙皇俄国，强烈反对奥 559
斯曼帝国，因为俄国是当时除希腊外唯一有全国性东正教会的主权国家。考虑到奥斯曼帝国奴役了希腊近 500 年之久，这种情绪是可以理解的，但它导致希腊采取了非常愚蠢的行动。希腊向奥斯曼帝国控制下的色萨利和伊庇鲁斯发动了进攻，结果遭到惨败，英、法舰队占领了比雷埃夫斯，外国军队割据了希腊国土，直到 1857 年才撤离希腊。在某种程度上，这是希腊人过分夸张地运用刚获得不久的国家主权的结果。

在奥托统治的最后几年内，他对自己获得的希腊国家表现出真诚的爱国主义情感，并深受所谓“伟大理想”的影响：其实质是消灭奥斯曼帝国，并代之以重生的拜占庭，建立一个仍以君士坦丁堡为首都的希腊人基督教帝国。但奥托从未受到其臣民的爱戴。1862 年，当他在伯罗奔尼撒旅行时，一场叛乱在翁提扎(Vontiza)的古威尼斯要塞爆发。在王室的游艇返回雅典之前，政府已经宣布废黜奥托一世。后者被迫流亡德国并定居在班贝格(Bamberg)，5 年后他在此去世。

英、法、俄没有争议地接受了驱逐奥托一世的事实。希腊人开始物色王位的继承者，其过程历经 2 年。他们的首选是英国女王维多利亚的次子阿尔弗雷德(Alfred)亲王；然而遗憾的是，根据 1827 年和 1830 年的条约，英、法、俄三国统治家族的任何成员都不能担任希腊国王；这一规定极大地限制了王位的人选。最终王位只能授予丹麦国王克里斯蒂安九世 17 岁的儿子威廉，这位王子的姐姐亚历山德拉最近嫁给了英国的威尔士亲王。“William”这个名字太带北欧色彩，用希腊字母几乎写不出来，但他非常乐意入乡随俗更改名号。因此 1863 年威廉登上希

腊王位时，采用的是“希腊国王乔治一世”的封号，顶着这个名号，他统治了长达半个世纪之久，直到1913年3月18日，他在萨洛尼卡午后散步时遇刺身亡。

乔治国王的统治迎来了开门红。英国不顾威廉·尤尔特·格莱斯顿(William Ewart Gladstone)的强烈反对，主动将伊奥尼亚群岛让给了希腊，该群岛从1815年起就一直处于英国的保护之下。[①] 乔治的另
560 一项功绩是在1864年颁布了新宪法，它较之1844年的宪法有了巨大进步。乔治在后期赢得人们的爱戴，主要因为他采取了完全不同于奥托的统治原则；他注重只在名义上保持国家领袖的地位，而不是一味地加强自己的权威；尽可能不干涉政府，并给予内阁大臣充分的行事自由。

随着伊奥尼亚群岛安全并入希腊王国，另一个领土问题——克里特岛被提上日程。克里特岛经历了长期的外国统治——不同于它的同伴科孚岛及其附属岛屿[②]，威尼斯控制该岛长达4个世纪，随后奥斯曼帝国又牢固统治了2个多世纪。早在威尼斯人统治时期，克里特岛就不断爆发起义，而希腊独立战争进一步激发了岛上基督教居民的民族主义情绪，此时克里特人追求的不仅是驱逐土耳其人，他们还渴望与新生的希腊王国合并。1829年，克里特岛向阿尔戈斯国民会议派出了代表，但第二年苏丹马哈茂德却把该岛赐予了穆罕默德·阿里，以表彰他在近期战事中的贡献。毫不夸张地说，克里特岛并入埃及违逆了发展规律，这种合并只维持了10年；到1840年，由于埃及总督的不顺从，愤怒的苏丹又收回了克里特岛。

对克里特人而言，他们既不愿意归属埃及，也不愿意被土耳其人统治。他们的呼声是“*enosis*”，即与希腊实现合并。反抗持续不断，到1866年克里特岛爆发了最血腥的起义。在起义中，阿卡迪修道院院长、克里特历史上最伟大的英雄马内塞斯(Maneses)宁死不屈，引爆了

① 参见第二十四章。

② 莱夫卡斯只是伊奥尼亚的一个小岛，长时间处于土耳其的统治下。

修道院内的火药库——有人惊奇为什么修道院里会有火药库。随后土耳其军队实施了大屠杀,大量的妇女和儿童被残忍地杀害,这引起了国际社会的强烈愤慨。英国政府遭到尤其严厉的指责,因为在屠杀期间,它严令皇家海军不得营救克里特岛上的任何居民。英国已经决定恪守中立,它担心营救克里特人会被奥斯曼帝国视作是背弃中立的行动。

然而希腊政府公开支持克里特人的起义,这最终激怒了土耳其苏丹。1868 年,苏丹发出最后通牒:要求希腊必须在 5 日内停止向克里 561
特岛运送用来反抗土耳其的物资。通牒中还有其他一些要求,但仅是官方辞令。希腊方面愤怒地予以拒绝,两国的外交关系随之破裂,土耳其舰队在霍巴特帕夏(Hobart Pasha)的指挥下对希腊实施了有效的封锁。他是英国皇家海军一位退役的舰长,当时正为土耳其苏丹效力。战争一触即发,但此时欧洲各国的大使召开会议,极力说服希腊接受了土耳其的条件,第二年两国恢复了外交关系。作为回报,苏丹同意给予克里特岛一部宪法,以确保建立自治政府,这些让步至少暂时地平息了克里特人的民族主义情绪。

1876 年夏,巴尔干半岛战火突起。[1] 战争的起因是波斯尼亚(Bosnia)和黑塞哥维那(Herzegovina)的塞尔维亚族东正教徒起义反抗奥斯曼帝国的统治。塞尔维亚和邻近的黑山公国——主要也是东正教徒和操塞尔维亚语的人,也全力支持这次起义;在这种情况下,很难设想巴尔干半岛上另一个受奴役的民族——保加利亚人会无动于衷。1876 年 5 月,奥斯曼帝国的多瑙河行省(Vilayet of the Danube,这是当时保加利亚地区所属的奥斯曼行政区划)首先爆发起义。起义的规模并不大,但却遭到了最残酷的镇压。起义的村民在巴拉克村(Bark)进行短暂的抵抗后,向土耳其军队投降,但土军残杀了大部分

① 这部分和接下来的部分,我必须感谢亚伦·帕尔默先生(Alan Palmer),他那引人入胜、让人不忍释手的历史著作《奥斯曼帝国衰亡史》(*The Decline and Fall of the Ottoman Empire*)使我受益匪浅。我从中引用颇多。

男性村民，又将妇女、儿童赶入教堂和学校，然后纵火焚烧。巴拉克村的 7000 多村民里，有 5000 人在屠杀中丧生。有人估计，当月被屠杀的基督徒数量至少达12000 人。

这个消息在整个文明世界引起了巨大的惊恐，尤其是在俄罗斯帝国，沙皇立即表示他坚决支持他的东正教同胞们。在伦敦，当时在野的格莱斯顿发表了一份措辞激烈的小册子《保加利亚的暴行》(*the Bulgarian atrocities*)，严厉地批评了处于执政地位、实行亲土耳其政策的迪斯雷利。各方的厌恶甚至也在君士坦丁堡产生了影响，6000 名神学院学生举行游行示威，要求解除大维齐尔和大穆夫提的职务。苏丹阿卜杜勒-阿齐兹(Abdul-Aziz)立刻妥协，但是示威者和全体人民仍
562 然不满。根据英国大使的说法，从那时起，“宪法”成为每个人谈论的话题。

与此同时，土耳其军队彻底打败了塞尔维亚人。如果没有列强——现在德国和奥地利也已经加入——及时地阻止他们前进，坚持要求停战，他们是准备向贝尔格莱德前进的。沙皇和奥地利皇帝在德国的支持下，起草了所谓的《柏林备忘录》，目的是对土耳其施压促使它进行彻底的改革。现在列强又邀请英国合作。迪斯雷利断然拒绝了邀请。他指出他们没有事先征询英国，拒绝加入三大列强“把一把刀插入土耳其的喉咙”。此外，为了鼓舞土耳其士兵的士气，他命令一支地中海舰队的分舰队占领了达达尼尔海峡的入口。为了把大家的注意力转向俄国蓄谋已久的战争，他召集了一次六国会议。次年 12 月，会议在君士坦丁堡举行。

苏丹的心理健康引起了极大关注，城市的形势没有因为这一事实而有所改善。1861 年，阿卜杜勒-阿齐兹继承同父异母的哥哥阿卜杜勒-迈吉德(Abdul-Mejid)的王位。近代很少出现如此可怕的苏丹。阿齐兹有将近 7 英尺高(他使用的八脚床仍然可以在多尔马巴赫切宫(Dolmabahçe Palace)见到)，长着黑而浓密的胡须，脾气暴躁。他似乎使许多文武百官倒退到 17 和 18 世纪最糟糕的日子里。1867 年，当他 37 岁时，拿破仑三世邀请他到法国参加伟大的万国博览会，顺便

拜访维也纳和伦敦，他也因此成为土耳其历史上第一位和平踏上基督教欧洲土地的苏丹。这次经历猛烈地冲击着他的思想，逐渐促使他决定建立一支现代化的舰队（尽管当他和女王维多利亚在斯彼特海德参观本土舰队时，在公众面前遭受了尴尬的晕船袭击），还有铁路——仅仅六年后他就带给了君士坦丁堡。但是随着时间的推移，他的喜怒无常也变得更加猛烈，毫无节制。到1876年，他的奢侈使国家陷入崩溃的边缘。

不久，神学家们被遣散，这一年5月20日的早晨，当一支海军分舰队向博斯普鲁斯海峡对面逼近时，陆军总司令侯赛因·安夫尼
(Hüseyin Avni)率两个步兵营包围了多尔马巴赫切宫。一进入宫殿， 563
他立即发现自己与苏丹对视着，他穿着睡衣站在楼梯上，手里拿着出鞘的剑。然而当明白废黜已成定局时，阿卜杜勒-阿齐兹没有抵抗，他顺从地上了等待已久的汽艇。他被带到古老的托普卡珀宫（Palace of Topkapi），麻木地度过了一晚，也许他想到1808年他的前任谢里姆三世(Selim III)在这里被谋杀。第二天，他们到达离博斯普鲁斯海峡更远的彻拉安宫（Çirağan Palace）（靠近现代伊斯坦布尔最富魅力的一个大酒店）。恰好四天后，他被发现死在新寓所里，手腕已被剪刀割断。这里还有大量比自杀更可怕的谣言，但是18位持相反意见的医生的证词最终还是被接受了。

所有的这些就足够惊心动魄了，但是剧情才刚刚开始。一个星期之后，阿卜杜勒-阿齐兹所喜爱的年轻的切尔克西亚人妻子死于分娩，这个悲剧对她的哥哥——苏丹王宫的一位侍从武官——影响如此大。6月14日，他突然闯进内阁会议，射杀了总司令和外交部长。最近事态的发展对新苏丹穆拉德产生了深远的影响。当听说叔叔死后，他完全失去了知觉并呕吐达36个小时。后两者被杀的消息使他变得极度沮丧，大量地酗酒但是无济于事。8月的最后几天，他走上与阿卜杜勒·阿齐兹一样的路。然而这次没有剪刀，穆拉德在未来28年都将是彻拉安宫里的一名犯人。

可以肯定地说，新苏丹阿卜杜勒·哈米德二世比前两位有所改善，

但没有大的改善。哈米德7岁时就失去其来自切尔克西亚的母亲,他实际上被其父亲阿卜杜勒·迈吉德所忽视,他只能退却到自己的空间里,没有朋友甚至伴侣。作为一个男人,他残忍、狡猾,报复心强;作为一位统治者,他弱小而犹豫不决;对于暗杀的恐惧支配了他的一生,这使他公开露面的机会极少。他讨厌阿卜杜勒·迈吉德暴露在博斯普鲁海峡的多尔马巴赫切宫,因而为自己建立了一座新宫殿——也是政府和权力的中心——位于高山上伊迪斯花园高耸且穿不透的墙后。在这里,这位驼背弯腰、鹰
564 钩鼻、黑胡须和深色皮肤的人物总是一边假想自己在袭击者面前哆嗦,一边编织着他的阴谋圈套,秘密接收大量的间谍和告密者,这多少直接瓦解了其摇摇欲坠的帝国。

苏丹阿卜杜勒·哈米德二世。

有人可能认为阿卜杜勒·哈米德不是用宪法统治人民的这一类统治者。然而他还是足够精明,他认识到:如果他缓和人们的不满情绪,他可能成为这致命的一年中第三位失去王位的苏丹。他急于安抚前来参加会议的欧洲代表团们:如果现在就看见土耳其自己有一套完整的宪政改革计划,那么列强究竟扮演什么角色呢?宣布新宪法颁布的谕令恰好在会议召开的那天早晨发布,这当然不是巧合。而且理所当然的,代表们仍然不信服。甚至英国代表团的领导人索尔兹伯里侯爵也毫不掩饰他的厌恶;而在迪斯雷利的政府中他是主管印度事务的国务秘书,按理说会表示出更多的同情。与其他与会者不同,他有幸得到阿卜杜勒·哈米德的接见,会面之后,他形容苏丹是“一位可怜且软弱的人,他告诉我他不敢批准我们的要求,因为他自身难保。”[1]

① 他的观点可能受到苏丹决定的影响,苏丹决定授予索尔兹伯里夫人——她与其夫一道前往——贞洁勋章(三等奖)。

因此君士坦丁堡会议彻底失败了：部分要感谢新宪法——不久变得很明显，宪法根本不值得印刷，反正它很快就被废止了；部分感谢苏丹，事实上他没有打算批准保加利亚、波斯尼亚和黑塞哥维那自治，因为这是列强的要求。现在战争不可避免了。

首先行动的国家是俄国。1877 年 4 月 24 日，俄军同时越过土耳其在欧洲和亚洲的边界。一个月后，罗马尼亚宣布独立并参加战斗。之后不久，土耳其就全线撤退：1878 年 1 月 31 日，苏丹终于同意停战，实际上是投降。虽然如此，也没有缓和博斯普鲁斯海峡的紧张局势。长达四个世纪后，新月似乎再次让步于十字架。

但是这样的前景对奥地利没有多大吸引力，现在它正用贪婪的 565
眼光盯着波斯尼亚和黑塞哥维那。这对英国也没有什么吸引力，迪斯雷利一直是土耳其的一位朋友，英国人仍然记得克里米亚战争，因此他们当时在歌舞剧院里才会激情澎湃地吼出这样一首歌：

> 我们不想打战，但是如果有侵略，我们就必须战斗，
> 我们拥有船，我们拥有士兵，我们也拥有金钱；
> 我们以前与熊战斗，而英国人总是正确的，
> 俄国人占领不了君士坦丁堡！

为了进一步强调这一点，2 月中旬，英国人命令地中海舰队的一支分舰队东进穿过海峡进入马尔马拉海，如果有必要，他们可以开火还击，并占领城市对面的一个据点；如果此举旨在稳定局势，那么行动就失败了。苏丹比以前更加害怕，而俄国宁愿相信这是一次显示敌意的行动，它继续向马尔马拉海前进，直到圣斯特凡诺（San Stefano，现在的耶西勒廓伊[Yesiköy]，国际机场所在地）才止步。现在英国和俄国几近交战，尼古拉大公指挥的俄国军队同意不再前进，海军上将菲普斯·霍恩

比爵士(Phipps Hornby)同意把船只撤到距离金角湾南边大概 8 英里的王子岛。[①]

希腊所关心的是：最近事态的发展表明“伟大理想”或许不再是空想了。任何一位真正的希腊人都不会拒绝希腊的旗帜飘扬在圣索菲亚上空。他们还有另外一个希望：公开的敌对行动可能激励奥斯曼帝国境内的希腊人起来反抗。起义确实在色萨利和伊庇鲁斯爆发，而且也不可避免地再次在早已躁动不安的克里特爆发，因此希腊也参战了。它参战的时机糟得不能再糟：1878 年 2 月，希腊宣战。它不知道 48 小时以前已经缔结停战协定了。希腊的军队实际上已经跨过土耳其的边
566 界，现在令人尴尬地被匆忙召回来。和平不久就在伊庇鲁斯恢复，最终也在色萨利恢复。然而，战斗在克里特仍断断续续地进行着。

3 月 3 日，俄罗斯和土耳其双方代表在停战后直接签订了《圣斯特凡诺条约》，这是一份特殊的协议，除保加利亚外无人满意。它实际上恢复了保加利亚在中世纪时的帝国，彻底断掉了希腊对马其顿的妄想。其余的条款与我们无关，我们只要明白这个条约从来没有运作就已足够。列强——不包括奥斯曼帝国——三个月后在柏林开会，他们最初的考虑对希腊更为有利，但是奥斯曼政府违背承诺无休无止地推诿和拖延时间，三个多月后希腊才获得应得的土地。最后，希腊人只得满足于获得色萨利——不可否认这是一个非常有价值的省，它被土耳其占领长达五个世纪——和伊庇鲁斯部分地区，包括阿尔塔在内。

克里特仍然控制在土耳其手中。同样在 1878 年，苏丹实际上批准了所谓的补充宪法。根据宪法，他们建起了由 49 名基督徒和 31 名穆斯林组成的全体代表大会，法令特别指出希腊语是议会和法院语言，每年一半的税收应该用于学校、医院、港口和道路的建设(实际上自威尼斯统治后，国家就没有在这上面花过一分钱)。这种管理使小岛相对安

① 王子路易斯恰好在一艘叫“苏丹号”(Sultan)的军舰上服役，而他的哥哥亚历山大王子是大公军队里的参谋长。亚历山大跟着司令上了“苏丹号”受到热烈欢迎，司令正好是阿尔弗雷德王子，他是爱丁堡的大公，女王维多利亚的第二个儿子和沙皇唯一活着的女儿的丈夫。

静了十年。直到1889年,新的起义爆发,紧接着1896－1897年爆发了另外两场起义。后两场起义相当严重,第二场起义导致干尼亚街道上对基督徒的大屠杀和镇上基督徒聚集区被焚毁。

这些暴行之后,希腊不再无动于衷。国王的二儿子乔治王子率领一支鱼雷舰队离开萨拉米斯,阻止土耳其增援部队登陆。1897年2月15日,1500名武装的希腊志愿者在干尼亚附近登陆——加里波第红衫军在西西里的记忆鼓舞着他们——以国王的名义去接管小岛。即使到了这一步,西方列强还是有可能采取坚定、团结一致的行动阻止公开的敌对行动,这种敌对既不是国王也不是苏丹所希望的。但是这样的行动没有出现。4月17日,土耳其宣战。

国王自己向外国客人保证如果发生战争,整个土耳其境内的希腊 567
族群将起义反抗暴君,大部分其他信奉基督教的少数民族也会追随希腊的领导。唉,这样的事并没发生。“三十天战争”——这场战争后来的名字,给希腊带来一系列灾难。据《剑桥现代史》记载,“希腊海军比土耳其海军占优势……却没有产生什么影响,除了徒劳地轰炸普雷韦扎,在桑蒂奎兰特(Santi Quaranta)截获了一船送给亲土耳其的英国国会议员的蔬菜。”希腊军队在陆地上的表现稍微好一点。对希腊来说,比较幸运的是,列强终于进行了干涉并成功迫使交战双方同意签订停战协定。所有的希腊战士从克里特撤离,那里将由国际部队维持治安。希腊几乎破产了,还必须付给土耳其沉重的赔偿金;另一方面,阿卜杜勒·哈米德必须通过正式割让色萨利来履行25年前的承诺。

只有这时列强才认真努力争取一劳永逸地解决克里特问题。列强说服苏丹在保留奥斯曼宗主权的情况下进一步给予克里特以自治地位。1898年11月,最后一支土耳其军队从克里特撤走。从这一年年底开始,乔治王子担任了该岛的最高长官,以干尼亚为治所,英国、法国、意大利和俄国的军队则派兵驻守克里特的主要城镇。克里特拥有自己的旗帜、铸币和邮票。

阿卜杜勒·哈米德的控制再次变得松弛。然而即使这样,他也不能让自己最终放手。克里特人又过了15年才获得他们的奖赏。

但柏林会议的确影响了其他主要地中海岛屿的命运。塞浦路斯自1570年被土耳其人从威尼斯人手中夺取之后便一直处于奥斯曼的统治下。最初,政府的变更受到大部分人的欢迎,土耳其允许他们重建希腊东正教堂。不久,教会的管理层开始为民众充当大使,作为代言人和调解人与土耳其政府进行定期交涉。封建主义体系被废除;农奴获得解放;塞浦路斯人再次拥有了自己的土地,不过也因此成为纳税人。但
568 是他们不高兴看见3000名土耳其士兵也获得了土地,而且还永久地定居在这片土地上。这种发展到今天已带来可怕的后果。两个族群因语言和宗教信仰的不同,彼此像陌生人一样,他们之间很少或根本没有通婚。因此从一开始,两群塞浦路斯人之间壁垒森严,直到今天仍是如此。

随着希腊独立战争爆发,岛上的土耳其总督十分紧张。他召集基普里亚诺斯(Kyprianos)大主教和其他重要的教会领袖到尼科西亚,这些教会领袖包括帕福斯(Paphos)、基提昂(Kitium)和凯里尼亚(Kyrenia)的主教,以及基戈(Kykko)的修道院院长。他残忍地谋杀了他们。[①] 其他有影响的神父都纷纷逃到拉纳卡(Larnaca)的外国领事馆避难,但塞浦路斯教会管理层的力量却一天天急剧地衰落下去。

到那个世纪中叶,塞浦路斯岛上的形势又开始有所改善。苏丹阿卜杜勒·迈吉德承诺平等对待岛上的臣民,无论何种种族和信仰;废除极不公正的包税制;[②]他也命令以后的总督由自己任命而不是像过去一样把它授予最高的出价人。1869年传来苏伊士运河开通的令人振奋的消息,塞浦路斯将从中获得无法估量的商业重要性。最先意识到这一点的是英国政治家本杰明·迪斯雷利,他设法与土耳其签订所谓

① 我们应该还记得东正教牧首格列高利同一时间在君士坦丁堡也遭到类似的迫害(参见第二十五章,第468页),同遭此命运的还有遍布整个奥斯曼帝国的如果没有数千,至少也有几百名的希腊人(包括俗人和神职人员)。

② 通过个别人向政府购买征税权,之后剥削当地的人民。

的《塞浦路斯公约》。根据其中的条款，英国加入苏丹在亚洲地区的防御，反对来自俄国的进一步袭击。为了使它更好地这么做，苏丹把塞浦路斯作为所谓在黎凡特"安放武器之地"转给了英国，条件是英国每年向他交一笔年赋。

直到这一刻，英国和塞浦路斯之间唯一的历史联系是 1191 年塞浦路斯曾经被狮心王理查一世征服。尽管根据严格意义的法律，它现在仍然是奥斯曼帝国的一部分——直到 1914 年 11 月正式被英国吞并——它实际上已经再次落入英国手中。因为增加的税收仍然要付给君士坦丁堡，所以这个岛仍然是土耳其的一个财政依靠。然而无论是吞并前后还是随后 80 年，英国把大笔资金投向塞浦路斯，改变了它的 569
农业，启动了雄心勃勃的改革计划，还建设了公路和公共建筑。简而言之，尽管在希腊人口中回归希腊的思想从未远去，但塞浦路斯从来没有如此繁荣过。

1901 年夏末的一天，当海伦·斯通小姐(Miss Helen Stone，一位来自波士顿的美国新教传教士)和她的朋友齐卡夫人(Madame Tsilka)乘四轮马车到班斯科(Bansko)附近时，她们遭到了马其顿革命者的伏击，两人立即被包围带回山中。直到此时伏击者才发现一个复杂的问题：齐卡夫人怀孕了，他们什么也不可以做。他们对待自己俘虏的每一方面都很小心，直到 12 月一个暴风雨的夜晚，一位健康的小女孩在小村庄的酒窖里诞生。每个人都很高兴，健康的母亲和孩子被众人包围起来。之后不久，村子遭到了土耳其军队的突然袭击，所有的人都必须逃命；齐卡夫人自己正骑着马，另一匹马则带着她的孩子。

赎金相当于 66000 美元，美国政府自愿支付(不过总统麦金利并未亲自批准，因为他也是前几天受到恐怖分子的袭击，现在已亡故。)斯通小姐所属传教团的负责人豪斯博士(Dr House)亲自运送黄金去班斯科，把它装在木箱子里。但是，他及时获知土耳其军队此刻正在集结准备攻占班斯科。豪斯礼貌地警告过绑架者他将干什么后：就把钱放在事先安排好的地方，并用铁屑盖在箱子上。土耳其人及时发现了它们并直接运回塞雷，结果他们发现自己上当受骗了。同时，两位女士和孩子在邻近的斯特米卡(Strumica)镇被释放。每个人都感觉干得很好。斯通小姐尤其很满意所受的待遇，因此回到波斯顿后，她成为美国推动“马其顿国内革命组织”(不久就作为IMRO而闻名)的急先锋。

到这时为止，马其顿已经成为奥斯曼帝国的一部分长达五个世纪之久，直到1870年都没有给征服者带来特别的麻烦。这一年，俄国决
570 定通过东正教扩大在巴尔干的影响，它劝说土耳其允许保加利亚教会自治，这不可避免地引起希腊和塞尔维亚的愤怒。希腊主教宣布这个新教会是分裂主义者，并极力抵抗保加利亚民族、文化以及教会在马其顿影响的扩大。塞尔维亚人尽管也是斯拉夫人，但是他们也对保加利亚邻居怀着同样的怨恨。三方开始争夺这个地区，当马其顿分裂主义者出现时，就变成四方了。1896年，他们建立秘密社团——马其顿国内革命组织，他们有些天真地选择有深红色骷髅和交叉骨图案的黑色旗帜作为其标志。

海伦·斯通事件正好给该组织提供了国际知名度。列强的眼睛都转向了马其顿，奥斯曼政府叹了口气，坐听西方大使们一如既往地长篇大论，强调在巴尔干土地上进一步改革的重要性，萨洛尼卡和其他地方日益增加的突发事件给演讲带来了额外影响。[①] 然而，除英国以外其他列强基本上都赞成奥斯曼继续统治，只有英国想要奥斯曼帝国军队从这一地区完全撤出。

列强没有完全明白苏丹自己的算盘里有一些更为紧迫的担忧，其中最重要的是另一个秘密社团，这一次是在他的大门口：青年土耳其人党。它似乎也产生于这个世纪最后十年。据说其早期组织在1889年就在军医院学生中形成了。虽然其成员并不全是军人，但是几乎全来自年轻的官员阶层。在早期，他们最迫切的目标不是推翻奥斯曼帝国的统治，而是改革，特别是西方化。然而，他们仍然是一个潜在的威

① 欧洲也深深震惊于最近苏丹在亚美利亚制造的骇人听闻的大屠杀。这次屠杀从1894年开始，到第二年结束，至少造成3万人死亡。

胁。随着时间的推移，他们使阿卜杜勒·哈米德的秘密警察越来越焦虑，部分焦虑是因为青年土耳其人党发现巴尔干半岛是一个特别肥沃的征募新成员的地方，特别是马其顿地区，而这个增加的因素又使马其顿更加速成为一个沸腾而又骚动的大锅炉。许多人在这里建立起了自己的组织。1906 年，一位 25 岁的年轻军官穆斯塔法·凯末尔(Mustafa Kemal)——出生于萨洛尼卡——创建了一个政党，被称为“瓦坦”(*Vatan*)或“祖国运动”(*Fatherland Movement*)，但是他们在马
其顿的特殊政治活动迫使他们转移到更远 571
的大马士革。30 年后，他将作为“阿塔图克”(Atatürk，意为“土耳其之父”)闻名世界。

穆斯塔法·凯末尔。

在国内，像瓦坦党这样的组织肯定都是秘密的，而在国外正好相反，青年土耳其党人尽力公开他们的运动。他们早在 1902 年就在巴黎召开了第一次代表大会，1907 年 12 月又在巴黎召开了第二次代表大会。第二次集会后不久，领导人把组织的名字改为团结进步委员会(CUP)，建立了一个常设秘书处，吸纳了许多小团体(也包括瓦坦在内)防止了它们互相背离，终至对立。

1908 年 7 月 3 日，当艾哈迈德·尼亚兹少校(Ahmed Niyazi)率领士兵起义时，事情发展到了紧要关头。他们驻扎在莫纳斯提尔(Monastir)和奥赫里德湖(Lake Ochrid)之间的马其顿内陆地区。许多驻扎在马其顿其他地方的低级军官也加入进来，团结进步委员会给他们以热情的支持。到夏末，今希腊北方大部分地区起义，匆忙从安纳托利亚派出的军队立即受到了当前气氛的影响。阿卜杜勒·哈米德明白，如果他想拯救皇位就必须尽快行动。7 月 24 日，他宣布立即恢复被废止的 1876 年宪法；之后，他大赦政治犯和流放者；最后，8 月 1 日，他进一步颁布法令宣布废除秘密警察，免除任意逮捕，给予国外旅行的权利，实现种族和宗教平等，承诺重组帝国内所有现存的政府。

苏丹先发制人,团结进步委员会有些失了分寸,但是其余国民则兴高采烈。他们一直以为阿卜杜勒·哈米德会紧紧抓住他过去32年一直非常珍惜的专制主义原则不放,如果他能有所妥协的话,也是人们一点点逼迫他慢慢做到的。但是现在,在没开一枪的情况下,他突然轻易就给予了人们远远大于他们所敢于期望的东西。那个周五,哈米德开车从欢呼的人群中穿过君士坦丁堡的街道,到土耳其于1453年征服后就成了一座清真寺的圣索菲亚去进行祈祷。这是25年以来他第一次鼓足勇气穿过金角湾。

572 这些引人注目的发展的影响远远超出了奥斯曼帝国。维也纳主要关注的是波斯尼亚-黑塞哥维那的领土,因为尽管严格从法律意义上讲这里仍属于土耳其,但长久以来奥地利一直将其当作自己的一块殖民地:如果它被要求派出代表参加即将在彻拉安宫召开的新两院制议会,那该怎么办呢?奥地利皇帝弗兰茨·约瑟夫一世立即行动起来,1908年10月6日,在苏丹扔下"重磅炸弹"后没几个星期,奥地利-匈牙利通过法令吞并了波斯尼亚-黑塞哥维那。正好24小时前,萨克斯-科伯(Sax-Coburg)亲王斐迪南——1887年,他成为保加利亚的亲王——在索菲亚摆脱了奥斯曼帝国的统治,宣称自己是保加利亚沙皇(几个月后,他为了获得列强的认可,被迫降低到国王的头衔)。同时,克里特还在尝试等待已久的回归希腊运动,尽管英国海军分舰队到达克里特岛水域,提供了有力的暗示:英国将不支持主权的变动直到它确实已经为此做好了准备。

在君士坦丁堡,事态很快表明,和平革命已经走得太远太快了。原教旨主义穆斯林被突然出现在街道上的没有蒙面的女人所震惊,他们开始进行重倡传统价值的运动。为了这个目标,他们建起了所谓的伊斯兰团结社,苏丹的第四子是发起人之一。谣传社团接受了来自伊迪斯(Yildiz)的大量财政支持,但是没有被证明。1919年4月,神学院学生发起了另一场此类示威活动,令人惊讶的是他们获得了当地部分守军的支持。这一次走得更远,要求政府辞职,由穆斯林原教旨主义统治集团接替，将严格根据伊斯兰教法进行统治，强调苏丹作为哈里发在宗教中的统治权。对于这些要求，阿卜杜勒·哈米德立即（实在让人觉得太殷勤了些）给予同意（这后来成了他垮台的原因）。

这在新议会中立即引起了骚动，一份正式谴责苏丹行为的声明公开发表，他再次屈服，但是太迟了。现在土耳其的立宪政府当然不希望把政权托付给一个遇到僵局便随便低头的统治者。1909 年 4 月 27 日，阿卜杜勒·哈米德被废黜。毫无疑问，他不可能像前两任一样被打发到彻拉安宫，现在那里有大批的国会议员——于是转而决定将他流 573
放。一听到这个消息，苏丹吓得晕倒在总管太监的怀里。当天夜晚，他和 2 位王子、3 位妻子、4 位小妾、5 位太监和 14 名仆人被塞进了一辆火车，24 小时候后到达了目的地萨洛尼卡。具有讽刺意味的是，他所有的烦恼正是从这里开始的。

随着阿卜杜勒·哈米德的离开，奥斯曼帝国和以前大不一样。继任者穆罕默德五世是他同父异母的兄弟，已经 64 岁，大部分时间都在隐居，靠大量的酒和成群的姬妾获得安慰。他并不是不聪明，饱览过波斯文学，但他完全没有能力统治，这一缺点实际上并不重要，因为他从没被要求这样做。现在权力至少理论上由议会控制，改革在任何领域都频频出现。有些领域——比如，出版自由和公共集会自由——仍然受到压制。不过，要是能保持几年的和平稳定，新政府可能会很成功。

古老的奥斯曼帝国也被分割了，坦白地说，它太大了。这里有许多少数民族，他们仍然感觉自己是二等公民，马其顿仍然是一个未愈合的伤口。1910 年，阿尔巴尼亚起来反抗，亚美尼亚的问题则更严重。来自叙利亚和黎巴嫩的穆斯林仿照青年土耳其党建立起一个"青年阿拉伯运动"；他们在阿尔巴尼亚半岛和汉志的兄弟们起来反抗，不久就使君士坦丁堡政府陷入焦急之中，甚至不得不调派大批驻防利比亚的部队来干涉这一地区，其结果是严重削弱仍然控制在土耳其手中的北非海岸的最后一部分，从而使意大利有机可乘。

过去 30 年——自 1881 年法国占领突尼斯起——意大利人就一直

觊觎利比亚,3000 名奥斯曼守军从这里撤退使他们确信时机已成熟。如果他们不快速行动,法国毫无疑问将从西边侵略,使自己的影响范围涵盖从摩洛哥到埃及边界的广大地区。到 1911 年夏,非常明显,意大
574 利军队正在为进攻做准备。土耳其政府能做的一切就是确保为当地的部落提供武器和弹药。

1911 年,土耳其士兵骑马穿过君士坦丁堡。

1911 年 9 月 27 日,当这一时刻来临时,一些经过仔细琢磨的步骤立即紧随其后:颁布夸大其词、包含各种指控的最后通牒,同时还提出了不可接受的要求,当然立即遭到了拒绝,意大利正式宣战。28 日,意大利军队同时在的黎波里、班加西、德尔纳(Derna)和托布鲁克(Tobruk)登陆。同时,这次登陆还伴随着历史上第一次空袭。当飞机下降到离目标足够近时,飞行员靠手投下大量的小炸弹。面对这些强大的军事力量,土耳其军队几乎派不上什么用场。而内陆情况却恰恰相反,入侵者对沙漠战争一无所知,根本不是当地部落的对手,完全不可能进一步深入。但是部分成功已经足够了:11 月 5 日,意大利政府正式宣布吞并的黎波里塔尼亚和昔兰尼加。五个月之后,1912 年 4 月,又有进一步的好消息:一支意大利海军分舰队炸掉了保护达达尼尔海峡入口的堡垒,但是无法强行通过入口,他们转而夺取罗得岛和多德卡尼斯群岛(Dodecanese)的其他地方,它们在过去的四个世纪曾是

奥斯曼帝国的一部分。

帝国现在很明显摇摇欲坠了。如果意大利——一个成为统一国家仅仅 40 年的国家，就能使它遭受如此的损失，打着各种旗号的敌人自然就蜂拥前来。到了夏末，塞尔维亚、希腊、保加利亚和黑山共和国都设法搁置了争议，组成巴尔干同盟，它们的目标是把土耳其永远赶出欧洲大陆。敌对行动于 10 月初开始，一个星期之后，它们与土耳其军的人数比例超过了 2∶1，奥斯曼政府惊慌失措地与意大利达成了和平协议。根据协议，土耳其以重新获得多德卡尼斯群岛为条件承认意大利统治黎波里塔尼亚和昔兰尼加，这一条件获得了意大利的同意，但它并未实践诺言归还群岛。到 11 月底，保加利亚人得到了色雷斯；塞尔维亚人占领了科索沃（Kosovo）、莫纳斯提尔（Monastir）、斯科普里（Skopje）和奥赫里德，最重要的通向地中海的关键港口——萨洛尼卡，落入希腊人手中。[①]

12 月份战事稍停。尽管希腊直截了当地不同意，但是保加利亚、 575
塞尔维亚和黑山同意停战。在圣诞节前五天，一场和平会议在伦敦召开，但是有太多问题并没有因此解决。1913 年 2 月初，战争再度爆发，4 月中旬又停战了。5 月 30 日，各方在伦敦签订了一项和平条约：土耳其失去了克里特岛（希腊于 12 月 13 日正式吞并了它）、马其顿、色雷斯、阿尔巴尼亚和大部分属于它的爱琴海岛屿。土耳其在欧洲只保留了君士坦丁堡及其腹地，大概相当于它现在的欧洲领土的一半多一点。目前正好超过埃迪尔内的疆界，是第二次巴尔干战争的结果，这场战争大概仅持续了一到两周。它是由保加利亚忿恨希腊和塞尔维亚在马其顿的所得引起的。1913 年 6 月 29 日早晨，保加利亚对以前的同盟发动突然袭击，不久罗马尼亚也加入它。土耳其决定干涉，恩维尔少校——后来的恩维尔帕夏，他是青年土耳其党的精神领袖——率领骑

① 可怜的阿卜杜勒·哈米德急忙带着家人登上德国的汽船“罗蕾莱号”（Lorelei），回到伊斯坦布尔，在博斯普鲁斯海峡边的贝伊莱尔贝伊宫殿（Beylerbey Palace）度过了剩下的 6 年。

兵以极快的速度穿过色雷斯东部去埃迪尔内,实际上没开一枪便占领了这座城市。这是一次勇敢的冒险,也是一次成功的冒险,但是它不能隐藏奥斯曼帝国不到一年就丢失了4/5的欧洲领土和超过2/3的欧洲人口的事实。

对于这些损失,一般认为土耳其军队应该受到责备。军队很明显需要进行全面重组和重建。士兵已经好几个月没发津贴了;他们全都衣衫褴褛,其中许多人都要忍受饥饿,士气低落到几乎要发生叛乱的程度;舰队也已经完全过时,而且处于极为恶劣的条件下。据说第一批来到这里要按自己的标准重建军队的德国军官们惊奇地发现,土耳其语里竟然没有“保养”这个词。

毫无疑问,德国人就是做这项工作的人。几年以后,德皇威廉二世发动了一次友善的进攻。像其他几个列强一样,他听说最近在美索不达米亚发现了大量的石油储藏,他急切地想获得苏丹的同意:把现存的柏林-君士坦丁堡铁路延伸到巴格达。早在1889年,即他继位后一年,他就乘坐自己的快艇“霍亨索伦号”(*Hohenzollern*)第一次拜访了君士坦丁堡。1898年是第二次拜访,他和阿卜杜勒·哈米德一起穿过
576 博斯普鲁斯海峡,正式开启了位于海达帕萨(Haydarpaşa)的宏伟的新亚洲终点站。他之后乘快艇去巴勒斯坦。1898年10月29日,他从这里去耶路撒冷,成为自1229年腓特烈二世之后第一位来访的德国皇帝。他骑着炭黑色的战马,穿着白色的典礼制服,头盔顶上是一只金色的雄鹰。这套装束的效果看来有些滑稽:“令人作呕”,皇后玛丽娅·菲德罗夫娜(Maria Fyodorovna)在信中这样告诉儿子沙皇尼古拉二世,但它至少保证让人们没那么容易忘记威廉二世。1913年6月30日,正是在这一天,保加利亚人出乎意料地发动了袭击,德皇命奥托·冯·桑德斯(Otto Liman von Sanders)将军率领德国军事使团去往君士坦丁堡。

我们永远不会知道这个使团本来可以取得些怎样的成就。一年之后,几乎也是这一天,弗朗茨·斐迪南大公(Franz Ferdinand)丧生于萨拉热窝暗杀者的子弹下,欧洲所有的国家都进入交战状态。

第三十二章　第一次世界大战

众所周知，第一次世界大战的主要战场在法国北部和比利时。它无论如何都不是一场地中海战争。然而，三次事件将这场战争扩展到地中海以集中对抗东部的敌人奥斯曼帝国。第一次是在达达尼尔海峡和加利波利发生的那场霉星高照的战争冲突；第二次是协约国在萨洛尼卡登陆；第三次发生在巴勒斯坦。 577

1914 年 12 月 27 日，温斯顿·丘吉尔，英国后来的海军大臣，特地给首相赫伯特·亨利·阿斯奎斯(Herbert Henry Asquith)写了一封冗长的建议信。他认为战争已经陷入僵局。两支军队深陷困境，每前进几百码都会造成几千人伤亡。此时需要突围并开辟安全的新战场。丘吉尔问道："我们除了到佛兰德斯咀嚼带刺的铁丝网，就没有其他选择了吗？"在丘吉尔看来存在两个选择。一是夺取石勒苏益格-荷尔斯泰因(Schleswig-Holstein)，迫使丹麦加入协约国，从而有利于协约国的船只进入波罗的海；之后让俄国在距离柏林 90 英里的地方登陆。这当然是丘吉尔的首选。

然而他也提出了另一个更为雄心勃勃、富于想象力的建议：入侵加利波利半岛，从而使皇家海军强行通过达达尼尔海峡进入马尔马拉海，然后停靠在金角湾入口，这样就威胁到君士坦丁堡——这对于古城狭窄的街道和破败不堪的木房确实是一个可怕的威胁。破坏加拉塔桥

(Galata Bridge)可以切断斯坦布尔区和佩拉区之间的联系;土耳其唯一的两个军工厂都位于河边,很容易成为英国炮火的靶子。丘吉尔相信,这些都将逼迫苏丹政府求和,随后就很容易说服仍然保持中立的希腊、罗马尼亚、塞尔维亚和保加利亚加入协约国。这是典型的丘吉尔作
578 风,如果计划能够成功,将大大缩短战时。但是它没有成功——军事史学家几乎整个世纪都在分析这个信心十足的计划最终造成最大的战争灾难的原因。

主要问题似乎是缺乏协调一致的整体方案。丘吉尔起初计划陆海军联合作战。然而到 1915 年 1 月中旬,他宣布由海军单独作战,尽管他的朋友——但偶尔也是他深恶痛绝的敌人——第一海军大臣约翰·费希尔爵士(John Fisher)强烈反对。仅仅一个月后,离海军炮轰达达尼尔海峡还有一个星期时,陆军决定派出军队支援他们。这主要归因于这一事实:尽管丘吉尔鼓足干劲策划这场战争,但他只是一个专门负责海军的内阁大臣。他没有陆军军权。陆军大臣基钦纳勋爵(Kitchener)做事三心二意,首相较他有过之而无不及。如果丘吉尔当时享有他 25 年后才拥有的权力,加利波利战役将是另一种结局。

然而,他对海军拥有至高无上的权力。多亏他,英法联合舰队完成了地中海海军史上规模最大的一次集结。除巡洋舰、驱逐舰和少量的船外,英国又增加了 14 艘战舰,其中包括最近刚建成的"伊丽莎白女王"(*Qreen Elizabeth*)号,它配备了其他船只都没有的 15 寸枪炮,成为一艘力量最强大的船。其他的大部分舰船只有 12 寸枪炮,但是这些足以轻而易举地炸毁土耳其引以为豪的位于海峡两岸的 11 座堡垒——这些堡垒是它主要的防御工事。法军也为如此强大的军力又补充了 4 艘主力舰和一些辅助舰。

到 1915 年 2 月 18 日,联合舰队准备就绪。进攻开始于第二天上午 9 点 51 分,持续了一整天。战舰逐渐靠近,以前所未有的近距离袭击目标。同时扫雷舰也开始工作,清除通向海峡的障碍。直到傍晚,战争还不分胜负。协约国的指挥官海军中将萨克威尔·卡登(Sackville Carden)认为摆脱这种对峙局面就要让船只能够进一步靠近目标;不幸

的是,那晚的天气很糟糕,波涛汹涌的大海让他们不能精确攻击。直到5天后,风暴平息,战斗才继续。25日,海军中将约翰·德罗贝克(John de Robeck)直捣海峡,防御者向北方撤退。随后几天,一小部分水兵和 579
海军陆战士兵实际上同时在欧洲和亚洲海岸登陆,破坏他们遇到的土耳其的一切,但是这片土地大部分看起来荒无人烟。3月2日,卡登给伦敦发电报说,如果天气好,他希望在君士坦丁堡大概停留两周时间。

他犯了一个很大的错误！不久他发现达达尼尔海峡是一个巨大的雷区。由于敌人的炮击,扫雷舰不能在这里顺利展开工作,但海军又无法先行平息炮火。两周之后,卡登没能在君士坦丁堡抛锚,而是失落地回到伦敦,德罗贝克接替了他的指挥权。3月18日,德罗贝克率军袭击海峡。然而,这次又失败了。这主要归因于一些地雷没有被探测出来从而击沉一艘法国战列舰和两艘英国战列舰。德罗贝克不知道——尽管他可能怀疑过——土耳其阵地现在严重缺乏弹药而且不能立即从别的地方获得补充,他只看到自己损失惨重,而君士坦丁堡遥不可及。对土耳其而言,他们的6万名士兵在将军莱曼·冯·桑德斯(Liman von Sanders)的调度和指挥下多年来第一次打败英国皇家海军取得胜利。长久以来,英国皇家海军在世界上其他大部分地区似乎是战无不胜的。君士坦丁堡从英国人手中拯救了自己,再次昂首挺胸了。

现在英国政府的大多数人都很清楚,单靠海军不可能取得重大突破。海军上将费希尔写信给大卫·劳合·乔治(David Lloyd George)说,“必须要有一部分人在加利波利或其他地方登陆。”到3月中旬,基钦纳勉强同意从英格兰派出第29师——总共约17000人——和来自澳大利亚和新西兰的一直在埃及待命的一个师(另外3万人),另外还有一个16000人的法国兵团和1万人的皇家海军。他任命在布尔战争期间认识的老朋友伊恩·汉密尔顿爵士(Ian Hamilton)担任总指挥。军队将在利姆诺斯岛(Lemnos)汇合,在那里他们可以获得补给品和装备,为将来的战争做好准备。

然而在利姆诺斯岛,另一个失望即将到来。来自英格兰的运输船
对军队需求考虑不周,他们把马匹和枪支装在一艘船上,马鞍、挽具和 580

弹药装在另一艘船上，登陆艇显然完全被人遗忘。尽管加利波利半岛事实上根本没有道路，但是还是有许多重型卡车被装运过来。军队也似乎没有战场的精确地图和航海路线图。最后，他们发现利姆诺斯岛上严重缺乏码头或其他设施。结果，所有的东西都重新装上船运到亚历山大，整个军队在那里进行重组，为战争做好准备。错失良机之后，联合军队最早也要到 3 月中旬才能进军，汉密尔顿将有 3 周的时间准备和策划战争史上最雄心勃勃的两栖战争。

海军一直得益于它的供给。一些新的驱逐扫雷舰到达后，同时还有 3 艘有些伪装的战舰，这些简易的船只经过精心设计，表面结构繁复，装有木制枪炮充当诱饵来引出德国舰队。[1] 英国陆军航空队由海军准将查尔斯·萨姆森(Charles Samson)指挥。当他们拆开 30 艘飞机的板箱时，发现有 25 艘不能使用，至于剩下的飞机，丢炮弹的任务由观察员负责。飞行员只是侦查阵地。从空中拍摄的敌人阵地的照片让汉密尔顿很沮丧，因为大部分都装有带刺的铁丝网。

拖延已久的登陆终于在 4 月 25 日凌晨进行。英军在加利波利半岛西边的海丽丝岬(Cape Helles)登陆，澳大利亚和新西兰士兵在一个离北岸 13 英里的小港湾登陆，从此以后，此地以澳新军团湾(Anzac Cove)闻名。同时，法国士兵在南海岸的昆卡雷(Kum Kale)登陆。尽管驻防的土耳其士兵人数和武器装备都落后于敌人，但是当遭受敌船接二连三的炮轰时，他们坚持勇敢地抵抗。盟军部队也同样英勇战斗，但是他们的目标因为汉密尔顿及其属下两位将军的偏好变得更加难以实现。这两名将军是艾尔默·亨特·韦斯顿(Aylmer Hunter-Weston)和威廉·伯德伍德爵士(William Birdwood)，分别指挥英军和澳新军
581 团。他们登陆后，在至关重要的几个小时里仍然待在海边，因此当信号

① 亚伦·穆尔黑德(Alan Moorehead)告诉我们其中的一件事，一艘船“后来被离开马耳他的 U 型船用鱼雷袭击，这肯定使德国人感到非常惊讶。当船停下来时，木质的炮塔和 12 英尺长的枪炮都漂浮在水上”。

装置开始减弱，盟军的通信几乎崩溃时，每个军团都只关心自己的状况，对附近海滩的战事一无所知。到第一天结束时，双方都遭受了严重的伤亡，盟军实际上仍然被束缚在岸边。

任何曾经到过加利波利半岛的人都会被这里的险恶地形所吸引。这里有大量的自然美景，特洛伊平原从达达尼尔海峡一直延伸到南边，依姆布罗斯(Imbros)和萨莫色雷斯岛(Samothrace)在西边从大海中耸立起来。但是海滩位于一连串小海湾里，又小又窄，逼近悬崖峭壁，这些悬崖距海岸只有几英里，中间隔着陡峭的沟壑，沟壑被浓密的灌木丛覆盖，致使许多地方根本无法通行。因此，在高处的土耳其士兵隐藏在茂密的草木后直接向困在下面海滩上的敌人射击。

人们不禁要问，这些战争策划者怎么会相信他们会有一丝胜利机会呢？汉密尔顿和几个高级军官乘坐驱逐舰沿海岸做了粗略的侦查，并拥有一些空中拍摄的照片。但是没人有合用的地图，一些地区如著名的澳新军团湾的地图还根本没有绘制出来。然而当澳大利亚士兵和新西兰的士兵在星期天早晨飞速上岸时，他们像老虎一样战斗，一些士兵设法用刺刀从丛林里砍出一条路。到上午 8 点，好几个地方的土耳其兵都逃跑了。然而在那一刻，20 世纪六位最杰出的男子之一出现在战场上。

穆斯塔法·凯末尔在前面的章节有过简短露面，他如今 34 岁，是一位师长。他召集一个营的士兵与侵略者作战。他首先单枪匹马地阻止一群撤退的同胞，以人格力量劝说他们回去继续参加战斗。他明白当时战争远比他原先告知的要艰巨，规模要大。他自作主张地召集四散的土耳其军团和一支阿拉伯军团。在如此行事时，他公然越出自己的权限，直到中午才向司令部报告他的行动。此时，战争的发展已经证实他是正确的。当他回到自己的军队时，实际上已经控制了整个澳新军团前线。 582

一整天他持续向整条阵线施压，许多设法进入腹地的自治领的部队现在开始向海边撤退。到如今，伯德伍德产生了恐惧：他率领士兵在错误的海滩登陆。他原本希望能够发现一条至少一英里长的海岸，但是他发现的只是一条半英里多长的海岸,水域和悬崖之间只相隔30码。军队必须自带所有物品前来:枪炮、子弹、各种各样的补给品、大量的动物和用来抬死人和伤员的担架。那天晚上,他给总司令发出一条消息试图请求允许他放弃现在的阵地让士兵重新登陆。

但是汉密尔顿拒绝了,他指出任何重新登陆将至少花两天时间。同时正好有人向他报道,一艘澳大利亚的潜水艇已经顺利通过海峡进入马尔马拉海,已经在那里用鱼雷袭击了一艘土耳其的炮艇。可怜的将军除了告诉士兵挖壕固守之外已无能为力。

伯德伍德正忙于澳新军团。若他了解欧洲军队的进展时,他将更加气馁。无可否认,法国人干得很好:他们已经在驰名的阿基里斯坟墓附近登陆,袭击并占领被毁的昆卡雷堡垒,现在正准备在海丽丝岬与他们的英国盟友会师。然而这次登陆很悲惨。土耳其人开始一直没有开火,直到大部分运输船靠近海岸,士兵上岸,然后,枪林弹雨随即爆发。登陆英军处于毫无掩护的情况下。不久,当空军准将萨姆森从空中观测后报道:“平静的蓝色海面绝对被鲜血染红,从海岸延伸大概50码的面积简直惨不忍睹。”在浅水处,所有的波浪都被染成红色。3小时内,几乎有1000具尸体散布在海滩上。附近的另外4个登陆点可能会好一些。土耳其人也遭受了令人震惊的伤亡。然而,汉密尔顿继续保持的乐观主义令人吃惊。“感谢上帝让海面恢复平静;”他在4月26日写道,“感谢皇家海军犹如划船比赛一样沉着地把我们的伙伴运上
583 岸;也感谢各级部门表现的无所畏惧的精神,我们才能摧毁敌人的顽强抵抗,使29000名士兵在6个海滩登陆。”但随着其他的报告也陆续传到伦敦,毫无疑问每个人的心里都认为,加利波利战争的代价远远超出人们的预见,它的前景遭到质疑。

3天之后,这里暂时平息,双方陷入僵局。英军和澳新兵团设法前进至一到两英里的山中,然后挖壕自守;这样,土耳其士兵就不能驱走他们。有段时间,半岛战壕的行动几乎像在佛兰德斯一样安静。同时,在伦敦,政府内部的所有压力和紧张也暴露无余。首先,5月15日,海

军上将费希尔辞职,准确地说是罢工,失踪几个小时后,被发现隐匿在查令十字街酒店。接着,首相阿斯奎斯被迫组成联合政府,这是迄今为止他政治职业生涯中最引人注目的逆转,温斯顿· 丘吉尔彻底被排斥。

对于在加利波利和其他悬崖上的士兵来说,夏天确实漫长。随着天气逐渐变热,苍蝇的危害越来越严重: 食物、无人地带的尸体、不计其数的化脓伤口、公厕附近,都吸引了几百万只苍蝇,生活变得非常痛苦。紧接着苍蝇而来的是痢疾。到 7 月,每天都有 1000 名伤残士兵被运到利姆诺斯岛或其他岛屿。但是也有一些好消息: 6 月,伦敦已经同意额外增派五个师,派给汉密尔顿约 12 万名士兵。德罗贝克——现在费希尔已经安全出发——也获得大量增援。形势急剧变化,一次新的登陆势在必行。他们选取离澳新军团湾几英里的苏弗拉湾(Suvla Bay)作为登陆点,希望从这里可以快速前进 4 英里穿过海峡,将半岛上的大部分土耳其士兵堵在半岛一端。

苏弗拉湾乍一看让人充满希望。它不像其他大多数港湾的月牙形,而呈马蹄形,因此其水域为舰队提供了一块理想的锚地。这里也没有高崖峭壁,防御薄弱,1800 名士兵分散在港湾附近而且这里没有带刺的铁丝网或机关枪。另外,海湾正好位于澳新军团湾的海角处。一 584
旦占领这个地方,许多不幸的自治领士兵可以转驻到此处,从而解决他们忍受已久的噩梦般的过度拥挤状况。登陆在 8 月 4 日晚上进行,持续到 6 日晚上,很明显没有引起土耳其的怀疑。等到上岸后他们才发现犯下了严重错误,新登陆的军队既无经验又无纪律性,指挥官又老又没能力,似乎无法应付形势的恶化。指挥链不久也断了,汉密尔顿不能联系上他们: 最后,他撤回命令;鼓励各位将军和准将自行谨慎行动;而他们很少向士兵清楚地解释对他们有什么要求。

但他们也取得一些暂时的胜利。澳大利亚兵在隆派恩(Lone Pine)英勇进攻, 4000 名士兵牺牲,但是他们获得至少 7 枚维多利亚勋章,并占领了土耳其前线。新西兰的士兵也击溃另一部分防线,他们发现自己转到土耳其后方。但每一次成功都伴随着若干失败。8 月 8 日晚,盟军被迫退回壕沟,遭受了可怕的伤亡,而主要目标尚未实现。8

月底,汉密尔顿向基钦纳坦言自己的失败。他说如果没有大量增援,他将无法坚持下去。他要求增援 95000 名士兵,但是菲尔德元帅只是耸了耸肩。战时内阁似乎决定把注意力再次集中于西线。难道他们放弃加利波利了?

9 月的最后一个星期,更大的打击传来。保加利亚被鼓动起来,只要至多一个星期,它将与德国和奥地利一起作战,反对塞尔维亚,这将威胁整个巴尔干半岛的局势。因此协约国决定从加利波利向萨洛尼卡转移两个师,先是一个法国师,然后是一个英国师,向北帮助塞尔维亚。此时,汉密尔顿似乎必须为放弃苏弗拉做好准备。还有另一种可能更加令人沮丧:10 月 11 日,基钦纳发给汉密尔顿一份电报:“如果决定撤离加利波利半岛,必定给你的军队带来损失,你估计损失大概是多少?不过,还没有最终下决定……但是我觉得我应该听取你的意见。”汉密尔顿立即回复。他认为,50%可能是一个真实
585 的数字,他补充说:“另一方面,算上苏弗拉的军队和海丽丝岬的塞内加尔人,我们可能有一场真正的灾难。”当 10 月 4 日,这份报告在达达尼尔海峡委员会上提出时,汉密尔顿的命运就此决定。两天之后,他收到解雇书。

1915 年 10 月 15 日,士兵在加利波利的一处海滩登陆。

陆军中将查尔斯·门罗爵士(Charles Monro)接替汉密尔顿，直接从西线去就职。到达当天，他毫不隐讳地承认：他认为整个加利波利半岛远征计划完全部署错误。他认为战局的胜利应取决于法国战场，他强烈反对主要目标的转移。因为他是受命评估是否应该从加利波利半岛撤退的，而他的战局观早已使结果一目了然。况且到达该岛后的所见所闻也没什么能促使他改变想法：尽管天气迅速变冷，但没有冬衣从伦敦运来。现在许多军团只有一半或更少的战斗力，剩余的士兵瘦得皮包骨头。炮弹也是定量配发，每天两发。门罗第一眼看到苏弗拉湾，便证实了自己最坏的顾虑。“如同爱丽斯漫游仙境，”他小声低语，“越来越奇怪。”第二天，他向基钦纳发出自己的建议。

但是此时还没有全盘皆输。海军上将德罗贝克的参谋长、海军准将罗杰·凯耶斯(Roger Keyes)提出恰当的不同见解。他的规划很简单：集合整个地中海舰队——整个夏季都在爱琴海的不同位置对土耳其海岸的排炮进行猛烈轰炸，下决心对海峡发动进攻。他相信这将使土耳其大吃一惊。一旦进入马尔马拉海，就很容易封锁半岛北端的布拉尔(Bulair)海峡，拦截驻扎于此的20个土耳其师。德罗贝克有点怀疑但还是慷慨地允许凯耶斯回到伦敦为自己的方案辩护。凯耶斯确实这样做了，他的言辞对所有的海军上将产生巨大的影响，包括海军大臣阿瑟·贝尔福(Arthur Balfour)和温斯顿·丘吉尔在内。

基钦纳勋爵仍然对门罗回答的速度和要旨感到惊骇。正是他自己选汉密尔顿做加利波利的指挥，他也不愿看到朋友受辱，于是转而立即支持凯耶斯的观点，让他从海军部门获得明确的任务。然后，他向伯德伍德而不是门罗宣布他的决定：第二天，他亲自前往达达尼尔海峡。 586
这则消息最后说：“我绝对拒绝签署任何撤退的命令，我认为这是最大的灾难，那将诅咒我们大部分士兵去死或被监禁。我将任命门罗指挥萨洛尼卡军。”他随后出发，经巴黎——那里的法国人坚持反对撤退——去马赛，之后乘“达特茅斯”(*HMS Dartmouth*)号去加利波利。

如果凯耶斯随同他前往——正如基钦纳所要求的一样，但这则消息从未发出——他将可能坚定陆军元帅的信念，但是他没有去，而当地的指挥官们自凯耶斯离开后其观点已发生动摇，基钦纳立即发现自己被门罗、德罗贝克和伯德伍德围困，这3个人现在坚决支持撤退。没有人支持凯耶斯及其计划。经过两天的讨论，基钦纳前去观察3个主要的桥头堡。他为自己看到的景象感到沮丧，其程度绝不亚于门罗。11月22日，他给伦敦发了一封建议信：应该立即撤离苏弗拉和澳新军团湾，海丽丝岬暂时可守。两天之后，他返回英格兰。

到这时，从最高层到最低层，所有多少与这场战争有些干系的人，他们除了对加利波利战争的厌恶外毫无知觉，但是他们还没有看到最糟糕的事情。11月27日，该岛遭到至少40年以来最猛烈的暴风雨的袭击。24小时的暴雨夹杂着来自北方的飓风，带来暴风雪和两个晚上剧烈的霜冻。洪流带着被淹的土耳其士兵的尸体从山上直流而下。特别是澳新军团湾，那里很多澳大利亚兵和少量的印度兵还是头一次看见大雪，面临如此刺骨的寒风，他们没有任何防护；冬衣尚未发出，士兵除了在湿毛毯里挤作一团以外，别无他法，而毛毯又很快结冰。洪流持续三天三夜。当这一切结束时，200名士兵已经被淹死或冻死，5000名士兵受到严重的冻伤。过去，他们之中许多人反对撤离，决心参与战斗直至结束；现在，无论撤退存在多么大的危险，他们都只想尽快离开。

587 撤退显然是一项长久而艰巨的工作。[①] 单在苏弗拉-澳新军团湾桥头堡就有83000名士兵，更别说还有5000头马和驴子，2000辆机动车，差不多2000门大炮和好几吨补给品了。唯一的希望就是在两到三个星期内静悄悄地秘密撤离。即便如此也存在更可怕的危险：土耳其人持续的轰炸让登船变得十分困难；糟糕的天气和波涛汹涌的大海可能摧毁最好的计划；冬至即将来临。但是别无选择。从11月的第二个星期开始，每天驳船和小船都进入港湾，在黎明之前装满士兵、动物和武器离开。首先上船的是病人和伤员。56艘临时的医疗船都为他们做好准备，12000张病床在埃及等着他们。白天，为了减少土耳其人的

---

① 亚伦·穆尔黑德(Alan Moorhead)在《加利波利》(*Gallipoli*)的第十七章对撤退有极好的阐述，这些对我所撰的关于这场战争的极简短的描述大有帮助。

怀疑，生活仍然像以往那样进行：不计其数的骡队继续艰难地从海滩到前线，再从前线到海滩，唯一的区别就是他们携带的装货箱和盒子空无一物。随着撤退的进行，隐瞒变得愈加困难：同样的士兵和动物被迫像舞台上的士兵一样周而复始地行军。空帐篷都没有撤掉，每晚还额外点燃成千上万的炊火。

一个星期之后，运送速度加快。到 11 月 18 日，一半的士兵(大概 4 万名)已经被运走。协约国联军不可能再欺骗敌人，遂同意剩余的士兵在两个晚上离开。在前线的某些地方，联军与土耳其的战壕相隔不到 10 码(他们中许多人能看见彼此)，似乎不可能不惊动敌人就撤离，但不知何故，他们做到了。正好在 21 日拂晓前，最后一只船离开海滩。在澳新军团湾，当两名士兵正上船时，他们被乱枪射中而受伤；在苏弗拉湾，每个士兵和动物都安全离开。离开之前，他们做了最后一件事，点燃他们精心布置于整个海滩上的导火线。十分钟后，他们非常满意地听到震耳欲聋的爆炸声，因为弹药库爆炸了。

英军怎么样呢？对于他们在海丽丝岬桥头堡的 4 个师(大概35000 名士兵)而言，形势比较严峻。土耳其让澳新军团在他们的眼皮底下从海峡右边消失，所以他们肯定不会再犯同样的错误。相反，土耳其人已不受澳新军团湾和苏弗拉的牵制，从而可以出动全部兵力来对付这里 588
的敌军。没有时间可耽搁，门罗、伯德伍德和德罗贝克——他因为生病回到伦敦进行了短暂的休息，但是在圣诞节前赶了回来——现在都一致同意，无论困难多大都必须撤退。

1916 年 1 月 1 日星期六，撤退开始。法军首先离开，一个星期之后，剩余英军的数量减少到 19000 人，当时还没有出现震撼的冲突事件。7 日下午，土耳其发动袭击，炮轰持续四个半小时。炮声平静后，士兵们开始冲锋陷阵。英军在战壕里用大炮和来复枪射击敌人，他们惊奇地看着土耳其步兵——以纪律和勇敢而出名——像死人一般藏在壕沟里，没有进攻。当夜幕降临时，没有一名土耳其士兵渗入英国战线。随后 24 小时内，英军顺利撤退。

然而，天气持续恶化。到1月8日晚上，冰雹急速落下，不久，大风以每小时35英里的速度拼命地刮。在海上，两艘驳船猛撞到临时码头上，发生了故障，在对其进行修理的同时，其他一切活动都停止了。修理工作因在黑暗中而且是在风大浪急的海面上进行，变得非常棘手。风雨也减慢了剩余部队从壕沟向海滩前进的速度。但在凌晨3点45分，最后一名士兵也上船，最后一艘船向大海驶去。十分钟之后，就像在澳新军团湾和苏弗拉一样，弹药库爆炸。这次不幸的冒险最终结束。

整场计划只有尾声一如预期。混乱和混沌从一开始就嘲弄着整场战争，然而最后的撤退是非常有组织有计划的，几乎没有伤亡人员，也没有留下一名士兵，这是加利波利战争中具有讽刺意味的众多事件之一。但是，还有一件更嘲讽的事：这次伟大的远征虽然失败了，但点子其实非常好，而它本应该而且能够取得胜利。在数年后，土耳其将军斯塔夫在关于这场战争的一份官方报告中承认，3月19日的海战实际上已使他们几乎弹尽粮绝。如果德罗贝克立即袭击，他将可能畅通无阻地通过海峡到达君士坦丁堡，在那里"驻守的8个师不可能防守住。"如
589 果占领君士坦丁堡，毫无疑问，俄国永远不会单独讲和，俄国革命也将不会发生。即使登陆后，也是胜利在望的；土耳其的报告也承认有两次——一次是澳新军团4月份登陆时，一次是8月份在苏弗拉湾时——如果没有穆斯塔法·凯末尔①惊人的人格魅力，联军肯定能够突围。如果他们突围成功，如果战争获得胜利(它与之失之交臂)，第一次世界大战可能提前3年结束，也能拯救100万生命。

希腊对于联军在萨洛尼卡登陆的态度模棱两可。一方面，首相埃莱夫塞里奥斯·韦尼泽洛斯(Eleftherios Venizelos)私底下欢迎这份计划，尽管他形式上签署了抗议书。另一方面，国王君士坦丁——他两年前继承父亲的王位，并迎娶了德皇的妹妹——强烈反对此计划，因为保加利亚的军队实际上已经穿越边界，外国军队一旦出现在希腊土地上，

① 英国官方史学家说得更绝，他写道，"历史上极少出现一个师长的努力能三次产生如此深刻的影响，不仅对战争的进程，可能也对战争甚至国家的命运都有影响。"

将破坏希腊坚守的中立政策。至于希腊人自己，他们绝大多数站在国王这边。他们不希望盟军出现，这将迫使他们违背自己的意愿卷入战争。结果出现所谓的“国家分裂”，韦尼泽洛斯被迫辞职。

埃莱夫塞里奥斯·韦尼泽洛斯。

立宪君主插手外交政策总是不对的，这次还带来了不幸。国王开始和德国人进行秘密会谈。1916 年 3 月 23 日，根据他的命令，希腊交出鲁佩尔城堡(Castle of Roupel)，允许德国和保加利亚的军队侵占东马其顿。他也命令卡瓦拉(Kavalla)投降，其希腊驻军被作为战犯带到德国。韦尼泽洛斯在议会上叫道：“你们最起码的 30 块银币在哪里？”在他最后一次呼吁国王加入协约国，亡羊补牢之前，这也许不是最合适的外交发言稿。可想而知，君士坦丁对此充耳不闻。

至于远征军，局势变得越来越不利。他们从到达的那一天起就发现自己不受欢迎，被迫在城外几英里的地方扎营，而敌人的官员却在城里 590
自由自在。那个冬天，塞尔维亚人被赶回到亚得里亚，塞尔维亚也被占领。盟军问自己将何去何从？在萨洛尼卡，法国指挥官莫里斯·塞拉尔(Maurice Serrail)将军掌控权力，把敌人所有的领事和间谍都逮捕或监禁在城堡里，同时占领另一座通向港湾入口的堡垒。他们开始行动了：协约国正式要求重新动员希腊军队，遣散议会和解散政府。1916 年 9 月，韦尼泽洛斯溜回出生地克里特，在那里领导反国王的起义。之后，他回到希腊，在萨洛尼卡建起一个临时政府。一个月后，他获得协约国的认可。

12 月，英国人和法国人的要求仍然没有得到满足，他们在比雷埃夫斯登陆，试图迫使国王放下武器和弹药。然而这是一个错误：希腊人进行还击，法国舰队轰炸王宫。韦尼泽洛斯遭到指责(虽然可以理解但其实这种指责毫无道理)。12 月 26 日，他正式被雅典大主教开除教籍。

然后,协约国封锁南希腊,并于 1917 年 6 月要求国王退位——法军在科林斯登陆以施压。君士坦丁拒绝退位,但他和长子一起前往瑞士。

现在,整个形势在一夜之间发生巨变。在雅典,君士坦丁的第二个儿子亚历山大继承王位。这里因持续的封锁发生饥荒,雅典实际上仍然处于法国的占领下。几天后,韦尼泽洛斯率领他的政府从萨洛尼卡归来,受到人民热烈欢迎,他成为新王国的首相——向议会发表了长达九个小时的演讲以示庆祝。现在轮到保皇主义者痛苦了,他们被排斥在政府、行政部门、军队甚至教会之外。希腊社会分成两派,这种情况至少持续了一代人的时间。最后,希腊不紧不慢地加入协约国作战。他们的军队大部分是强制征召的,没有接受过训练,然而这并不影响他们在马其顿轰轰烈烈地战斗。他们和英国人一起入侵并打败保加利亚。他们与法国人和塞尔维亚人一起把德国人赶出塞尔维亚。作为最后的胜利,希腊军队自 1453 年来第一次进入君士坦丁堡。对于埃莱夫塞里奥斯·韦尼泽洛斯而言,这是他最辉煌的时刻。

591 加利波利战争刚开始的兴奋和后来的沮丧完全给另一场战争投下了阴影:这就是中东战争。这也是对奥斯曼帝国作战的一部分,在美索不达米亚和巴勒斯坦的土耳其军队都承受着来自协约国的接连不断的压力。

艾伦比在耶路撒冷(他徒步进入城市后才上马)。

巴勒斯坦战争也是意在提高已日益厌战的英国军民的士气:把国民的视线从佛兰德斯大屠杀中转移出来,同时在最薄弱的地方给敌人有力的打击。然而,这次的主要策动者不是温斯顿·丘吉尔——他仍然因加利波利惨败被排斥在政府大门之外——而是首相阿斯奎斯的继任者大卫·劳合·乔治。他的主要目标可以用一句话概括，“圣诞节前拿下耶路撒冷”。他选择将军埃德蒙·艾伦比子爵(Edmund Allenby)去实现他的目标。艾伦比在军队里没有受到普遍欢迎。他长得很高，仪表堂堂，脾气暴躁，经常恐吓人让他获得“公牛”的外号。[①] 事实上，他的侵略性隐藏了许多真正的爱好，他喜欢音乐、文学和哲学。[②] 做为一名彻头彻尾的军人，在接到命令离开激战正酣的战场前往巴勒斯坦时，他其实挺郁闷的。他当时还不知道这次不受欢迎的任命反而让他声名鹊起，确保了他元帅的地位，并获得子爵称号和国家奖励的 5 万英镑。

埃及远征军实际上主要由澳大利亚人组成。它的存在主要是为了保护苏伊士运河——但是人们也期望它去攻打土耳其人。运河足够安全。然而，埃及远征军虽然在数量和武器装备上都优于守卫在西奈半岛上涣散的军队，但是他们在打击土耳其人上取得的成就显然很小。“在巴勒斯坦和美索不达米亚，”劳合·乔治写道，“除了我们的参谋部外，任何人任何事都不能在 1915 年到 1916 年把土耳其从完全瓦解中拯救出来。”1917 年春天，这里没有改善的迹象。两次半心半意攻占加沙的尝试都以失败告终。因此，当艾伦比 6 月 28 日到达开罗时，他的
首要任务是为低落的士气注入新的活力。几个星期内，他确实这样做 592
了。他的前任阿奇博尔德·默里(Archibald Murray)将军宁愿留在设在开罗萨沃伊酒店的司令部，而艾伦比却动身前往加沙前线闷热、苍蝇横飞的营地帐篷和小木屋，然后着手视察那里的士兵，与军官和士兵建立了直接联系。在炎热的夏季，这里正午的气温经常高达 120 度，沙尘暴频繁，令人窒息。但是这也无法阻挡将军穿着笔挺的制服端坐在福特汽车里在沙漠上穿行，而他身旁的澳大利亚司机却穿着汗衫和短裤。他视察防御工作和水的供应情况，发出严酷的命令，毫不含糊地表达自

① “一位皇家工兵军团的上校与艾伦比谈话后病倒在他办公室外的地板上；另一位军官倒在他书桌前的地板上，不得不让人抬出去。”(Brian Gardner, *Allenby*, P. 177)

② 有人怀疑，在布尔战争中，并不是所有的英国军官都会从南非写信要求获得一本马杰斯特的(A. N. Majestrat) *l'Årt du Croire, ou Préparation philosophique à la foi chrétienne* 一书的副本。

己的不满。无论他走到哪里,士气都蓬勃高涨。

艾伦比的第一项任务是在军中树立自己的将军权威。下一个任务是制定一份作战计划。这需要大量的增援部队:两支军队被派往巴勒斯坦增援那里的7个军团。为了向战时内阁说明他的方案,他派出联络军官韦维尔中校(A.P. Wavell,未来二战中的陆军元帅和后来的印度殖民地总督)去伦敦。多亏了韦维尔的说服力和日益增长的声誉使他顺利完成任务,还额外争取了一批炮兵和英国陆军航空队的士兵。之后不久,韦维尔向帝国总参谋长和战时内阁解释了艾伦比的计划。简单地说,即强取离加沙30英里、位于贝尔谢巴(Beersheba)的水量丰富的水井,以佯攻加沙来作为掩护。艾伦比的准备很充分:聚集了3万头骆驼为先遣部队供水,修建了新道路,也绘制了比前几任时更准确的新地图——感谢最近的空中侦察——以前的地图是基钦纳在19世纪80年代准备的。同时,他还阅读了关于这一地区的所有资料,从希罗多德和斯特拉波到十字军东征的历史以及最近的英国皇家地理学会的论文。

1917年夏末,在准备阶段,艾伦比初次遇见了日后在这一地区比他声誉更高的一位英国军官:29岁的陆军上尉劳伦斯(T. E. Lawrence),他是一位英国-爱尔兰准男爵五个私生子中的老二。1908年,他第一次来到阿拉伯世界,游历了叙利亚和黎巴嫩,并留下了关于
593 当时还少有人知的十字军城堡的记录。后来,作为一名考古学家,他在叙利亚的卡尔凯美什(Carchemish)参加大英博物馆的挖掘工作直到一战爆发。一战时,他是埃及开罗远征军情报部门的一名陆军中尉。要不是阿拉伯革命,他将一直留在那里。

这场革命开始于1916年6月10日,当时,麦加的谢里夫侯赛因(Sherif Hussein)和汉志人领导了一场反抗土耳其的起义。然而三个月之后,起义军耗尽力气,他们反复努力也没能把土耳其人从麦地那赶走,士气衰落。劳伦斯会见了他们的领导人,对侯赛因的二儿子费萨尔(Feisal)印象深刻,后来他和费萨尔一起制定了攻占亚喀巴(Aqaba)的计划,亚喀巴是土耳其在红海北部的主要港口。两支英国海军远征军

都在这里惨败，不过劳伦斯相信他们能够把亚喀巴夺过来。7 月初，他用当地的阿拉伯人探路，率领士兵行军将近一个月，穿过 800 英里的荒漠，迫使土耳其守兵投降，从而威名远扬。

大家可能很想亲临当时的现场。身材瘦小的劳伦斯一如既往地一身阿拉伯装扮，大步走进高大且穿着整洁制服的艾伦比的办公室里。很多指挥官可能会让他回去脱掉这身花哨的衣服后再来。可艾伦比只是随便瞥了一眼，然后专注于听劳伦斯说明他打算如何通过频繁袭击单轨汉志铁路——实际上这是亚喀巴与麦地那之间唯一的联系线路——把革命经亚喀巴向北传到大马士革。他的态度——虚荣心和傲慢结合在一起——使人难以忍受，但是他的论断却很有说服力。将军于是当场升了他的职，让他和费萨尔的军队直接向他报告，并向他承诺会尽全力协助他行动。

对艾伦比而言，这当然是达成他的首要目标：毁灭奥斯曼帝国的途径，但他深知这也肯定会在将来惹出麻烦。前一年春天，英国与法国和俄国达成协议。根据协议，法国将保持对叙利亚的监护，而英国则遵守他们对阿拉伯人许下的誓约和承诺。俄国已经盯上了君士坦丁堡、博斯普鲁斯两岸几英里的腹地和直达高加索的安纳托利亚以东的大部分地区。法国宣称拥有叙利亚大部分地区和黎巴嫩、安纳托利亚南部 594
大部分地区以及伊拉克的摩苏尔地区（Mosul）。英国宣称拥有现代伊拉克的剩余部分——包括巴格达和巴萨尔——和包括海法和阿卡的巴勒斯坦地带。如果劳伦斯北进计划成功，取得胜利的阿拉伯军队就不可能——至少可以这样说——支持这份协议。但是此后仍有充足的时间去处理这类问题。

1917 年 10 月底，对加沙和贝尔谢巴的进攻开始。尽管这里有德国将军克雷斯·冯·克雷森斯泰因（Kress von Kressenstein）守卫重型防御线，贝尔谢巴还是在这个月的最后几天失陷。一个星期后，加沙也失守。艾伦比决定马不停蹄，乘势继续前进。在一些军团，每 72 小时才能给马喂一次水，因为他们持续不断地向北前进，最大限度地扩展他们的交通和供应线。11 月 16 日，雅法陷落。筋疲力尽、口干舌燥的士兵为最后进攻耶路撒冷于犹地亚(Judaean)山区集合。艾伦比决定:他们不应该在圣城进行战斗,所以调动军队对它进行长期而复杂的包围。最后,天气突变,气温下降,问题变得更加糟糕,马要么把蹄子踩进泥团,要么被光滑的石块跸得左右摇晃,然而他们还是继续前进。12月的第一周,土耳其总督通知大马士革,他将撤出圣城,然后亲自用铁榔头砸坏了电报设备。12月9日,耶路撒冷投降。两天后,艾伦比正式率领官员进入耶路撒冷,和他一起的是上校韦维尔和陆军上校劳伦斯,他们穿着借来的军装。19年前,德皇威廉骑着战马进入这个城市而艾伦比则选择步行,这是几乎每份文献中都特意提到的。730年之后,耶路撒冷再次落入基督徒手里。但是根据艾伦比的命令,没有悬挂官方旗帜。他仅仅发表了一份简短的声明,结尾如下:

> 既然你们的城市是人类三大宗教的钟爱之地,它的土壤是数世纪以来三大宗教的大量虔诚的祈祷者和朝圣者奉献的,因此我要让你们明白:根据现存的风俗和你们神圣的信仰,每一幢圣殿、墓碑、圣地、圣坛、传说地、捐赠、虔诚的遗赠和三大宗教任何形式的祈祷习惯地都将受到保护。

595 攻占耶路撒冷后,战争暂停,差不多一年后又继续。艾伦比知道,如果继续向阿勒颇前进,他需要一支远远超出自己现在部队的更强大的军队,他拒绝前进直到军队得到补充。实际上,他的军队被完全重组了,一些军团回到欧洲,另一些军团从印度和其他地方调过来,他掌握了从12个或更多国家和殖民地调来的部队,其中包括新加坡、香港、南非、埃及和西印度群岛,甚至还有来自南太平洋拉罗汤加岛(Rarotonga)的分遣队。根据《贝尔福宣言》①,三个营的犹太人被派遣前往巴勒斯坦,

① 这是1917年11月2日英国外交大臣阿瑟·贝尔福写给莱昂内尔的一封声明信件。莱昂内尔是第二任罗斯柴尔德男爵,英国犹太人的领袖,贝尔福告诉他,英国人支持"在巴勒斯坦为犹太人建立一个国家,但要在不损害在巴勒斯坦现存的非犹太人社群的公民权和宗教权的前提下。"

包括戴维·本-古里安(David Ben-Gurion),他后来成为以色列的第一任总理。

因此直到1918年9月18日,艾伦比才率领庞大而多样化的军队,包括12000名骑兵,57000名步兵和540辆大炮去攻击土耳其的11个师——他们相对的数量是4000、40000和430——他们坚守从雅法东部到约旦河然后沿其东岸到死海的战线。仅仅12天,在经历了这场战争中最壮观的一场战役之后,艾伦比的先遣部队进入大马士革。10月8日,贝鲁特陷落。18日,的黎波里失陷。25日,阿勒颇失陷。在仅仅6个星期里,他前进了350英里,彻底打败叙利亚的土耳其士兵,俘虏了75000名士兵、430门大炮和数量庞大的武器、弹药和补给品。英国的伤亡数量总计5666人。"充分利用了英国的兵力优势,"军事史学家李德尔·哈特(Liddell Hart)写道,"(这场战役)一定要被列为军事史上最杰出的战役之一,它的策划和执行都是最完美的。"

奥斯曼帝国曾经是德国通往波斯湾和中亚的道路,现在被毁灭了。它丧失了在阿拉伯的领土,包括巴勒斯坦和叙利亚,也包括阿拉伯半岛和美索不达米亚。9月,保加利亚的瓦解为西方打通进入君士坦丁堡的道路,英军和印度军队从南面和东面前进。从黑海到高加索,前苏丹
的臣民——格鲁吉亚人、亚美尼亚人、阿塞拜疆人和库尔德人——都在 596
为建立他们的新国家斗争。10月30日,在停泊于爱琴海岛屿门德多斯岸边的"阿伽门农"(*Agamemnon*)号——符合现状的一个名字——上,奥斯曼帝国的代表要求和谈。

第三十三章 和 平

597 1919 年 1 月 18 日,停战两个多月后,巴黎和会开幕。令人惊讶的是,星期六这天——法国总理乔治·克里孟梭坚持要求的——极具讽刺意味,正好是威廉一世加冕为德国皇帝的 48 周年纪念日。在此次大会上,各国代表的主要任务是重建一个新欧洲,他们以某种形式勉强做了。和会的成果可以用事实衡量: 20 年后,新欧洲像旧欧洲一样被撕成碎片。

巴黎和会上,地中海地区备受瞩目。地中海南部的国家仍然控制在外国人手里: 摩洛哥、阿尔及利亚和突尼斯属于法国,利比亚属于意大利,埃及属于英国(1914 年 12 月英国宣布埃及为其保护国)。地中海北部地区经受了战火的洗礼,各国(西班牙仍然继续保持了中立)均在一定程度上卷入了战争。所有的战胜国都希望通过和会,能在地中海地区谋取最大的利益。所有这些都需要通过一种方法实现: 瓜分奥斯曼帝国。在法国,18 — 30 岁的男子有 1/4 战死,至少还有 2/4 的人伤残。法国最关心的自然是削弱德国,但也觊觎叙利亚和黎巴嫩,对这一地区它早有政治企图。意大利因为老对手奥地利-匈牙利的分裂而窃喜,过去它总是担心不能顺利地进出亚得里亚海。同时它又因南部斯拉夫人的统一而困扰。南部斯拉夫人包括克罗地亚人、斯洛文尼亚人、塞尔维亚人、黑山人、波斯尼亚-黑塞哥维亚人和东北部的马其顿人。他们似乎即将取代苏丹成为巴尔干的统治者。意大利渴望在和会上获得从特兰托到的里雅斯特的土地,获得远至阿尔巴尼亚的达尔马提亚海岸和多德卡尼斯群岛(附带安纳托利亚内陆的一部分)。

如前一章所述,当战争结束时,希腊已是一个新兴的国家。但韦尼 598
泽洛斯的野心比其他出席巴黎和会的政治家更大。他的理想是:恢复包括希腊、小亚细亚在内的拜占庭帝国;让圣索菲亚重新信仰东正教;让希腊的巴塞勒斯(basileus)再次登上君士坦丁堡的皇位。这个梦想贯穿了他的一生。不过在和会上,他不可能提出过分的要求。他所谋求的仅仅是伊庇鲁斯北部、色雷斯和从马尔马拉海到士麦那沿岸的部分小亚细亚岛屿。这里面不包括君士坦丁堡(他的朋友向他建言,只要土耳其控制君士坦丁堡,该城迟早会属于希腊)。会场内外,韦尼泽洛斯给每个人都留下了深刻印象。凭借超凡的个人魅力,而非外交辞令,他成为和会上最耀眼的明星。西欧人此前从未见过或听闻过他这样的人物。年轻的外交官哈罗德·尼科尔森(Harold Nicolson)用风趣的语言描述道:“他是一个很有魅力的怪人、强盗,一位国际政治家、爱国者、勇士,一位文学家……尤其惹人注意的是他身材高大、健硕,始终满面笑容,镜框后的两眼炯炯有神,头上还戴着黑丝绸的方形无檐帽”。

对于大不列颠而言,它无法把自己构想成一个地中海国家。但它在地中海占有三个重要的港口:直布罗陀、马耳他和塞浦路斯。众所周知,英国还拥有苏伊士运河的大部分所有权,这使其在埃及和黎凡特享有特殊的权益。战争让英国实现了许多目标:他牢牢地掌控了德国的海军和商船;德国在非洲的殖民地投降了;沙俄的垮台消除了印度北部的威胁,英、俄在该地区的博弈随之结束。现在,他可以把精力集中于东地中海。在地中海的东北角,他极力阻止敌国的战舰穿过土耳其海峡和黑海。他也越来越关注盟国法国。英法在战时团结一致,但战后两国关系面临新的压力和紧张局面。由于保障来自伊拉克北部摩苏尔和波斯湾的石油供给的重要性日益增加,双方的矛盾浮出水面。早在 1916 年,马克· 赛克斯(Mark Sykes)爵士和 M. 乔治·匹克特(M. Georges Picot)就签署了秘密协定:当瓜分苏丹的黎凡特领土时,法国

599 占有叙利亚、黎巴嫩和安纳托利亚南部的大部分土地;而英国获得现代伊拉克的大部分、地中海的阿卡和海法港口。除这两个港口外,大致相当于现在伊拉克的一块区域——因作为圣地的特殊且微妙的地位——被保留在一套特殊的国际政治制度内。然而,很显然这种分治实行起来并不简单。艾伦比最近进入耶路撒冷,这对信奉天主教的法国实在不是什么安慰。简而言之,两大欧洲列强在中东问题上完全互不信任,当然双方这么做也是完全正确的。

费萨尔在凡尔赛会议上,右边是 T.E. 劳伦斯上校。

另一方面,英法都犯了同一个错误:他们忽视了阿拉伯。埃米尔费萨尔出席了巴黎和会,劳伦斯(身着阿拉伯服装)自豪地向众人介绍他,这不久就完全改变了现有局面。费萨尔是哈桑王族的成员,是所有阿拉伯家族中最高贵的一员,其身份按父系可以追溯到先知的女儿。1915 年,驻埃及的高级专员亨利·麦克马洪(Henry McMahon)就曾向费萨尔的父亲——麦加的谢里夫承诺:如果阿拉伯起兵反抗土耳其,他们将得到英国的全面援助,并且战后可以赢得独立。[①] 在劳伦斯的

① 根据《赛克斯-匹克特协定》(Sykes-Picot Agreement)或后来的《贝尔福宣言》——这个承诺从未完全弄清楚。

帮助下——尽管他无权实现上述许诺，但依然再三做出保证——费萨尔实践了他的承诺。现在，他来到巴黎和会索要回报。

他某种程度上得到了应有的回报。这一年，艾伦比任命他为大马士革军事管理委员会的首领。法国人接管了以贝鲁特为中心的海岸地区，英国则接管了巴勒斯坦。然而，后来证明这些只是临时性的措施。1920 年 3 月，叙利亚国家大会在大马士革召开，宣布费萨尔为统一的叙利亚王国的国王，统治范围包括巴勒斯坦。可仅一个月以后，协约国在圣雷莫(San Remo)召开会议，决定叙利亚应置于新的托管制度之下，并由法国托管。此后，法国越来越肆无忌惮了。6 月，他发出最后通牒，要求叙利亚承认法国的统治地位。随后法军开入大马士革，废黜了费萨尔。1922 年 7 月，国际联盟最终授权法国托管叙利亚和黎巴嫩，但承认它们是独立国家。同时，费萨尔转任伊拉克国王，他的哥哥阿卜杜拉(Abdullah)则为外约旦国王，该国于 1949 年改称约旦哈希姆(Hashemite)王国。

同约旦、伊拉克相比，巴勒斯坦才是我们关心的地区。刚刚参加完 600
巴黎和会的哈伊姆·魏茨曼博士(Dr Chaim Weizmann)，不久被任命为“世界犹太复国主义组织”(World Zionist Organisation)的主席。魏茨曼是《贝尔福宣言》得以问世的主要推动者，他在和会上特意提到巴勒斯坦地区。在 2 月 27 日举行的最高委员会上，他极力主张在巴勒斯坦建立一个犹太人家园。而后，他又以观察员身份出席了圣雷莫会议，这次会议肯定了《贝尔福宣言》，将巴勒斯坦委托给英国。在此之后，从 20 世纪 20—30 年代，他在谈判桌上与英国多次博弈，其时英国由于遭遇了日益萌生的阿拉伯民族主义所造成的国内混乱，逐渐失去了早期对犹太复国主义的热情支持，正试图赖掉先前做出的承诺。但胜利最终属于魏茨曼，1948 年他成为以色列总统。

1919 年的巴黎和会及其后签订的《凡尔赛条约》标志着旧世界的终结和新世界的开启。1914 年，有五大帝国的首都都在欧洲。而 5 年后，德意志、奥匈帝国和沙俄都土崩瓦解。奥斯曼帝国也奄奄一息，只有英国尚存于世。战后的世界已经完全不同了。

克里孟梭、威尔逊和劳合·乔治在签订《凡尔赛条约》之后。

于是我们的故事将到此结束——至少在本书关注的时间范围内。很显然，地中海的历史将永远不会画上句号，除非海洋本身干涸。然而，虽然对某一特定历史时期的解读可以有完美的结束，但以某一地域为主题的历史讲叙却只能戛然而止，这样的具体例子已经数不胜数。日复一日，生活变得更加丰富多彩。历史越积越厚，其前进的脚步也越来越快。在本书开头的几章，一到两页的内容可能就跨越了一个世纪的时间。到后来，整个章节却只能概述十年左右的历史。如果继续写从第二次世界大战直到2000年的历史，可能还需要一卷的篇幅，是现有规模的两倍，这将造成作者也造成读者的负担。

众所周知，大概六七千年前，地中海诞生了众所周知的西方文明。那时的地中海范围较小，它的外形狭窄，气候温和，拥有神赐的肥沃土
601 地，以及曲折悠长的欧亚海岸，这些因素共同构成了一个独特的保护环境，使不同人群在其中获得了发展和繁荣。甚至日光也发挥了它的作用，带给人们在其他地区所无法享受的优势。地中海的人们相信神灵，这里至少有三种宗教，但在阳光灿烂的地中海世界，没有鬼、巨人、小妖精和侏儒的容身之所，在民间传说中，薄雾笼罩、阴郁的北方才具有这

些典型特征。所有这一切,以及未提到的许许多多让我们获得了巨大且无法估量的恩惠。但仍有一个重要问题需要解答:既然地中海做出过如此大的贡献,这位做贡献者如今还很重要吗?今天的地中海仍然享受着它年轻时的重要性吗?

唉,答案肯定是否定的。当世界年幼时,地中海是广阔无止境的;但当世界可怜地缩小时,地中海也会随之变小。今天,在伊拉克甚至朝鲜发动战争较之1个世纪前从英格兰向意大利或西班牙运输军队更加容易;飞机从直布罗陀到伊斯坦布尔只需三个多小时;漫长的贸易路线也消失了。运输船和油轮仍然从中东的管道终端定期往返。但是,海洋本身迅速呈现出一些新的可怕现象:巨型游轮不断往返于港口和岛屿之间,每艘船装载的人数比以前很多人一辈子看到的还要多得多。

因此在第三个千年的伊始,旧世界(*raison d'être*)已无任何存在的理由,这一点现在已越发清楚。今天的地中海以娱乐为主要目的。这在任何方面未必是件坏事。人们认为,过去的地中海经常留下鲜血的痕迹,如今这只在电影《昂布尔温室》(*ambre solaire*)里出现实在是件幸事。有人很容易忘记以前海上的悲惨生活:当鞭子抽打囚犯的脊背时;当船遭到瘟疫的侵袭而被迫在岸边游弋而不能靠岸,直到船上的人无一生还时;而夏季暴风雨的突然降临通常将成为全体船员的催命符。但最可悲的是荣耀的丧失:人们认为世界上最悠久水系的存在是如此理所当然,因此可以随意加以污染;人们对地中海某段海岸遍地乱扔的旧塑料视而不见;而其他一些海岸地区要靠成千上万个清洁工每日辛勤劳动才能维持清洁。

这可能是这本书到此停笔的另一个原因。本书已经记载了许多灾
难,大多是悲剧。书中认为地中海有时是一个摇篮,有时是一座坟墓,时 602
而是一根纽带,时而又是一种障碍,既是一块福地也是一个战场。当目睹地中海衰微成一个娱乐场所时,这是一件多么令人伤心的事情啊!以前的古老港口变成了游艇码头,游艇已经替代了三层桨的战船。在地中海尚且基本保持其本色的时候结束本书的叙述,那不是好得多吗?此时它的层层波浪还叙述着无数的典故,滴滴水珠都还如此地壮丽辉煌。

参考书目

ABULAFIA, D. *Fredrick II: A Medieval Emperor*. London 1988.

——(ed). *The Mediterranean in History*. London 2003.

ABUN-NASR, J. M. *A History of the Maghrib in the Islamic Period*. Cambridge 1987.

ACTON, H. *The Bourbons of Naples* (*1734 – 1825*). London 1957.

——. *The Last Bourbons of Naples* (*1825 –1861*). London 1961.

ALSOP, J. From the Silent Earth: *A Report on the Greek Bronze Age*. London 1965.

ANCELL, s. *A Circumstantial Journal of the Long and Tedious Blockade and Siege of Gibraltar*. Livepool 1785.

ANTONIUS, G. *The Arab Awakening: The story of the Arab National Movement*. London 1938.

ARMSTRONG, K. Islam: *A Short History*. London 2000.

ARONSON, T. *Royal Vendetta: The Crown of Spain 1829 –1965*. London 1967.

ASPREY, R. B. *The Rise and Fall of Napoleon Bonaparte*. 2 vols. London 2000.

ATKINSON, W. C. *Spain: A Brief History*. London 1934.

BALBI DI CORREGGIO, F. *The Siege of Malta*, 1565. Trans. H. A. Balbi. Copenhagen 1961.

BARBER, M. *The New Knighthood: A History of the Order of the Temple*. Cambridge 1994.

BARKER, E. *Macedonia: Its Place in Balkan Power Politics*. London 1950.

BARNETT, C. *From Agadir to Armageddon: Anatomy of a Crisis*. London 1982.

BERTRAND, L. *The History of Spain. Part I: From the Visigoths to the Death of Philip II*. Trans. W. B. Wells. London 1952.

BOWMAN, J. *Crete*. London 1970.

BARDFORD, E. *Meditterranean*. London 1971.

——. *The Sultan's Admiral: The Life of Barbarossa*. London 1969.

——. *The Shield and the Sword: The Knight of St John*. London 1972.

BRANTÔME, ABBÉ DE. *Oeuvres du Seigneur de Brantôme*. Pairs 1740.

BRAUDEL, F. *La Méditerranée et le monde méditerranen à l'époque de Philippe II*. 2nd edn. Pairs 1966.

——. *Autour de la Méditerrane*. Paris 1996.

BREWER, D. *The Flame of Freedom: The Greek War of Independence 1821 —33*. London 2001.

BRIGHT, J. F. *Maria Theresa*. London 1897.

BURN, A. R. *Minoans, Philistines and Greels, B. C. 1400 —900*. London 1930.

BUSH, CAPT. E. W. *Gallipoli*, London 1975.

CAMBON, H. *Histoire du Maroc*. Paris 1952.

The Cambridge Illustrated History of the Middle Ages. Ed. R. Fossier. Cambridge 1989.

The Cambridge Medieval History. Planned by J. B. Bury. 8 vols. Cambridge 1911－32.

The Cambridge Modern History. Planned by Lord Acton. 13 vols. Cambridge 1902－12.

CARR, R. *Spain*, 1808－1939. Oxford 1966.

CARR, R. (ed.) *Spain: A History*. Oxford 2000.

CHAMBERLIN, E. R. *The World of the Italian Remaissance*. London 1982.

CHEYNE, A. G. *Muslim Spain: Its History and Culture*. Minneapolis 1974.

CHURCHILL, W. S. *World Crisis, 1911 － 1918*. 4 vols. London 1923.

COLLSON-MORLEY, L. *Naples through the Centuries*. London 1925.

CONN, S. *Gibraltar in British Diplomacy in the Eighteenth Century*. New Haven 1942.

CORBETT, J. S. *England in the Mediterranean, 1603 －1713*, 2 vols. London 1904.

DAKIN, D. *The Greek Struggle for Independence 1821 － 33*. London 1973.

——. *Dizionario biografico degli Italiani*. Rome, 1960－.

DODWELL, H. *The Founder of Modern Egpty: A Study of Muhammad' Ali*. Cambridge 1931.

DRINKWATER, J. A. *History of the Siege of Gibraltar*. London 1846.

DUFAYARD, C. *Histoire de Savoie*. Paris 1922.

EGGENBERGER, D. *A Dictionary of Battles*. London 1967.

ELGOOD, P. G. *Bonaparte's Adventure in Egpty*. London 1931.

——. *Enciclopedia universal ilustrada Europeo-Americana*. 70 vols. with appendices and annual supplements. Barcelona, Bilbao, Madrid 1909 –.

——. *The Encyclopedia of Islam*. 4 vols. London and Leyden 1913 –38.

EULALIA, HRH THE INFANTA OF SPAIN. *Court Life from Within*. London 1915.

——. Memoirs. London 1936.

EUSEBIUS, BISHOP OF CAEAAREA. *A History of the Church From Christ to Constantine*. Trans. G, A. Williamson London 1977.

FINLAY, G. *A History of Greece from its Conquest by the Romans to the Present Time, B. C. 146 – A. D.* 1864. 7 vols. Oxford, 1851 – 77.

FINLAY, M and MACK SMITH, D. *A History of Sicily*. 3 vols. London 1968.

FISHER, H. A. L. *A History of Europe*, London 1936.

FORSTER, E. M. *Alexandria: A History and a Guide*, Alexandria 1922.

FOSS, A. *Ibiza and Minorca*. London 1975.

GARDNER, B. *Allenby*. London 1965.

GEORGE, H. B. *Genealogical Tables Illustrative of Modern History*. 5th edn. Oxfod 1916.

GHORBAL, S. *The Beginning of the Egptian Question and the Rise of Mehemet Ali*. London 1928.

GIBBON, E. *The History of the Decline and Fall of the Roman Empire*. Ed. B. Radice. London 1983.

GILLINGHAM, J. *The Life and Times of Richard I.*

London 1973.

GARNT, M. *Cleopatra*. London 1972.

——. *History of Rome*, London 1978.

——. *Julius Caesar*. London 1969.

GREEN, P. A. *Concise History of Ancient Greece to the Close of the Classical Era*. London 1973.

GREGORY, D. Minorca, *the Ilusory Prize: A History of the British Occupations of Minorca between 1708 and 1802*. London and Toronto 1990.

GSELL, S., Marçais, G. and Yver, G. Histoire d' Algérie. Paris 1927.

GUNN, P. *Naples: A Palimpsest*. London 1961.

HAMILTON, I. *Gallipoli Diary*. London 1920.

HARDEN, D. *The Phoenicians*. London 1962.

HASLIP, J. *The Sultan: The Life of Abdul Hami*d. London 1958.

HAZEL, J. *Who's Who in the Greek World*. London 2000.

HEARDEN, H. and Waley, D. P. (eds.) *A Short History of Italy*, Cambridge 1963.

HILLS, G. *Rock of Contention: A History of Gibraltar*. London 1974.

HOOK, J. *The Sack of Rome*. London 1972.

HORDEN, P. and PURCELL, N. *The Corrupting Sea: A Study of Mediterranean History*. London 2000.

INALCIK, H. *The Ottoman Empire: The Classical Age 1300 – 1600*. Trans. N. Itzkowitz and C. Imber. London 1973.

JACKSON, G. *The Making of Medieval Spain*. London 1972.

JAMES, L, *Imperial Warrior: The life and Times of Field-Marshal Viscount Allenby, 1861 – 1936*. London 1993.

JAMES, R. R. *Gallipoli*, London 1965.

JENKINS, R. *Churchill*. London 2001.

JOINVILLE, SIEUR DE. *Histoire de Saint Louis*. Ed. N. De Wailly. Paris 1874.

JULIEN, C. A. *Histoire de l'Afrique du Nord*. Pairs 1961.

JURIEN DE LA GRAVIèRE, ADMIRAL. *Les derniers jours de la marine à rames*. Pairs 1885.

——. *Doria et Barberousse*. Paris 1886.

——. *Les chevaliers de Malte et la Marine de philippe II*. 2 vols. Paris 1887.

——. *Les corsaires barbaresques et la marine de Soliman*. Paris 1887.

——. *La guerre de Chypre et la bataille de Lepante*. 2 vols. Paris 1888.

KANTOROWICZ, E. *Frederick the Second, 1194 – 1250*. Trans. E. O. Lorimer. London 1964.

——. *Between Two Seas: The Creation of the Suez Canal*. London 1968.

——. *The Ottoman Centuries: The Rise and Fall of the Turkish Empire*. London 1977.

KNIGHT, W. S. M. *The History of the Great European War: Its Causes and Effects*. 10 vols. London 1914 – 20.

LANE, F. C. *Venetian Ships and Shipbuilders of the Renaissance*. Baltimore 1934.

——. *Venice and History*. Baltimore 1966.

——. *Venice, a Maritime Republic*. Baltimore 1973.

LANE FOX, R. *Alexander the Great*. London 1973.

LANE-POOLE, S. *The Barbary Corsairs*. London 1890.

LAVERY, B. *Nelson and the Niles*. London 1998.

LAWRENCE, T. E. *Revolt in the Desert*. London 1927.

LEO AFRICANUS. *The History and Description of Africa, and of the Notable Things therein Contained*. Trans. J. Pory, ed. R. Brown. 3 vols. London 1896.

LEWIS, B. *The Muslim Discovery of Europe*. London 1982.

LIVERMORE, H. V. *A New History of Portugal*. Cambridge 1976.

LLOYD, C. *The Nile Campaign*. Newton Abbot and New York 1973.

LUKE, SIR H. *Malta: An Account and an Appreciation*. London 1949.

MACBRIDE, M. (ed.) *With Napoleon at Waterloo, and other unpublished documents of the Waterloo, and Peninsular Campaigns*. (Includes extracts from the diary of Sgt. D. Nicol, *With Abercrombie [sic] and Moore in Egypt*.) London 1911.

MACKAY, A. *Spain in the Middle Ages: From Frontier to Empire, 1000 – 1500*. London 1977.

MACKESY, P. *British Victory in Egpty, 1801*. London 1995.

MACMILLAN, M. *The Peacemakers: The Pairs Conference of 1919 and its Attempt to End War*. London 2001.

MADELIN, L. *Histoire du Consulat et de l'Empire*. 16 vols. Paris 1937 – 52.

MANSEL, P. *Constantinople: City of the World's Desire*, 1453 – 1924. London 1995.

MARKHAM, F. *Napoleon*. London 1963.

MARKOE, G. *Phoenicians*. London 2000.

MASEFIELD, J. *Gallipoli*. London 1916.

MASSON, G. *Frederick II of Hohenstaufen: A Life*. London 1957.

MAUROIS, A. *A History of France*. London 1949.

MAZOWER, M. *The Latins in the Levant: A History of Frankish Greece, 1204 —1566*. London 1908.

——. *Essays on the Latins Orient*. Cambridge 1921.

MOOREHEAD, A. *Gallipoli*. London 1956.

MOUSSET, A. *Histoire d'Espagne*. Paris 1947.

The New Encyclopedia Britannica. 15th edn. Chicago 1998.

NICOLSON, H. Peacemaking 1919. London 1933.

NORWICH, J. J. *The Normans in the south*. London 1967.

——. *The Kingdom in the Sun*. London 1970.

——. *Venice: The Rise to Empire*. London 1977.

——. *Venice: The Greatness and the Fall*. London 1981.

——. *Byzantium: The Early Centuries*. London 1988.

——. *Byzantium: The Apogee*. London1991.

——. *Byzantium: The Decline and Fall*. London 1995.

——. *Paradise of Cities: Nineteenth-Century Venice Seen through Foreign Eyes*. London 2003

OMAN, c. Nelson. London 1947.

The Oxford Classical Dictionary. Oxford 1996.

The Oxford Dictionary of National Biography. 61 vols. Oxford 2004.

PALMER, A. *The Kaiser: Warlord of the Second Reich*. New York 1978.

——. *The Decline and Fall of the Ottoman Empire*. London 1992.

PARRY, J. H *The History of the Popes from the Close of the Middle Ages*. Trans. F. I. Antrobus and R. F. Kerr. London 1891 — 1953.

PETTIFER, J. (ed.) *The New Macedonian Question*. London 1999.

PICK, ROBERT. *Empress Maria Theresa*. London 1966.

PRESCOTT, W. H. *History of the Reign of Ferdinand and Isabella the Catholic*. 3vols. Philadelphia 1864.

PRICE, W. H. C. *The Balkan Cockpit: The Political and Military Story of the Balkan Wars in Macedonia*. London 1915.

PROCOPIUS. *The Secret History*. Trans. G. A. Williamson. London 1966.

PRYOR, J. H. Geography, *Technology and Wars: Studies in the Maritime History of the Mediterranean*, 649 — 1571. Cambridge 1988.

READ, J. *The Moors in Spains and Portugal*. London 1974.

READ, P. P. *The Templars*. London 1999.

RICO, E. Maria Cristina, *la reina burguesa*. Barcelona 1994.

Rodd, SIR R. . *The Princes of Achaia and the Chronicles of Morea: A Study of Greece in the Middle Ages*. 2 vols. London 1907.

ROSSITER, s. *Crete*(Blue Guide). London 1974.

RUNCIMAN, s. *A History of the Crusades*. 3 vols. Cambridge 1951 —1954.

——. *The Sicilian Vespers*. Cambridge 1958.

RUSSELL, J. *Gibraltar Besieged*. London 1965.

RUSSELL, P. E. *San Pedro de Cardena and the Heroic History of the Cid*. *Medium Aevum*, vol. xxvii, no. 2(1958).

SCHLIEMANN, H, *Troy and its Remains*. London 1875.

SHEPHERD, W. R. *Historical Atlas*. 8th edn. London 1956.

SPILSBURY, J. *A Journal of the siege of Gibraltar*, 1779 — 1783. Gibraltar 1908.

SUETONIUS. *History of Twelve Caesars*. Trans. P. Holland. London 1930.

SWIRE, J. *Bulgarian Conspiracy*. London 1939.

TENENTI, A. *Piracy and the Decline of Venice*, 1580 – 1615. Trans. J. and B. Pullan, London 1967.

THIRY, BARON. *Les Annees de jeunesse de Napeleon Bonaparte*. Paris 1975.

——. Bonaparte en Egypte. Paris 1973.

THUCYDIDES. *History of the Peloponnesian War. Trans. and introd. R. Warner*. London 1962.

TRAILL, D. A. *Schliemann of Troy: Treasure and Deceit*. London 1995.

Turner, w. *Journal of a Tour in the Levant*. London 1820.

VAN DEN MEER. *Atlas of European Civilisation*. Eng. version by T. A. Birrell. Amsterdam 1954.

VILLARI, L. *The Republic of Ragusa: An Episode of the Turkish Conquest*. London 1904.

VILLEHARDOUIN, GEOFFREY OF. *La Conquete de Constantinople*.
Ed. E. Faral. 2vols. Paris 1938 – 1939.

WARNER, R. *Men of Athens*. London 1972.

WAVELL. COL. A. P. *The Palestine Campaigns*. London 1929.

WHITMAN, C. H. *Homer and the Heroic Tradition*. Cambridge, MA 1958.

WILSON, SIR R. *History of the British Expedition to Egypt*. London 1803.

WRIGHT, J. *The Jesuits: Missions, Myths and Histories*. London 2004.

YOUNG, K. *The Greek Passion: A Study in People and Politics*. London 1969.

YOUNG, M. *Corfu and the Ionian Islands* (Travellers' Guide). London 1977.

ZIEGLER, P. *The Black Death*. London 1969.

世系表

奥地利的哈布斯堡王朝

马克西米连一世,1493 年－1519 年在位 ＝ 玛丽,大胆查理之女

菲利普,死于 1506 年 ＝ 疯女胡安娜,西班牙王位继承人,死于 1555 年

查理五世,1519 年－1556 年在位,后退位;死于 1558 年

斐迪南一世,1556 年－1564 年在位 ＝ 安妮,匈牙利和波希米亚王位继承人

唐·约翰,死于 1578 年,死后无嗣

西班牙菲利普二世

玛丽 ＝ 马克西米连二世,1564 年－1576 年在位

玛丽 ＝ 施蒂里亚公爵查理

玛丽·安妮 ＝ 斐迪南二世,1619 年－1637 年在位

斐迪南三世,1637 年－1657 年在位 ＝ 玛丽,西班牙菲利普三世之女

利奥波德一世,1658 年－1705 年在位 ＝ 玛格丽特·特蕾西亚,西班牙菲利普四世之女

约瑟夫一世,1705 年－1711 年在位

查理六世,1711 年－1740 年在位 ＝ 伊丽莎白·克里斯蒂娜,布伦瑞克-沃尔芬比特尔公爵刘易斯·鲁道夫之女

弗朗西斯一世,洛林公爵,1745 年－1765 年在位 ＝ 玛利亚·特蕾西亚,死于 1780 年

1. 约瑟夫二世,1765 年－1790 年在位,死后无嗣

2. 利奥波德二世,1790 年－1792 年在位 ＝ 玛利亚·路易莎,西班牙查理三世之女

3. 玛丽亚·卡罗来纳 ＝ 那不勒斯斐迪南一世

5. 玛丽·安托瓦内特,1793 年被处死 ＝ 法王路易十六

1. 弗朗西斯二世,1792 年－1835 年 ＝ 玛利亚·特蕾西亚,那不勒斯斐迪南一世之女

斐迪南,1835 年－1848 年在位,后退位

弗朗西斯 ＝ 苏菲亚,巴伐利亚马克西米连一世之女

弗朗西斯·约瑟夫,1848 年－1916 年在位 ＝ 巴伐利亚的伊丽莎白,1898 年遇刺

耶路撒冷和塞浦路斯王国

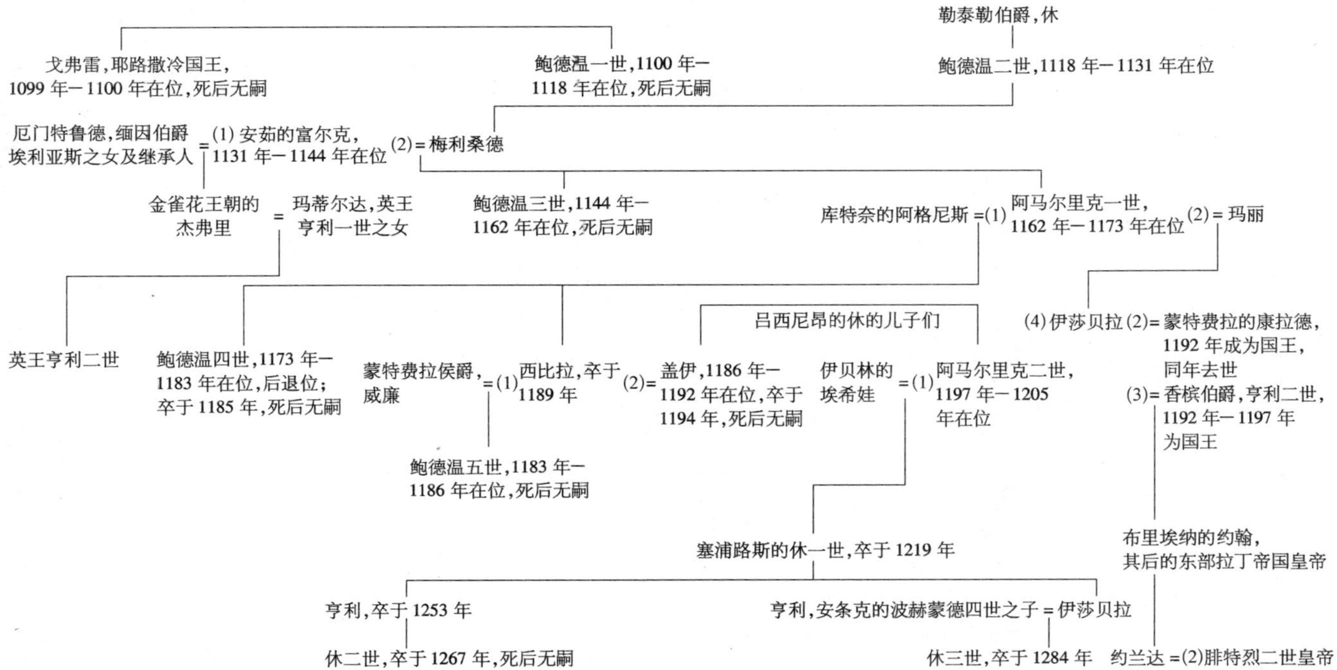

西班牙的哈布斯堡王朝和那不勒斯的波旁王朝

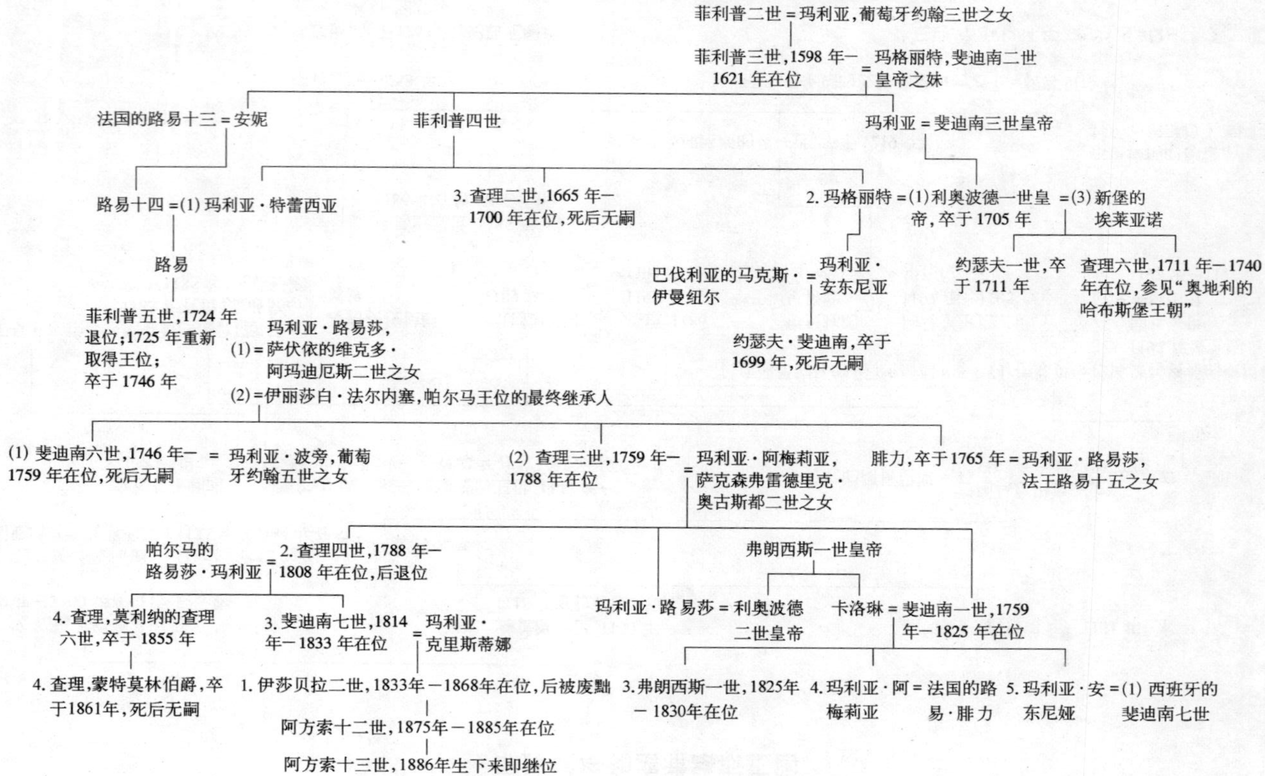

萨伏依王室

凯瑟琳，西班牙菲利普二世之女＝查理·伊曼纽尔一世，1580年—1630年在位

维克托·阿玛迪厄斯一世，1630年—1637年在位＝克里斯蒂娜，法王路易四世之女，卒于1663年

查理·伊曼纽尔二世，1638年—1675年在位

安娜·玛利亚，奥尔良公爵腓力之女，卒于1728年＝维克托·阿玛迪斯二世，1675年—1730年在位，后退位；卒于1732年；1703年为西西里国王；1720年为撒丁国王

查理·伊曼纽尔三世，1730年—1773年在位

维克托·阿玛迪厄斯三世，1773年—1796年在位

查理·伊曼纽尔四世，1796年—1802年在位，后退位；卒于1819年，死后无嗣

维克托·伊曼纽尔一世，1802年—1821年在位，后退位；卒于1824年

托马斯·弗朗西斯

五个世代

特蕾西亚，托斯卡纳公爵斐迪南三世之女＝查理·阿尔伯特，1831年—1849年在位，后退位并卒于1849年

维克托·伊曼纽尔二世，1849年继位；1862年—1878年为意大利国王

霍特维尔王室

唐克列德·德·霍特维利

罗伯特·圭斯卡德，阿普利亚伯爵和公爵，卒于1085年

波赫蒙德一世，安条克亲王，1099年—1111年在位

波赫蒙德二世，安条克亲王，卒于1131年

罗杰一世，西西里大伯爵，卒于1101年

罗杰二世，西西里国王，1130年—1154年在位

罗杰，阿普利亚公爵

不合法的莱切的唐克列德，西西里国王，1190年—1194年在位

“坏人”威廉一世，西西里国王，1154年—1166年在位

“好人”威廉二世，西西里国王，1166年—1189年在位＝乔安娜

康斯坦斯＝亨利六世，1190年—1197年为神圣罗马帝国皇帝，1194年—1197年为西西里国王

腓特烈二世巴巴罗萨，神圣罗马帝国皇帝，1152年—1190年在位

腓特烈二世，神圣罗马帝国皇帝，西西里国王，1197年—1250年在位

康拉德四世

康拉丁

不合法的西西里国王，曼弗雷德，1258年—1266年在位

十个其他的儿子

亨利二世，英国国王，1154年—1189年在位

乔安娜

理查德一世，英国国王，1189年—1199年在位

索　　引

（索引条目后数字为原书页码，即本书边码）

C

H

J

K

L

M

O

P

Q

R

S

T

Z

译后记

约翰·朱利叶斯·诺威奇(John Julius Norwich,1929—　)是英国著名的历史学家、旅行作家。他是英国保守政治外交家达夫·库珀(Duff Cooper,1890—1954)的儿子。曾在上加拿大学院、伊顿大学、斯特拉斯堡大学接受系统教育,在皇家海军结束服役后不久,在牛津神学院取得了英语和俄语学位。诺威奇是一位多产的作家,主要代表作有:《阿托斯圣山》(1966)、《威尼斯史》(1981)、三卷本的《拜占庭史》(1990—1995)、《城市的天堂》、《历史上的伟大城市》(2009),其中《中央之海:地中海的历史》于2006年由道布尔戴(Doubleday)出版集团发行。

在当今学界,法国最著名的史学家、年鉴学派的代表人物布罗代尔是地中海区域史研究领域中的佼佼者,他在1949年出版了其经典之作《菲利普二世时代的地中海和地中海世界》。该书从总体观视角出发,将16世纪后半期西班牙国王菲利普在位时期的地中海世界视为一个整体加以全面考察,独创了"长时段、中时段和短时段的历史时间三分法"理论,并以此为"解释工具"来确定各种物质与非物质的因素对历史发展的不同程度的作用。

同是处理地中海历史这一宏大的叙述主题,本书作者约翰·朱利叶斯·诺威奇(John Julius Norwich)的《地中海史》时间跨度长,并重点关注沿地中海国家是如何受到地理位置影响这一问题。作者精辟论述了地中海沿岸国家一千余年的权力政治发展史,从有文字记载的历史开始,一直叙述到第一次世界大战结束。全书共三十三章,主要按照年代顺序,详细论述了古埃及、希腊城邦和罗马帝国及其后继者——拜占庭和神圣罗马帝国的历史,并将穆斯林与基督教世界进行比较分析,讨论了十字军在中世纪史中的影响,随后的叙述从文艺复兴运动,一直延伸到拿破仑帝国的建立和灭亡、希腊和意大利的独立和统一,土耳其帝国的毁灭,以及第一次世界大战的爆发和影响,其间穿插了关于马耳他、塞浦路斯、克里特、直布罗陀海峡等地中海诸岛国历史的精彩论述。如此庞大的历史脉络并非一般人能够拿捏,值得欣慰的是,诺维奇在叙述手法和人物塑造方面的才华是如此出众,在他的妙笔生花下,沿地中海地区复杂混乱的历史场景生动清晰的跃跃纸上,国王、教皇、皇帝、平民等形形色色历史人物的形象和性格尽收眼底,当一气呵成地读完这本有趣严谨的历史散文型佳作后,十足有畅酣淋漓之感。

本书的翻译工作是集体智慧的结晶,具体分工如下:殷亚平负责序言、前 5 章和第 20—23 章的翻译,谭顺莲完成第 6—10 章的翻译工作,李若宝承担第 11—15 的翻译工作,王丽娟负责第 16—19 章的翻译,周俊完成了第 20—33 章的翻译工作,最后的校对工作由上述五人通力协作完成。

本书的翻译得到了陈恒先生和王卫东先生的倾力相助、信任和包容。译者们在此致以最诚恳的谢意。同时,本书的编辑欧阳敏女士在本书的校对和修改过程中付出了巨大心血,并提出了许多宝贵意见,特此诚挚谢忱。

译本必定存在不当与谬误之处,请各方批评指正。

殷亚平

2011 年 3 月 29 日